中等职业教育国家规划教材
全国中等职业教育教材审定委员会审定

财政与金融基础知识

（第4版）

主编　徐州全　徐景泰

中国财经出版传媒集团
中国财政经济出版社

图书在版编目（CIP）数据

财政与金融基础知识 / 徐州全，徐景泰主编. --4版. --北京：中国财政经济出版社，2020.5(2025.1重印)
中等职业教育国家规划教材
ISBN 978-7-5095-9697-5

Ⅰ.①财… Ⅱ.①徐… ②徐… Ⅲ.①财政金融-中等专业学校-教材 Ⅳ.①F8

中国版本图书馆 CIP 数据核字（2020）第 036802 号

责任编辑：王 芳　　　　责任校对：胡永立
封面设计：华乐功

中国财政经济出版社 出版
URL：http：//www.cfeph.cn
E-mail：jiaoyu @ cfeph.cn

社址：北京市海淀区阜成路甲 28 号　邮政编码：100142
营销中心电话：010-88191537
北京中兴印刷有限公司印刷　各地新华书店经销
787×1092 毫米　16 开　12.75 印张　309 000 字
2020 年 7 月第 4 版　2025 年 1 月北京第 5 次印刷
定价：29.00 元
ISBN 978-7-5095-9697-5
（图书出现印装问题，本社负责调换）
本社质量投诉电话：010-88190744

出版说明

《财政与金融基础知识》是中等职业教育国家规划教材，适用于中等职业学校财经类专业，也可作为自学参考书。

为贯彻全国教育大会精神，落实《国家职业教育改革实施方案》，深化中等职业学校教材改革，培养德智体美劳全面发展的高素质劳动者和技术技能人才，编写组秉承职业性、实用性、时效性和前瞻性原则，以我国财政、金融改革最新成果为主线，在广泛调研、征询各方面意见的基础上，历时一年多时间，完成了本教材的编写修订。

本教材适应中等职业教育人才目标的需要，注重基础性。理论介绍以必需和够用为尺度，精选适应学生终身学习和职业生涯发展需要的财政金融基本知识和基本技能，以培养学生综合素质，夯实学生个性化发展的专业基础。

本教材强化教材内容与社会生活、职业生活的联系，体现职业性，突出实践育人。运用知识介绍、知识链接、社会实践等形式，选择与职业生涯密切相关的财政金融领域的知识、业务和热点问题，以激发学生学习和实践的自觉性，培养学生职业素养。

本教材兼顾内容的稳定性和时效性。在保持《财政与金融基础知识（第3版）》基本框架和基本内容相对稳定的基础上，适度吸纳我国财政、金融领域改革的新成果和新业务。本教材在相关章节增加了营业税改增值税、预算绩效管理、信用保险、证券投基金、金融衍生工具等新内容，紧扣我国财政、金融新业务，有较强的时效性和实用性。

本教材由徐州全副教授主编并修订第五章；张明珠副教授修订第一章；刘彩丽副教授修订第二章、第三章；闫慧楚讲师修订第四章、第六章；刘淑琴副教授修订第七章；傅晓娟讲师修订第八章、第十章；吉淑英教授修订第九章。主编设计编写大纲和编写体例，并最后总纂定稿。

在教材修订过程中，参考了诸多理论研究成果和已出版的专著、教材，在此一并表示诚挚的谢意！

由于编写者理论知识与实践能力有限，书中难免有疏漏或不当之处，恳请广大读者批评指正，以便我们进一步修订完善。

徐州全

2020年4月

目　录

第一章

财 政 概 述

学习目标

通过本章学习，要求了解市场经济的特征、市场缺陷的表现及政府职能，了解市场与政府的关系，市场经济体制下资源配置的方式；理解财政与市场经济的内在联系，明确财政是一种政府的经济行为；掌握公共财政的概念及公共财政的特征，掌握市场经济条件下公共财政的职能。

本章重点是公共财政的概念、特征及市场经济条件下公共财政的职能。

知识链接 1－1

第一节　财政的发展和内涵

在日常生活中，我们经常听到“财政”一词，比如财政补贴、财政拨款、财政预算等等。财政是一个经济范畴，也是一个历史范畴，它是在具备一定的经济和政治条件基础上产生和发展的。

一、财政的起源

（一）剩余产品的出现为财政奠定了物质基础

原始社会初期，由于社会生产力水平十分低下，人类共同使用石器等简单生产工具进行劳动，在这一漫长的历史时期，没有剩余产品，没有生产资料私有制，没有阶级和国家，因此也没有财政。到了原始社会末期，由于生产力的发展和劳动生产效率逐步提高，劳动者创造的物质财富除维持生存需要之外有了剩余。剩余产品的出现使商品生产和交换随之萌芽，它不仅促进了社会分工，而且改变了原来的生产和占有的共同性，使集体劳动逐渐变成了单个家庭和个人的劳动，并形成了私有的观念。与此同时，剩余产品的出现还使一部分人逐渐脱离生产，专门从事宗教文化教育和管理等社会公共事务。所以说剩余产品的出现客观上要求对产品实行再分配，这就为财政分配的出现奠定了物质基础。

（二）社会公共需要的形成和发展是财政产生的重要条件

在原始社会初期，人类的生活资料大部分还要依靠自然提供。原始公社集生产和消费于一体，个人需要和社会集体需要均处于原始共同体的直接分配活动中，难以严格划分。随着剩余产品的出现产生了社会公共需要，例如用于祭祀鬼神等大型原始宗教活动的需要，天子的生活需要和建筑城墙宗庙等的需要，大型的水利工程、开筑道路等公益事业的需要，以及对外防御和战争的需要。这些社会公共需要的形成和发展是财政产生的重要条件。

（三）国家的产生是财政形成的政治条件和根本标志

国家既是阶级统治的工具，又是管理社会公共事务的机关。国家区别于“氏族组织”的一个重要特征是公共权力的设立，构成这种公共权力的有军队、监狱和其他强制机关。国家本身并不创造社会产品，但国家为了维持其存在和履行其职能，需要消耗一定的物质资料，因此国家必须凭借手中的政治权利，从物质生产领域强制和无偿地征收一部分社会产品。

总之社会生产力的发展带来的剩余产品的出现，构成了财政产生的物质基础和经济条件，而私有制和国家的出现，则是财政产生的政治条件和根本标志。

二、财政的发展

财政产生以后，随着社会生产力的进步，生产关系的演化以及国家形态的更替，财政亦在不断发展和变化着。迄今为止，人类社会已经经历了奴隶制国家、封建制国家、资本主义国家和社会主义国家等不同的制度类型，从而相应地存在着奴隶制国家财政、封建制国家财政、资本主义国家财政和社会主义国家财政。

（一）奴隶制时期的国家财政

奴隶社会是人类历史上第一个以私有制为基础的社会，其生产关系的基本特征是奴隶主不仅占有一切生产资料，还直接占有奴隶本身和奴隶的劳动。在整个奴隶社会，由于社会生产力水平低下和商品货币关系很不发达，当时的国家财政收支主要采用实物和劳役形式。属于国家财政收入的主要有：田制，主要指当时的农业税收；贡纳，主要指各诸侯国或臣服国向天子贡献的各种财物；田赋，指对土地征收的赋税（因土地性质的不同，其实质可能是地租，也可能是税收）；军赋，指国家在井田制基础上，在向奴隶主贵族征调军队的同时，要求各级奴隶主贵族和平民提供的军需物资，包括战马、兵车、武器、粮草等；以及由自耕农和小手工业者等自由民向国家缴纳的工商杂税。

奴隶社会时期的财政支出内容有：国家用于祭祀天地、山川、鬼神和祖先等消耗性的祭祀支出；国家用于装备军队和军事战争方面的军事支出；用于王室及其家庭生活各项开支的王室支出；用于支付给官吏维持生活的俸禄支出；用于发展生产、兴修水利等方面的公共工程建设支出；奴隶社会统治者为了稳定社会秩序也会安排一些社会救济和赈济支出。

总之，奴隶制社会时期，生产力水平相对低下，生产的社会产品数量有限，社会能够提供的财政收入也是有限的，王室个人收入和国家财政收支不做区分，财政管理很不完善，收支也具有不稳定性。

（二）封建制时期的财政

在封建社会，财政收支开始由实物劳役形式向货币形式转变。尤其到了封建社会后期，货币收支在财政总收支中的比重逐步上升。这一时期中，自然经济向商品经济的过渡，使得货币成为财政唯一的收支形式。封建制国家财政收入的主要来源有田赋、捐税、官产收入、贡物收入、对土地人口商品流转等征收的税收，出卖采矿、鱼、盐等经营权而取得的特权收入。封建制国家的财政支出主要有军费开支、皇室支出、俸禄支出、宗教祭祀支出，以及用于发展生产、兴修水利、发展文化、艺术等事业方面的支出。

总之，在封建制国家这一时期财政的主要特点是：税收逐渐成为国家财政收入的主要来源；财政收入形式由实物转向了货币；在这一阶段国家财政收支与王室个人收支逐步分离，出现了国债及国家预算等新的财政范畴；财政管理的机构、法规和制度也逐步形成。

（三）资本主义时期的财政

随着商品经济发展和生产力提高，以自然经济为基础的封建生产关系被资本主义生产关系取代。资本主义社会发展可以分为自由资本主义时期和垄断资本主义时期。在自由资本主义时期，资本主义经济是以自由竞争的市场机制为基础的，国家对经济采取不干预政策，这一时期国家财政的特点是财政收支较少，劳动者负担相对较轻，财政支出主要用于维护文化、教育、社会救济等公共消费方面的支出。在垄断资本主义时期，资本主义社会矛盾激化，市场机制调节无力，政府加大了对经济的干预和调节力度，所以财政收支也发生了变化，这一阶段财政收支规模日趋扩大，赤字财政长期化，国债不断增长，国家十分重视运用财政政策来调控经济，财政成为稳定经济的重要工具。

（四）社会主义国家财政

从我国情况来看，社会主义国家财政经历过计划经济体制下的财政和市场经济体制下的财政两个阶段。在计划经济体制时期，国家对整个社会资源实施计划配置，国家以计划方式直接安排、指挥、控制和调节整个国民经济的运转和活动情况。因此在这一时期，财政收入几乎全部来自于国营企业。税收和国有企业上缴的利润是财政的主要收入来源，而财政支出除了用于行政事业等非生产领域外，还会直接投入到国有企业，经济建设支出在财政支出中占了很大比重。

随着我国经济体制改革、社会主义市场经济体制的建立，财政自身也进行着一系列的重大改革和重新定位，现阶段的财政是政府履行其职能的财力保证，是政府进行宏观调控的重要手段，是优化资源配置、满足社会公共需要为全体人民谋福利的财政。

三、财政的内涵

财政随着国家的产生而产生，随着国家的发展而发展，它是国家政权活动的重要组成部分，在不同的经济运行形态下，有不同的财政运行模式。我国现阶段的财政是为了满足社会公共需要，而以国家为主体对一部分社会产品的集中性分配活动。对于财政的概念，我们可以从以下几方面来理解：

（一）财政分配的主体

国家是财政分配的主体，而政府是财政分配的执行者，是财政政策的制定者。政府不直接参与生产活动，因而不可能从国民收入的初次分配中获得收入，只能依托政府的公共权力，通过再分配的方式获得收入。政府可以在一定程度上改变财政分配的范围、方法、分配的规模和结构。

（二）财政分配的客体

财政分配的客体，即财政分配的对象，是社会产品，主要是社会产品中的剩余产品。对于财政分配的对象，理论界有多种说法，一种意见认为是一部分社会产品；另一种意见认为是一部分国民收入；还有一种意见认为是一部分剩余产品。从当前财政分配的实践来看，财政收入既不是国民收入或社会产品的全部，也不是剩余价值的全部。本书认为，从理论上看，财政是对一部分社会产品的再分配。

（三）财政分配的依据

私人部门用于满足私人需要的资金是凭借对生产要素的所有权取得，而政府用于满足公共需要的资金是依据公共权力获得。公共权力是指政府和相关公共部门掌握并行使的，用以处理公共事务、维护公共秩序和增进公共利益的权利。实际上它是全社会范围内的政治权利，是以全社会成员的共同利益为基础的国家权力。

第二节　社会公共需要与公共产品

知识链接 1－2
现实生活中的财政问题

一、市场失灵

市场不是万能的，现实的市场经济还存在着一些自身难以克服的缺陷和不足，这些缺陷和不足统称为“市场失灵”。现代政府的经济职能与市场机制的有效和失灵之间有着直接关系。政府对市场经济的干预问题构成了现代财政学分析的起点。简言之，在市场经济条件下财政的起因这一问题上，现代财政理论一般是遵循“市场有效运行→市场失灵→政府干预→财政介入”的思路展开的。市场失灵表现在以下几个方面：

（一）垄断

市场是一种有效率的资源配置机制，但市场配置资源之所以有效，是以完全竞争为前提的，当市场被少数厂商甚至某一家企业控制时，他们就形成了市场垄断。垄断者可以通过限制产量、抬高价格等方式获得额外的利润。垄断的存在会使市场丧失效率。为了维持市场的有效竞争，政府必须对市场进行干预和监控。

（二）外部效应

外部效应也称外部性，是指某种经济活动给与这项活动无关的社会成员带来的影响。这种影响可能给社会其他成员带来好处（正外部效应），也可能使社会其他成员受损（负外部效应）。比如汽车尾气、工业废气、废水的排放使空气质量下降，污染了生活环境，并损害了公众健康。

（三）信息不对称

市场中的生产者和消费者在市场中活动时需要充分的信息。获得对等的信息是公平竞争的一个重要条件，但是在商品交易过程中，信息的不完全性往往普遍存在。信息不对称使交易各方处于不公平的竞争状态，从而导致市场主体风险大大增加。

（四）收入分配不公

市场经济条件下，收入是按照生产要素进行分配的，但由于人们占有的生产要素的差异性和劳动能力的差别，造成人们收入水平上的差距，使收入分配结果出现明显的不公平。收入分配的过分悬殊会导致社会的不安定，将会直接影响市场效率，影响社会的稳定。

（五）经济的不稳定

由于市场自身存在盲目性，市场价格对产品供求状况的反应具有滞后性，所以经济会发生周期性的波动和失衡，从而出现失业、通货膨胀等问题。在这种情况下，市场不能自发地使社会总供给和总需求达到平衡，因此需要借助政府的力量，通过各种政策和措施进行干预。

二、社会公共需要

（一）社会公共需要的内涵

所谓社会公共需要是指社会对安全、秩序、公民基本权利和经济发展的社会条件等方面的需要，它区别于私人的个别需要。就整个社会而言，社会公共需要是为了维持一定社会经济生活，为了维持社会再生产的正常运行，也为了维护市场经济的正常秩序，必须由政府集中执行和组织的社会职能的需要。简言之，财政分配的目的就是为了解决社会公共需要中必须且只能由政府集中解决的事务。

（二）社会公共需要的内容

社会公共需要基本上可以分为两大类：纯公共需要和准公共需要。纯公共需要是指全体社会成员或特定群体对公共产品无差别的共同消费的需要，任何个人对公共产品的消费需要，并不导致其他人对该产品消费需要的减少。一个社会中的政治制度、法律秩序、行政管理、公共治安、公共消防、公共交通、基础教育、环境污染控制等需要我们称之为纯公共需要。在现实生活中还存在一类介于纯公共需要和私人需要之间的，性质上难以严格划分的需要，我们称之为准公共需要，诸如高速公路、基础设施、高等教育、医疗卫生等。

随着社会经济的不断变化，社会成员对公共需要的需求和数量也会发生变化，政府不可能也不需要永远做公共需要的唯一提供者，政府除了自身履行公共管理职能之外，还可以利用市场的力量，间接地提供公共需要。

知识链接 1－3
中国公共财政建设

三、公共产品

（一）公共产品的定义

公共产品是指可供社会成员共同消费的产品，即满足社会公共需要的产品。这些产品在每一社会成员消费时，不会导致其他社会成员对该产品消费的减少。最典型的公共产品有国防、治安、外交等。公共产品与私人产品对应，私人产品是满足个人需要，通过市场供给；而公共产品是满足社会公共需要。在社会经济生活中，公共产品不能完全由市场来提供，只能通过政府财政支出来保障。

（二）公共产品的特征

公共产品的特征是相对于私人产品而言，具有非排他性和非竞争性，以及效益的外溢性。

1. 非排他性

非排他性也称为消费上的非排斥性，也就是说，某个人对公共产品的消费，并不影响或妨碍其他人同时消费该公共产品，也不会减少其他人消费该公共产品的数量或质量，要想阻碍或减少的话成本会很高。在国家法律制度的许可范围内，人人都可以享受因公共产品的提供带来的利益。当一个人享受城市优美环境所带来的身心健康的利益时，并不排斥他人也享受这一利益。

2. 非竞争性

这里所说的非竞争性，是指消费者的增加不会引起生产成本的增加，即多一个消费者引起的边际成本为零，政府并不需要相应的增加一定的成本投入。公共产品非竞争性的典型事例是，任何一个公民在享受政府提供的国防安全时，并不减少其他公民从政府所提供的国防保障中获得好处，或者说，当增加一个新生儿时，并不影响其他公民享受原有的国防保障，也不增加国防的边际成本。从资源有效利用的角度看，这种消费上具有非竞争性的产品，应当由政府向社会提供。

公共产品的非排他性和非竞争性，使公共产品的提供不可能像私人产品那样通过市场竞争来实现。同时，这种能为任何人所使用的公共产品，必然难以给提供者带来直接的经济利益，因此私人企业往往不愿意提供。从整个社会角度看，公共产品是社会稳定与发展及国民福利增长的需要，因此公共产品要依靠政府部门来提供。

3. 效益的外溢性

效益的外溢性，即这种产品的消费不仅可以使消费者本身受益，而且可以使其他人也间接受益。例如高等教育既可以提高受教育者的自身素质，增强其未来的收入能力，同时又可以为国家培养有用的人才，使整个社会从中受益。一般认为高等教育属于准公共产品，准公共产品兼具私人产品和公共产品的特性。

（三）公共产品的分类

按照公共产品是否完全具备非排他性和非竞争性的特征为标准进行划分，可将公共产品分为纯公共产品和准公共产品。

1. 纯公共产品

纯公共产品是指完全具备非排他性和非竞争性的社会产品。例如国防、社会治安、外交、行政管理、立法、司法和环保等。

2. 准公共产品

准公共产品也称为混合公共产品，它只具备了非排他性和非竞争性中的两者之一。准公共产品大致可分为两类：第一类是利益外溢的准公共产品。这类公共产品的受益一部分由其所有者享用，另一部分受益可以由所有者之外的人享用，例如前面提到的高等教育，它具备一定的社会功能，可以使全社会的文明程度提高，具有效益的外溢性。第二类是拥挤性的准公共产品。这类公共产品是指那些随着消费者人数的增加而产生拥挤，从而会减少每个消费者从中受益的公共产品。此处的受益具有非排他性，但在消费上具有一定程度的竞争性，公路、桥梁等属于这一类公共产品。例如拥挤的公路会发生堵车，容易引发交通事故。

公共产品的具体分类如图 1－1 所示。

	排他性	非排他性
竞争性	纯私人产品： 1. 排他成本较低 2. 由私人公司生产 3. 通过市场分配 4. 通过销售收入融资 举例：面包、衣服	混合产品： 1. 产品利益由集体消费单受拥挤约束 2. 由私人公司或直接由公共部门生产 3. 由市场分配或直接由公共预算分配 4. 通过销售收入融资，如对该服务使用权的收费 举例：公共资源、拥挤性公共产品
非竞争	混合产品： 1. 含外部性的私人产品、俱乐部产品 2. 私人企业生产 3. 通过补贴或矫正性税收的市场分配 4. 通过销售收入融资 举例：高等教育、俱乐部产品	纯公共产品： 1. 很高的排他成本 2. 直接由政府生产或政府委托企业提供 3. 通过公共预算分配 4. 通过强制性税收收入融资 举例：国防、路灯

图 1－1　公共产品的具体分类

第三节　公共财政的职能

知识链接 1－4

加大资金投入 发挥政策效应

——财政领域推动经济平稳运行综述

思考： 1. 材料中可以看出财政具有哪些基本职能？

2. 在抗击疫情的特殊时期，财政部门采取了哪些重要举措？

财政职能是指财政本身固有的职责和功能。这是财政这一经济范畴本质的反映，具有客观必然性。它回答财政能干什么。在市场经济条件下，公共财政一般具有四个职能：资源配置职能，收入分配职能，调控经济职能、监督管理职能。

一、资源配置职能

（一）资源配置职能的含义

资源配置职能是指将一部分社会资源集中起来，形成财政收入，然后通过财政支出活动，由政府提供公共物品或服务，引导社会资金流向，弥补市场缺陷，从而优化全社会的资源配置。在市场经济中，财政不仅是一部分社会资源的直接分配者，也是全社会资源配置的调节者。这一特殊地位，决定了财政的资源配置职能既包括对用于满足社会公共需要资源的直接分配，又包括对全社会资源的间接调节。

在市场经济条件下，资源的合理配置是由价格规律通过市场进行调节的，即市场在资源配置中起基础性作用。在市场竞争中，受利益原则的驱使，每个经济活动主体都会不断地根据市场需求调整其对资源的配置，合理分配社会劳动，以便获得更大的利润，因此，健全的市场体系是实现资源合理配置的重要条件。但由于存在市场失灵和缺陷，如市场不能提供公共产品满足社会的公共需要，市场配置资源有一定的盲目性，会影响资源的合理配置和有效使用等，市场自发形成的配置状态，不可能实现最优的资源配置结构。这就需要政府从全社会的整体利益出发，对资源进行有计划的分配和调节。财政就是一种重要的资源配置机制。财政的资源配置职能的特点和作用是通过本身的收支活动为政府供给公共产品提供财力，引导资源的流向，弥补市场失灵和缺陷，最终实现全社会资源优化配置的目标。

（二）资源配置职能的主要内容

财政在资源配置方面的任务是：利用税收政策、预算支出政策等，对全国的生产要素进行合理组合，通过对生产要素的合理组合，形成部门、产业、行业间的资源结构，以合理的资源配置实现最大的经济效益和社会效益。在社会主义市场经济条件下，我国财政资源配置的内容主要有以下几方面：

（1）确保社会资源的一部分配置到政府部门和社会公共事业部门，以满足人们对公共产品和政府服务的需求，实现资源在社会需要与企业需要之间的最优配置。这主要是通过政府的税收手段来完成的。社会资源集中到政府部门手中的规模主要取决于社会对公共产品和政府服务的需求量。而财政收入占国民生产总值的比重则是反映政府集中社会资源规模的一个重要指标。

（2）财政通过预算支出或通过税收、财政补贴等手段影响私人部门的支出方向来直接或间接调节社会资源在产业行业之间的配置，实现社会资源在各产业部门之间的最优配置，使国民经济各部门能够得到协调的发展，为了达到这一目的，财政必须优化其支出结构。

我国国民经济和社会发展战略规划，明确规定了政府对资源配置的要求：各级政府要加强农业投入，加大科技投入，基础性项目主要由政府集中必要资金进行建设，公益性项目主要运用财政资金安排建设，逐步增加对中西部地区的财政支援等。

二、收入分配职能

（一）收入分配职能的含义

收入分配职能是指政府财政收支活动对各个社会成员收入在社会财富中所占份额施加影响，以公平收入分配。

在社会主义市场经济条件下，财政之所以具有收入分配职能，在于市场机制缺陷造成收入和财富分配的不公平。本来，收入分配是市场机制的职能，即市场机制是收入分配的主要形式，各种收入首先是以要素投入为依据，由市场价格决定，要素收入与要素投入相对称。我国明确实行按劳分配与要素分配相结合的分配原则。各阶层居民的收入分为劳动收入与非劳动收入。劳动收入包括工资、薪金、奖金、津贴等；非劳动收入包括财产收入、租金、利息、红利等。我国依法保护法人和居民的一切合法收入和财产，鼓励城乡居民储蓄和投资，允许属于个人的资本等生产要素参与收入分配。

收入分配的目标是实现公平分配，而公平分配包括经济公平和社会公平两个层次。经济公平是市场经济的内在要求，强调的是要素投入与要素收入相对称，它是在平等竞争的环境下由等价交换来实现的，在个人消费品的分配上，实行按劳分配，个人通过诚实劳动和合法经营取得收入，个人的劳动投入与劳动报酬相对称，这既是效率原则，又是公平原则。但在市场经济条件下，由于各经济主体或个人所提供的生产要素不同，资源的稀缺程度不同以及各种非竞争因素的干扰，各经济主体或个人获得的收入会出现较大的差距，何况市场机制对没有能力的人不予照顾，而过分的收入悬殊将导致社会不安定，这又直接影响一国经济的发展。因此在市场经济条件下，各国政府通过财政分配来调节与要素投入不相符的比较悬殊的收入差距，使之维持在现阶段社会各阶层居民能够接受的合理范围之内，实现收入分配的社会公平。

（二）收入分配职能的主要内容

财政在收入分配方面的重要任务是通过税收和支出等手段对市场分配机制进行干预或者对市场分配机制造成的收入分配不公平的结果进行调节，使社会财富的分配基本符合社会公平。

财政的收入分配职能主要是通过调节企业的利润水平和居民的个人收入水平来实现的。

1. 调节企业的利润水平

主要是通过征税剔除或减少客观因素对企业利润水平的影响，使企业的利润水平能够反映企业的生产经营管理水平和主观努力状况，使企业在大致相同的条件下获得大致相同的利润，为企业创造一个公平竞争的外部环境。例如，通过开征资源税，可以把一些开采自然资源的企业因资源条件好而取得的超额利润征收上来；通过征收消费税剔除或减少价格的影响；征收土地增值税调节土地增值收益对企业利润水平的影响；征收公司（企业）所得税可调节不同行业的盈利水平等，从而实现企业之间的公平竞争，避免行业、企业和个人之间收入差距过大。

2. 调节居民个人收入水平

既要合理拉开收入差距，又要防止贫富悬殊，逐步实现共同富裕。这主要有两种手段：一是通过税收进行调节，如通过征收个人所得税，缩小个人收入之间的差距；通过征收财产税、遗产税和赠与税调节个人财产的分布等；二是通过转移支付来调节居民的实际生活水平，完善社会保障体系，如财政补贴支出、社会保障支出、社会救济支出等，以维护居民最低生活水平和福利水平。

3. 创造就业机会，使中低收入者得到获取收入的机会

政府可以利用税收优惠政策创造就业机会并扩大就业培训，使中低收入者得到获取较高收入的机会。政府的再就业工程正是财政实现收入公平分配的体现。

三、调控经济职能

（一）调控经济职能的含义

调控经济职能是指通过实施特定的财政政策，促进较高的就业水平、物价稳定和经济增长等目标的实现。

在社会主义市场经济条件下，财政之所以具有调控经济的职能，在于市场存在着缺陷而不能自动调节并稳定经济，以致经济波动的幅度可能日益变大。本来，调控经济是市场机制的职能，即市场机制在稳定经济方面起基础性作用，市场是能够随着“看不见的手”在一定程度、范围、对象等方面调节和稳定经济的。但是，市场经济活动是有周期的，会出现经济波动的状态，会导致总供给与总需求的不稳定。因此，政府必须发挥手中的政策工具，特别是财政政策工具的作用，进行宏观调控。政府根据宏观经济运行的不同状况，相机抉择采取相应的财政政策措施。当总需求小于总供给时，采用扩张性财政政策，增加财政支出和减少政府税收，扩大总需求，防止经济衰退；当总需求大于总供给时，采用紧缩性财政政策，减少财政支出和增加政府税收，抑制总需求，防止通货膨胀；在总供给和总需求基本平衡，但结构性矛盾比较突出时，实行趋于中性的稳健财政政策。

（二）调控经济职能的主要内容

财政的调控经济职能的主要任务是调节总供给与总需求的平衡。

1. 通过财政预算政策进行调节

在经济滑坡时，总需求小于总供给，财政可以实行适度放松政策，增加支出或减少税收，或两者同时并举由此扩大总需求，增加投资和就业；在经济繁荣时期，总需求大于总供给，财政可以实行紧缩政策，减少支出或增加税收，或两者同时并举，由此减少总需求，紧缩投资，抑制通货膨胀。总之，通过财政收入和支出的松紧搭配，相机抉择，决定或影响总供给和总需求的平衡，使整个经济协调、稳定地发展，并有适度的增长。

2. 通过较为稳定的制度性安排来发挥财政内在稳定器的作用

财政的内在稳定器主要包括累进所得税和失业保险制度两个内容。例如，当经济过热，出现通货膨胀时，一般来说，企业和个人的名义收入水平相应提高，这时，适用的税率也会相应提高，这样与通货膨胀前的情况相比企业和个人就要缴纳更多的税收，他们的税后实际收入就会下降，这有利于抑制总需求。另外，在经济过热时期，失业率会下降，政府的失业救济支出会减少，这也有利于抑制总需求。反之，当经济衰退，社会总需求小于总供给时，企业和个人的收入水平就会下降，这时适用的税率也会相应降低，这样会增加企业和个人的税后实际收入，有利于扩大需求。同时，在失业保险方面，由于经济衰退导致失业工人增多，政府的失业救济金支出也会增加，这有利于扩大总需求，有利于刺激经济复苏。

3. 通过财政投资、补贴和税收政策等手段进行调节

通过财政投资、补贴和税收政策等手段，加快农业、资源、交通运输、邮电通信等公共设施的发展，解决经济增长中的“瓶颈”问题，促进传统工业向现代知识经济转化，以信息产业为纽带加快产业结构的转换，合理利用资源，保护环境，以保证国民经济的可持续发展。同时，财政还应该承担文教科卫、社会保障和社会保险制度的重任，使经济增长与经济发展相互促进、相互协调。

四、监督管理职能

（一）监督管理职能的含义

财政监督管理是指财政部门依法对国家机关、事业单位、社会团体、企业或者其他组织涉及财政收支及其他有关财政、财务、会计管理事项进行的审查、稽核、检查、评价和处理等活动。财政监督是对财政分配的全过程进行监督。具有政府监督的性质。

（二）财政监督的具体内容

财政部门对被监督对象执行财政、税收法律、法规、规章和政策的情况进行监督。具体内容包括：①部门预算编制、执行、调整和决算情况；②财政收入的征收管理情况，财政收入的收纳、划分、留解、退付和资金的拨付情况；③财政支出的管理、使用和效益情况；④政府采购活动；⑤社会保障基金（费）、住房公积金等资金征收、使用和管理情况；⑥国有资产收益收支情况；⑦行政事业单位国有资产管理情况；⑧政府债务的举借、担保、使用、偿还和效益情况；⑨预算部门和单位银行账户设立、变更、撤销和使用、管理情况；⑩单位财务会计制度执行和会计信息质量情况；⑪地方商业银行和非银行金融机构的资产和财务管理情况。

说一说：为什么市场会造成人们收入分配的不公平？

复习思考题

1. 列举我们身边的公共产品，并区分纯公共产品和准公共产品。
2. 举例说明外部效应和信息不对称现象。
3. 市场缺陷表现在哪些方面？
4. 政府在市场经济条件下应该做哪些事？
5. 什么是公共财政？具有哪些特征？
6. 市场经济条件下公共财政具有哪些职能？

社会实践要求

讨论会

1. 主题：什么是公共财政？市场经济条件下为什么需要公共财政？

2. 要求：运用所学的有关财政的基本理论知识，结合社会现实，进行分析和思考，从而提出自己的观点。

3. 目的：透过社会财政现象，经过分析、讨论，充分认识我国社会主义市场经济条件下构建公共财政的重要性。

4. 建议：收集相关资料，分组写出发言提纲，最后由教师组织全班进行讨论。

第二章 公共财政支出

学习目标

通过本章学习，要求了解财政支出的分类，了解政府采购制度；理解政府购买性支出与转移性支出的功能与主要内容；掌握政府投资性支出与我国社会保障制度的主要内容，掌握财政补贴的特征与主要内容。

本章重点是政府投资性支出，我国社会保障制度及财政补贴支出的特征及主要内容。

第一节 公共财政支出概述

一、公共财政支出的含义

公共财政支出是政府为提供公共产品和服务，满足社会公共需要，依据法律程序，将集中的财政资金进行有计划的分配活动。它既包括政府提供公共产品所需要的资金安排，也包括政府提供必要的混合产品而安排的支出。主要有：保证国家机器正常运转、维护国家安全、巩固各级政府政权建设的支出；维护社会稳定，提高全民族素质、外部效应巨大的社会公共事业支出；有利于经济环境和生态环境改善，具有巨大外部经济效应的公益性基础设施建设的支出；在市场机制还不完善的条件下，对宏观经济运行进行必要调控的支出等。财政支出又称为公共支出或政府支出。就其本质而言，财政支出是政府提供公共产品和服务的成本。

财政支出是政府提供公共服务、履行其职能的财力保证。财政支出的规模大小反映着政府职能活动范围的大小；财政支出的内容和方向反映着政府在各个时期的政策和目标；财政支出结构的确定和调整反映着社会经济结构、产业结构的形成和变动；财政支出的效益直接决定着国民经济整体经济效益和社会效益的好坏。因此，合理安排和节约使用财政支出，对于贯彻国家在各时期的路线、方针、政策和目标，对于国家政权的巩固，对于国民经济的稳定和发展，对于人民物质文化生活水平的提高都具有重要意义。

二、公共财政支出的分类

公共财政支出分类是将政府支出的内容进行合理归纳，以便准确反映和科学分析支出活动的性质、结构、规模以及支出的效益。按照 2007 年 1 月 1 日正式实施的政府收支分类改革，我国现行支出的分类采用了国际通行做法，即同时使用支出功能分类和支出经济分类两种方法对财政支出进行分类。

（一）按财政支出的功能分类

财政支出按功能分类，主要反映在市场经济体制下政府活动的不同功能和政策目标，具体反映政府各项职能活动，即政府究竟做了什么事。体现政府一定时期内的方针政策，支出结构和资金的使用方向。我国 2019 年财政支出按功能分类包括：

一般公共服务、外交、国防、公共安全、教育、科学技术、文化体育与传媒、社会保障和就业、医疗卫生与计划生育、节能环保、城乡社区、农林水、交通运输、资源勘探信息、商业服务业、金融、援助其他地区、国土海洋气象等、住房保障、债务还本支出、债务付息支出、债务发行费用支出、转移性支出和其他支出等。

财政支出按功能分类，是国际规范的分类方法，也是市场经济国家通行的做法。这种分类法便于进行国际比较与研究。我国财政支出从 2007 年开始采用按支出的功能分类这种方法。

（二）按财政支出的经济性质分类

财政支出的经济分类，是按财政支出的经济性质和具体用途分类，在支出功能分类明确反映政府职能活动的基础上，支出经济分类明确反映政府的钱究竟是怎么花出去的。支出经济分类与支出功能分类从不同侧面、以不同方式反映政府支出活动。它明确反映政府的钱究竟是怎么花出去的。我国财政支出的经济分类包括：

工资福利支出、商品和服务支出、对个人和家庭的补助支出、债务利息及费用支出、转移性支出、债务还本支出、资本性支出、对企业补助、对社会保障基金补助、其他支出等。

支出功能分类、支出经济分类与部门分类编码和基本支出预算、项目支出预算相配合，在财政信息管理系统的有力支持下，可对任何一项财政支出进行“多维”定位，清清楚楚地说明政府的钱是怎么来的，干了什么事，最终用到了什么地方，为预算管理、统计分析、宏观决策和财政监督等提供全面、真实、准确的经济信息。

（三）按财政支出是否取得等价补偿分类

财政支出按支出能否获得直接的等价补偿，可分为购买性支出和转移性支出。购买性支出又称消耗性支出，它是政府在商品、劳务市场上直接购买各种商品和劳务的支出。政府一方面付出了资金，同时另一方面获得了相应的商品和劳力，它体现了各级政府对经济资源的直接占有。购买性支出的内容有：一般公共服务、国防、外交、公共安全、教育、科学技术、医疗卫生、环境保护、城乡社区事务、政府经济事务等。

转移性支出又称无偿支出，是指政府以无偿的方式将财政资金单向转移给单位和个人，并不获取等价的商品和劳务。转移性支出的内容有：财政补贴支出、社会保障支出、债务利息支出等。在整个支出过程中，政府没有购买到相应的商品和劳务，也就没有减少企业和个人所支配的那部分商品和劳务，它对资源在政府和企业、个人之间的配置没有直接影响，但它影响了一部分企业和个人的收入。因此，转移性支出体现了政府的分配政策，是对国民收入在社会成员之间的一种再分配。

西方国家转移性支出在财政支出中往往占一半。而目前我国转移性支出在财政支出中所占的比重比较小，但随着经济体制改革的深入，社会保障体系的建立健全，转移性支出的总量和占财政支出的比重将不断增长。购买性支出和转移性支出在财政总支出中的比例，可以反映财政支出的侧重点，有利于财政职能的发挥和完善，有利于国家实施宏观调控。

（四）按财政支出的管理权限分类

按财政支出的管理权限分类，可将财政支出分为中央财政支出和地方财政支出。

中央财政支出，是按照分税制财政管理体制的规定，由中央预算安排使用和管理，实现中央政府职能的各项支出。中央财政支出主要承担国家安全、外交和中央国家机关运转所需要的费用，以及协调地区经济发展、调整产业结构和中央直接管理的事业发展等的支出。

地方财政支出，是按照分税制财政管理体制的规定，由地方各级预算安排使用和管理，实现地方政府职能的各项支出。地方财政支出主要承担本地区政权机关运转所需的支出，以及本地区经济、事业发展等所需支出。

这种分类方法有利于正确处理中央政府与地方各级政府之间的财政分配关系，为制定和完善财政管理体制提供依据。

知识链接2－1
2018年全年财政收支运行情况良好
财政支出呈现三大亮点

思考：分析2018年财政支出情况。

想一想：财政支出用来干什么？

第二节　购买性支出

一、购买性支出的功能

购买性支出是政府购买商品和劳务的支出，在这里，政府是直接以商品和劳务的购买者身份出现在市场上，通过购买性支出，政府取得了相应的商品和劳务，它直接影响全社会的商品和劳务的供求关系，对生产和就业有直接的影响。所以，购买性支出是财政对经济资源的一种重新配置，具有较强的资源配置功能。在财政支出中，如果购买性支出比重较大，政府直接配置资源的规模就大，对经济的影响也大。购买性支出体现的是政府的市场性再分配活动。

二、我国财政购买性支出的内容

（一）财政购买性支出的具体内容

1. 一般公共服务支出

一般公共服务支出是政府用于国家各级立法机构、行政机构行使其职能所发生的费用支出。它是保证政府机构正常有效运转的财力保证。一般公共服务支出的具体内容包括：人大事务、政协事务、政府办公厅（室）及相关机构事务、发展与改革事务、统计信息事务、财政事务、税收事务、审计事务、海关事务、人力资源事务、纪检监察事务、商贸事务、知识产权事务、工商行政管理事务、民族事务、宗教事务、港澳台侨事务、档案事务、民主党派及工商联事务、群众团体事务、党委办公厅（室）及相关机构事务、组织事务、宣传事务、统战事务、对外联络事务等方面的支出。

2. 国防支出

国防支出是政府用于国防建设，国防科研事业、军队正规化建设等方面的费用支出。保卫国家安全和领土、主权完整，历来都是国家必须履行的基本职责，所以这项支出也是财政必须保证的支出之一。国防支出包括：现役部队、国防科研事业、专项工程、国防动员等方面的支出。它对于推进国防现代化、提高人民军队在现代战争条件下的作战能力，抵御外来侵略有十分重要的意义。

3. 公共安全支出

公共安全支出反映政府用于维护社会公共安全方面的支出，是保证社会秩序稳定的财力保证。包括武装警察支出、公安支出、国家安全支出、检察支出、法院支出、司法行政支出、监狱支出、强制隔离戒毒、国家保密、缉私警察、海警等方面的支出。

4. 外交支出

外交支出反映政府开展外交活动发生的支出。包括外交行政管理事务、驻外机构、对外援助、国际组织、对外合作与交流、对外宣传等方面的支出。

5. 农林水支出

农林水支出是政府用于农业、林业、水利等方面的支出。包括：农业支出、林业支出、水利支出、南水北调支出、扶贫支出、农业综合开发、农村综合改革、普惠金融发展支出、目标价格补贴等。

6. 节能环保支出

节能环保支出是政府用于节能、保护环境方面的支出。包括环境保护管理事务支出、环境监测与监察、污染防治、自然生态保护、天然林保护、退耕还林、风沙荒漠治理、退牧还草、已垦草原退耕还草、能源节约利用、污染减排、可再生能源、资源综合利用、能源管理事务等方面的支出。

7. 城乡社区支出

城乡社区支出是政府用于城乡社区事务方面的支出。包括城乡社区管理事务、城乡社区规划与管理、城乡社区公共设施、城乡社区环境卫生、建设市场管理与监督、政府住房基金支出、国有土地使用权出让收入安排的支出、城市公用事业附加安排的支出、国有土地收益基金支出、农业土地开发资金支出、新增建设用地有偿使用费安排的支出、城市基础设施配套费安排的支出等。

8. 住房保障支出

住房保障支出反映政府用于廉租住房等保障性住房及住房改革等方面的支出。包括：保障性住房支出（廉租住房、沉陷区治理、棚户区改造、少数民族地区游牧民定居工程、农村危房改造等）、住房改革支出（住房公积金、提租补贴等）、城乡社区住宅（公有住房建设和维修改造支出等）等。

9. 交通运输支出

交通运输支出是政府用于交通运输、邮政业方面的支出。包括公路运输、水路运输、铁路运输、民用航空运输、成品油价格改革对交通运输的补贴、邮政业支出、车辆购置税支出等。

10. 公共事务支出

公共事务支出是政府用于文化、教育、科学、卫生、体育、节能环保、城乡社区事务等项事业的费用。这些单位是为社会提供公共服务的非权力机构，但承担某些政府职能，它们是介于政府机关和企业之间的公共部门，它们提供的是纯公共产品和准公共产品，与社会经济发展和城乡居民生活息息相关，服务效益的外溢十分明显，所以这些事业的开展所需经费应由财政和社会公众共同承担。文教科卫等部门是非物质生产部门，它们不生产物质产品，也不提供生产性劳务。但它们是社会发展、人类进步所不可缺少的。科学为社会提供科研成果；教育为社会培养人才；文化能满足人们的精神生活；卫生能保障人们的身体健康；体育能增强人们的体质等。这些事业越发达，对物质生产的贡献就越大。公共事务支出主要包括：

（1）教育支出，是政府用于教育事务方面的支出。包括教育管理事务、普通教育、职业教育、成人教育、广播电视教育、留学教育、特殊教育、进修及培训、教育费附加安排的支出。

近年来，按照教育法和实施科教兴国战略的要求，中央和各级地方政府把教育作为财政支出重点，积极采取有效措施，大幅增加教育投入，较好地保障了教育事业发展的需要。

第一，全面实行城乡免费义务教育。继2007年全面推行农村义务教育免除学杂费政策后，2008年秋季城市义务教育阶段学杂费也全部免除，从2017年春季开始，中央财政对全国城市和农村地区义务教育阶段学生免费提供国家课程的教科书，这意味着我国全面实行城乡免费义务教育。

第二，大力发展中等职业教育。中央和各级地方政府加大了对接受职业教育学生的资助力度，所有来自农村和城镇家庭经济困难的中职学生全部免除学费，惠及90%的在校生。40%的中职学生还同时享受国家助学金政策。

第三，实施家庭经济困难学生资助政策。①国家奖学金制度，中央设立国家奖学金，用于奖励普通本科高校和高等职业学校全日制本专科在校生中特别优秀的学生。中央与地方共同设立国家励志奖学金，用于奖励资助普通本科高校和高等职业学校全日制本专科在校生中品学兼优的家庭经济困难学生。②国家助学金制度。中央与地方共同设立国家助学金，用于资助普通本科高校、高等职业学校全日制本专科在校生中家庭经济困难学生和中等职业学校所有全日制在校农村学生及城市家庭经济困难学生。③国家助学贷款政策。开展生源地信用助学贷款，中央财政相应安排助学贷款贴息经费。对普通本科高校和高等职业学校全日制本专科生，在校期间获得国家助学贷款、毕业后自愿到艰苦地区基层单位从事第一线工作且服务达到一定年限的，国家实行国家助学贷款代偿政策。④从2007年起，对教育部直属师范大学新招收的师范生，实行免费教育。⑤各类学校按照国家有关规定从事业收入中足额提取一定比例的经费，用于学费减免、国家助学贷款风险补偿、勤工助学、校内无息借款、校内奖助学金和特殊困难补助等。

第四，普通高中贫困生纳入国家资助体系。从2010年秋季学期起，建立普通高中家庭经济困难学生资助政策体系，中央与地方共同设立国家助学金，用于资助普通高中在校生中的家庭经济困难学生。

知识链接 2－2

2018 年我国教育经费的分配情况

思考：分析 2018 年我国教育经费支出结构。

议一议：怎样理解非义务教育的缴费上学制度？

（2）科学技术支出，是政府用于科学技术方面的支出。包括科学技术管理事务、基础研究、应用研究、技术研究与开发、科技条件与服务、社会科学、科学技术普及、科技交流与合作支出、科技重大专项等方面的支出。

切实将科技投入作为财政预算保障的重点，按照有关法规的要求，使财政科技经费支出增幅明显高于财政经常性收入增幅，体现法定增长的要求。2018 年我国财政安排科学技术支出 8322 亿元，同比增长 14.5%，高于全国一般公共预算支出平均增幅 5.8 个百分点。

（3）文化体育与传媒支出，是政府在文化、文物、体育、广播影视、新闻出版等方面的支出。包括政府用于公用文化设施、艺术表演团体及文化艺术活动等方面的支出；政府用于文物保护和管理等方面的支出；政府用于体育方面的支出；政府用于广播、电影、电视等方面的支出；政府用于新闻出版方面的支出等。

2018 年我国财政安排文化体育与传媒支出 3522 亿元，比上年增长 3.7%。主要用于支持文化体育及传媒事业发展，进一步提升基本公共服务水平，引导和支持地方开展农村文化体育活动，增加贫困地区公共文化产品供给。

（4）医疗卫生支出，是政府用于医疗卫生方面的支出。包括医疗卫生管理事务、公立医院、基层医疗卫生机构、公共卫生、医疗保障、中医药、食品和药品监督管理事务等方面的支出。

知识链接 2－3

完善公共文化服务体系

思考：2018 年完善公共文化服务体系的举措有哪些？

近年来，各级财政积极调整财政支出结构，努力增加医疗卫生投入。2017 年全国财政医疗卫生支出达到 14451 亿元，比 2013 年增加了 5156 亿元，增长达到 55.5%，占全国财政支出的比重已经达到 7.1%，较 2013 年提高 0.5%。2018 年我国财政安排医疗卫生与计划生育支出 15700 亿元，比上年增长 8.5%，占全国财政支出比重达到 7.1%。

（二）财政购买性支出中的政府投资性支出

1. 政府投资的含义

投资是投资主体为获取预期效益而投入资本形成资产的经济活动。社会的总投资一般包括政府投资与非政府投资。政府投资是指以政府为主体，以财政资金为主要来源的政府投资活动，是社会总投资的重要组成部分。主要投资于基础性项目、公益性项目等。这些项目的投资对于发展经济、提高人民的物质文化生活水平具有极其重要的意义。非政府投资是以个人、企业、银行等为主体的投资，主要投资于竞争性项目。在市场经济条件下，非政府投资是社会总投资的主体，而政府投资主要是弥补非政府投资的不足，即弥补市场缺陷，促进资源的最佳配置。

2. 政府投资的特点

政府投资与非政府投资相比较，具有以下特点：

（1）政府投资的公共性。政府投资一个非常重要的领域就是公益性项目，如科研、教育、文化、卫生、环保、城乡基础设施、国防等项目，这些公益性投资的建设效益为社会共同享受，受益范围是全社会的人民大众。因此，政府投资具有明显的公共性特征。

（2）政府投资效益的双重性。投资主体的投资动机和目的，是为了获取效益。效益包括经济效益与社会效益。企业、个人等的投资主要是考虑直接的经济效益，即以尽可能少的资金投入获取尽可能多的预期收益。而政府投资的目标是服务于社会的整体利益，因此，政府投资的主要目的不是为了营利，而是协调国民经济发展，它的效益主要应通过社会福利水平和整个宏观经济效益的提高来体现。政府投资一方面要讲求经济效益，既要讲求投资项目的微观经济效益，又要讲求投资的宏观效益；另一方面，政府投资更注重社会效益，社会效益是投资项目对社会的贡献，体现在国家民族、教育科学、公益福利、生态环境和身心健康等方面，这些项目的受益对象为整个社会，往往不易甚至不能组织投资资金的回流，社会效益好而经济效益低，一般的投资主体是不愿进行投资的，只能依靠政府投资。

（3）政府投资具有规模优势。政府财力集中、资金雄厚，可投资于大型项目和长期项目。而非政府投资追求营利，财力又相对分散，难以承担规模巨大的建设项目，一般主要从事短期性投资。

3. 政府投资的范围

基本建设投资按其所形成的固定资产的经济用途进行分类，可分为公益性项目投资、基础性项目投资和竞争性项目投资三大类。随着我国政府职能的转变，政府主要是弥补市场缺陷，满足社会公共需要，因此政府投资的重点是公益性项目和基础性项目。

（1）公益性项目投资支出。公益性项目投资支出是指政府用于国防、行政、科教文卫、环境保护等社会公共部门有形资产的支出。公益性投资项目属于非生产性支出，一般建成后无盈利或盈利很少，主要靠政府投资。同时，对于科技、教育、文化、卫生、体育、环保等公益事业，在政府不搞摊派的前提下，鼓励社会捐赠和企业、个人投资兴办。

（2）基础性项目投资支出。基础性项目投资支出是指政府用于基础设施和基础工业方面最终形成资产的支出，即政府投资于那些“外部效应”较强的“市场失灵”的领域。基础设施主要包括交通运输、机场、港口、桥梁、通信、城乡社区公共设施、农业基础设施建设、大江大河的治理、水利工程建设、生态环境保护、退耕还林工程建设、天然林保护、退耕还林、风沙荒漠治理、退牧还草、已垦草原退耕还草、南水北调工程建设、扶贫、农业综合开发、自然灾害的防御地震灾后恢复重建等；基础工业主要指能源（包括电力）工业和原材料（包括建筑材料、钢材、石油化工、材料等）工业。基础性项目是支持一国经济运行的基础部门，直接关系到国力的强盛，在国民经济中占有重要地位。基础性投资项目具有自然垄断性、资本密集性、建设周期长、回收期长、收益低的特点，因此主要由政府集中必要的财力进行投资。也可以由国家政策性银行并通过财政投融资体系来投资，更要鼓励和吸引各方投资（社会、企业、外资等）参与，采取政府控股、参股等多种形式进行。

近些年政府加大了对农业、林业、水利等方面的投入，这是按照公共财政的要求，加大支出结构调整力度的表现。财政支出安排的重点是满足公共需要，保证那些关系到改革、发展、稳定大局的重点支出需要。农业是国民经济的基础，大力发展农业是我国经济建设中的战略重点。

（3）竞争性项目主要指投资收益比较高、市场调节比较灵敏、具有市场竞争能力的生产性投资项目。竞争性项目投资主要由市场来进行，是非政府部门的主要投资领域。政府对竞争性项目的投资一般不需要进行干预，主要是加强政策性指导。通过商业银行间接融资是竞争性项目投资的主要渠道。同时，在国家规定的范围内，允许企业通过发行企业债券和股票等有价证券，在资本市场上直接融资，拓宽融资渠道。

三、购买性支出的管理方式——政府采购制度

为了节约财政支出，提高财政资金的使用效益，加强宏观调控，世界各国都建立了政府采购制度，我国也在1996年建立了政府采购制度，并于2003年1月1日起施行《中华人民共和国政府采购法》。政府采购制度是公共财政的重要组成部分，是加强财政支出管理的一项有效措施。用法律制度来规范政府的购买性支出。政府采购制度的核心是引入竞争机制，按照公开、透明、公平、公正的原则，通过公开招标等方式进行“阳光下的交易”，防止“暗箱操作”和“权力寻租”。对提高财政资金使用效益具有重要意义。

（一）政府采购概述

1. 政府采购的概念

政府采购又称公共采购，是指各级政府及其所属实体为了开展日常政务活动或为公众提供公共服务的需要，以法定的方式、方法和程序，从市场上为政府部门或公共部门统一购买商品或服务的行为。政府采购制度是政府采购实体、采购范围、采购管理等具体规定的总称。

2. 政府采购的特点

政府采购与一般私人采购相比具有如下特点：

（1）政府采购的目的主要是为了满足社会公共需要。政府的这种购买行为与私人部门购买行为有着极大的区别，私人部门购买的目的是为了满足个人消费或为向市场提供私人物品和取得盈利，而政府购买的目的是为了提供公共品和公共服务满足社会共同需要。

（2）政府采购资金来源的公共性。政府购买使用的资金，主要是财政性资金，即税收、政府非税收入等，都属于公共资金。

（3）政府采购范围的广泛性。政府采购范围从汽车、办公用品到公益设施、基础设施等，涉及商品、工程和服务各个领域。

（4）政府采购规模巨大。政府作为国内市场最大的消费者，其购买数额巨大，已成为政府调控经济、实施各项政策的一个重要手段。目前欧美发达国家每年的政府采购支出大约相当于GDP的10%~15%，占年度财政支出的比重一般在30%以上。2017年全国政府采购规模持续快速增长，采购规模达32114.3亿元，比上年同口径增加6382.9亿元，增长

24.8%，占全国财政支出和GDP的比重分别为12.2%和3.9%。2018年全国政府采购规模继续持续快速增长，尤其是服务类采购规模增长迅速，带来采购规模的大幅增长。

（5）政府采购管理的公共性、公开性。政府采购管理是对公共资金使用的管理，因而政府采购在管理上具有鲜明的公共性特征。而政府采购活动在政府采购相关法律和法规的约束下及有关部门和社会公众的监督下进行，又具有公开性、透明性。

3. 我国建立政府采购制度的意义

在市场经济国家，政府采购已有两百多年历史。随着法律制度的完善和采购规模的扩大，一些国家每年用于政府采购的支出已占财政支出的30%左右，目前，政府采购已成为许多国家，包括发展中国家管理购买性支出、调节经济运行、维护本国利益的基本制度和重要手段。我国从2003年1月1日起施行的《中华人民共和国政府采购法》，就是用法律制度来规范政府的购买性支出行为，其重大意义在于：

（1）规范政府采购行为。规范政府采购行为是建立我国社会主义市场经济体制和依法行政机制的需要。市场经济的基本特征之一是公平竞争，通过公平竞争实现资源的合理配置。在政府采购制度运行中，政府行为具有双重性：政府从事管理时，是代表国家履行管理职责；而在采购交易时，作为采购的一方，又是市场的参与者。政府采购法的建立，可以明晰政府的管理职能与采购职能，一方面要使政府采购受市场规则和法律的约束，实现交易行为平等；另一方面又要保证政府通过采购政策调控经济，维护市场秩序。

（2）降低行政成本，提高政府采购资金的使用效益。政府采购资金主要是财政性资金，采购过程实际上是财政支出的使用过程，推行政府采购制度，制定法律规范，保证政府采购资金按预算目标使用，降低采购成本，提高财政资金的使用效率。国际经验表明，实行政府采购后，采购资金的节约率一般都在10%左右。从我国推行政府采购制度来看，在节约财政资金方面取得了明显效果，平均节约率一般在10%以上，其中工程项目的节支幅度最高，有的项目达到了50%。可见，实行政府采购制度，建立健全政府采购法制，可以充分发挥政府采购的积极效应，有利于降低行政成本，提高财政资金的使用效益。

（3）强化财政支出管理。政府采购能够促进公平竞争，增加企业竞争能力和自我发展能力，有效地抑制腐败，强化财政支出管理。

（4）发挥政府在国民经济发展中的宏观调控作用，推进保护国内产业、保护环境、扶植不发达地区和中小企业等政策措施的实施。我国已经正式加入世界贸易组织，这意味着我国将向成员国逐步开放政府采购市场，使我国企业不出国门也将面临国际竞争，这就要求我国通过建立政府采购制度，培养自己的政府采购管理人员，并让我国供应商适应国际惯例，同时，按国际惯例，在政府采购法律中规定采购机关不得随意采购国外产品，保护国内产业，这也是各国实行政府采购的主要目的之一。

（二）我国政府采购制度的主要内容

政府采购制度是有关政府采购的一系列法规、政策和管理办法的总称，它是规范政府采购行为的依据。我国政府采购制度的主要内容包括：

1. 政府采购的适用范围

我国政府采购的适用范围是使用政府财政资金的各类行政事业单位和社会团体（除涉及国家安全和另有规定外）。采购项目包括一切适宜于政府采购的项目（货物、工程、服务等）。

2. 政府采购方式

确立政府采购方式是建立政府采购制度的重要内容。政府采购应根据采购需求、采购种类等选择相应的采购方式。政府采购方式有公开招标、邀请招标、竞争性谈判、单一来源采购、询价等多种采购方式。我国政府采购法明确规定，公开招标应作为政府采购的主要采购方式。公开招标方式的最大好处就是公开、公平、公正，因此是政府采购中使用最多的一种方式。其一般程序是：准备招标文件→发布招标通告→供应商投标→评标→中标。

3. 政府采购模式

政府采购模式，按照组织政府采购活动的主体及其采购范围，一般分为集中采购、分散采购、集中采购与分散采购相结合等三种模式。集中采购是指由政府设立的职能机构统一为其他政府机构提供采购服务的一种采购组织实施形式。分散采购是指由各预算单位自行开展采购活动的一种采购组织实施形式。集中采购与分散采购相结合是指一级政府的政府采购组织实施形式既有集中采购，也有分散采购，二者同时并存，这是当前国际上的主流组织形式。我国政府采购法明确规定，政府采购实行集中采购与分散采购相结合的采购模式。

4. 政府采购的步骤

（1）确定采购需求。采购需求由各采购实体提出，报财政部门审核批准。只有经财政部门审查，被列入年度采购计划的采购需求才能执行。

（2）选择采购方法。一般来说，招标采购是基本的采购方法。

（3）确定供应商。政府采购制度规定，采购实体的任何采购都必须从合格的供应商处获得。因此要对供应商的资格加以确认。

（4）签订采购合同。无论采用何种采购方法，符合评审资格的供应商被确定后，要与采购实体签订采购合同，规定双方在采购执行中的权利与义务。

（5）履行采购合同。合同签订并生效后，供应商必须按照合同的规定，向采购实体提供货物、工程或服务。采购实体和供应商都不得单方面修改合同条款，否则违约方必须按合同规定向另一方赔偿损失。

（6）采购项目的验收、结算。在合同执行中或执行完毕后，采购实体要对合同执行的阶段性结果或最终结果进行检验，确认验收合格后，财政部门与供应商进行资金结算。

（7）采购项目效益评估。有关管理、监督部门对已采购项目的运行情况及其效果要进行评估，以检验采购项目是否达到了预期的目的。

知识链接 2-4

政府采购规模持续快速增长

思考：2017 年政府采购规模的变化情况如何？

第三节 转移性支出

一、转移性支出的功能

转移性支出包括两方面的内容：一是上下级政府之间的转移性支出；二是政府按照一定方式，将一部分财政资金无偿地、单方面地转移给居民和其他受益者，主要由社会保障支出和财政补贴组成。转移性支出的目的主要是为了调节经济主体间、上下级政府之间的收入分配，实现收入分配的社会公平。因此，转移性支出体现了政府的分配政策，是对国民收入的一种再分配。购买性支出有较强的资源配置功能，而转移性支出则有较强的收入分配功能。转移性支出体现的是政府的非市场性分配。

财政补贴是国家为了实现特定的政治经济目标，由财政安排专项基金向国有企业或劳动者个人提供的一种资助。补贴的范围涉及到工业、农业、商业、交通运输业、建筑业、外贸等国民经济各部门和生产、流通、消费各环节及居民生活各方面。

二、转移性支出的内容

（一）社会保障支出

1. 基本概念

（1）社会保障的概念及特点。社会保障是政府向丧失劳动能力、失去就业机会、收入不能维持最低生活水准以及遇到其他事故而面临经济困难的公民提供的基本生活保障。政府对陷于困境的个人提供社会保障，不仅对被补助者有其意义，使其免遭生活窘迫乃至无法生存的痛苦，同时也是保持社会安定的重要手段。社会保障作为一种社会制度，具有以下特征：

①保障性。社会保障的保障性通常由国家立法加以确定，政府和社会组织加以保证。我国《宪法》规定："中华人民共和国公民在年老、疾病或者丧失劳动能力的情况下，有从国家和社会获得物质帮助的权利。国家发展为公民享受这些权利所需要的社会保险、社会救济和医疗卫生事业。"

②强制性。社会保障通过立法确立国家和社会成员的权利和义务关系。国家必须保证社会成员在遇到年老、疾病、生育、死亡等风险时得到基本生活的保障，这是每个社会成员应享有的权利；但同时必须承担相应的义务，国家在为全体社会成员提供保障的同时，也要求全社会共同承担风险，必须依法向社会成员强制征收社会保险税（费）。只有在依法缴纳了一定数量的税、费或社会保障金，为社会做出了一定的贡献，履行了义务的情况下，才能享受权利。

③社会性。社会保障的覆盖范围是全体社会成员。各行各业的劳动者及无业者，一旦遇到生存危机，原则上都应得到基本生活的保障。

④互济性。社会保障是按照社会成员共担风险的原理组织进行的。社会保障资金来自参与社会保障的社会成员所缴纳的保障费，但社会保障资金只能是向社会成员中那些因生、

老、病、死、残、失业等原因亟待获得物质帮助的人提供。可见，社会成员为社会保障进行的缴纳同他可能享受的保障并不完全相等，这实质上就是社会成员之间的互相调剂。社会保障资金的统筹支付和管理，充分体现了人类互助互济的原则。

⑤公平性。实现公平分配是社会保障追求的目标。社会保障的公平性主要体现在社会成员享受社会保障待遇的权利和机会是均等的。

（2）社会保障支出的概念。社会保障支出是财政转移支付的重要内容，主要是指国家财政用于社会保障方面的支出。

2. 社会保障制度的内容

社会保障制度主要由社会保险、社会救济、社会福利、社会优抚等制度组成。

（1）社会保险。社会保险是根据立法，由政府、企业、个人多方共同筹资，帮助劳动者及其亲属在年老、疾病、伤残、失业时，防止收入中断而建立的专项基金。它是现代社会保障的核心内容，是一国居民的基本保障，即保障劳动者在失去劳动能力，从而失去工资收入后仍能享有基本的生活保障。社会保险是国家通过立法形式强制推行的，带有强制性、普遍性、互济性、储蓄性和补偿性等基本特征。其主要项目有：养老保险、医疗保险、工伤保险、生育保险、失业保险等。

（2）社会救济。社会救济是国家为了保证公民享有基本生活权利，而对贫困者或遭受到个人能力所无法控制和克服的灾难，如，地震、水灾、火灾、台风等，由政府提供满足最低生活需要的物质资助。社会救济作为最低层次的社会保障，在市场经济条件下，是维护社会稳定和经济顺利运行的安全网和减震器。从其内容来说，又包括济贫与救灾两种。其财力主要依靠财政拨款，同时鼓励社会捐款和公民互助。

（3）社会福利。社会福利是指国家或社会在法律和政策范围内，在居民住宅、公共卫生、环境保护、基础教育等领域，向全体公民普遍提供资金帮助和优化服务的社会性制度。它表现为国家和各种社会团体举办的多种社会公共福利设施，提供的社会公共服务以及举办的各种公共社会福利事业，其目的在于改善人民生活，提高公民的生活质量。社会福利以提高国民的社会福利水平为目标，属于社会保障体系的最高层次，也被视为社会保障的最高纲领。

（4）社会优抚。社会优抚是财政对法定的优抚对象，如现役军人及其家属，退休及退伍军人及烈属等，为保证其一定生活水平而提供的资助和服务，以及对丧失劳动能力的孤寡老人、残疾人等进行生活安置和对尚无生活、劳动能力的孤儿进行养护的制度。社会优抚是对特定人群进行的特殊保障，属于社会保障体系的特殊层次。

3. 我国目前的社会保障制度

改革开放以来，我国社会保障事业有了较快发展，初步建立了一系列具有中国特色的社会保障制度。其主要内容如下：

（1）社会保险制度。第一，养老保险制度。养老保险制度是国家通过立法强制实行的一种以保障受保者晚年基本生活需求为目的社会保险制度。面对人口老龄化速度的加快，我国政府不断完善养老保险制度，改革基金筹集模式，建立多层次养老保险体系。

①多渠道筹集基本养老保险基金：一是实行用人单位和职工共同缴费。用人单位缴费按其工资总额的20%缴费建立社会统筹账户；职工个人按本人工资的8%缴费并建立个人账户。城镇个体工商户和灵活就业人员参加基本养老保险，由个人按当地社会平均工资的

18%左右缴费。二是增加财政对基本养老保险基金的补助。三是政府通过财政建立全国社会保障基金；四是养老保险管理实行基本养老保险社会统筹账户与个人账户相结合的管理模式。

②建立多层次养老保险体系：一是我国实行基本养老保险与补充养老保险相结合的制度，即建立基本养老保险、企业（单位）补充养老保险和职工个人储蓄性养老保险相结合的多层次养老保险制度；二是在按规定参加基本养老保险的基础上，由企业根据经济效益情况，自愿建立补充养老保险，单位和职工共同缴费，职工退休以后领取。目前采用企业年金的方式，年金费用由企业和职工个人共同缴纳，实行基金完全积累，采用个人账户方式进行管理。企业年金是我国养老保险的第二支柱。2018年，全国企业年金积累基金总规模为14770.38亿元，比2017年年末的12879.67亿元增加近1900亿元。

第二，医疗保险制度。医疗保险制度是国家通过立法形式确定的，当法定范围内的社会成员患病期间为其提供医疗费用帮助的社会保险制度，其主要内容为：

①城镇职工基本医疗保险制度。一是覆盖范围广，基本医疗保险覆盖城镇所有用人单位和职工，城镇灵活就业人员也可以参加基本医疗保险。基本医疗保险资金来源主要是由用人单位和个人共同缴纳，用人单位缴费比例为职工工资总额的6%左右，个人缴费为本人工资的2%，退休人员不缴费。个人缴费全部划入个人账户，单位缴费30%左右划入个人账户，其余70%左右建立社会统筹基金，具体划入比例由统筹地区根据个人账户的支付范围和职工年龄等因素确定。二是支付标准：医疗费用由医疗保险基金和个人共同分担：门诊（小额）医疗费用主要由个人账户支付；住院（大额）医疗费用主要由统筹基金支付。

②多层次医疗保障体系。一是全国各地普遍建立了大额医疗费用补助制度，其资金来源主要由个人或企业缴费，以解决超过基本医疗保险最高支付限额以上的医疗费用。二是国家鼓励企业为职工建立补充医疗保险，主要解决企业职工基本医疗保险待遇以外的医疗费用。

③城镇居民基本医疗保险制度。为实现基本建立覆盖城乡全体居民的医疗保障体系的目标，我国从2007年开始，建立城镇居民基本医疗保险制度，即解决城镇非从业居民没有医疗保障制度的问题。具体的参保范围：不属于城镇职工基本医疗保险制度覆盖范围的大、中、小学阶段的学生、少年儿童和其他非从业城镇居民都可自愿参加城镇居民基本医疗保险。城镇居民基本医疗保险以家庭缴费为主，政府给予适当补助。参保居民按规定缴纳基本医疗保险费，享受相应的医疗保险待遇。

第三，失业保险制度。失业保险制度是指国家通过立法强制实行的，由社会集中建立基金，对因失业而暂时中断生活来源的劳动者提供物质帮助的制度。其主要内容为：

①资金来源是城镇企事业单位和其职工共同缴纳的失业保险费（用人单位按照本单位工资总额的2%、职工按照本人工资的1%缴纳）、失业保险基金的利息、财政补贴等。

②失业保险基金开支范围：向失业职工发放失业保险金，支付失业职工在领取失业保险金期间的医疗补助及死亡的丧葬补助等。

③城镇企事业单位招用的农民合同制工人参加失业保险，用人单位按规定缴费，个人不缴费。

第四，工伤保险制度。工伤保险制度是指通过国家立法强制实行的，国家和社会为在生产、工作中遭受事故伤害和患职业性疾病的劳动者及其亲属提供医疗救治、生活保障、经济补偿、医疗和职业康复等物质帮助的一种社会保障制度。其具体内容为：

①工伤保险的资金来源是用人单位缴纳的工伤保险费、工伤保险基金的利息、财政补贴等。

②工伤保险基金开支范围：向因工负伤的职工支付病假工资、医疗费用、伤残补助津贴、工伤护理费、残疾辅助器具费、伤残抚恤金、供养亲属抚恤金、一次性工亡补助金、丧葬补助金等。

第五，生育保险制度。生育保险制度是通过国家立法规定，在劳动者因生育子女而导致劳动力暂时中断时，由国家和社会及时给予物质帮助的一项社会保险制度。其主要内容为：

①生育保险的资金来源是用人单位缴纳的生育保险费、生育保险基金的利息、财政补贴等。

②生育保险基金开支范围：生育津贴、医疗护理、生育补助等。我国生育保险待遇主要包括两项。一是生育津贴，用于保障女职工产假期间的基本生活需要；二是生育医疗待遇，用于保障女职工怀孕、分娩期间以及职工实施节育手术时的基本医疗保健需要。

知识链接 2－5

《中华人民共和国社会保险法》六大亮点

思考：《中华人民共和国社会保险法》与你自己有关吗?

（2）社会救助制度。社会救助是基础的、最低层次的社会保障，其目的是保障公民享有最低生活水平，保障全体公民最基本的生存权利。社会救济的对象主要是无收入、无生活来源或孤苦无依、无法生活者，以及虽有收入，但因遭受意外事故或收入较低无法维持生活的人。社会救济的对象是社会保险这道安全网保护不了的人群，所以社会救济制度更强调国家和社会对个人的责任和义务。

第一，城市居民最低生活保障制度。为适应建立社会主义市场经济的需要，保障城市贫困居民的最低生活水平，1999 年我国政府颁布了《城市居民最低生活保障条例》，各个城市结合本地经济发展水平，按照当地维持城市居民基本生活所必需的衣、食、住费用，并适当考虑水电燃煤费用以及未成年人的义务教育费用等确定最低生活保障金标准，建立了城市居民最低生活保障制度。城市居民最低生活保障制度为城市贫困人口提供了最基本的生活保障。

第二，灾害救助体系。国家建立了针对突发性自然灾害的应急体系和社会救助制度，对于在自然灾害中遭受损失的灾民，党和政府把灾民生活救济摆在突出重要的位置，灾民生活救济主要是吃饭、穿衣、住房和抢救、转移、安置、防疫、治病，以及自然灾害恢复重建等问题。

第三，流浪乞讨人员救助制度。2003 年 8 月 1 日，我国正式实施《城市生活无着的流浪乞讨人员救助管理办法》。该办法按照“自愿受助、无偿援助”的原则，对在城市生活无着的流浪乞讨人员给予关爱性的救助管理，根据受助人员的不同情况和需求，给予食宿、医疗、通信、返乡及接送等方面的救助服务。

第四，城市医疗救助制度。2005 年我国开始建立城市医疗救助制度。城市医疗救助制度是政府拨款和社会各界自愿捐助等多渠道筹资建立城市医疗救助基金，对患大病的城市贫困群众实行医疗救助的制度。城市医疗救助基金来源包括财政拨款、彩票公益金、社会各界自愿捐助、利息收入等。地方财政每年安排城市医疗救助资金并列入同级财政预算，中央和省级财政对困难地区给予适当补助。城市医疗救助基金纳入社会保障基金财政专户，专项管理，专款专用。城市医疗救助对象是城市居民最低生活保障对象中未参加城镇职工基本医疗保险人员，已参加城镇职工基本医疗保险但个人负担仍然较重人员和其他特殊困难群众。对救助对象在扣除各项医疗保险可支付部分、单位应报销部分及社会互助帮困等后，个人负担超过一定金额的医疗费用或特殊病种医疗费用给予一定比例或一定数量的补助。

（3）社会优抚制度。社会优抚是国家对民族解放、国家独立和保卫国家安全做出贡献的优抚对象实行优待、抚恤、生活补助、医疗保障和安置的一项重要制度，是我国社会保障体系的重要组成部分。在我国，优抚对象主要有：中国人民解放军的现役军人（含人民武装警察部队指战员）、残疾军人、在乡复员军人、带病回乡退伍军人、参战退役人员、烈士遗属、因公牺牲军人遗属、病故军人遗属、现役军人家属。安置对象是退役军人，包括退伍义务兵、退伍志愿兵、复员干部、专业干部、离退休干部等。

（4）农村社会保障制度。第一，新型农村社会养老保险制度。农村社会养老保险是为了解除农民养老之忧而建立的保障全体农民老年基本生活的制度，是推进我国农村经济和社会和谐发展的一项重要的基本社会政策，是政府的重要职能行为。《国务院关于开展新型农村社会养老保险试点的指导意见》（国发〔2009〕32号）规定：

①新型农村社会养老保险基金由个人缴费、集体补助、政府补贴构成。

②社会保险经办机构为每个参保人建立终身记录的养老保险个人账户，个人缴费，集体补助及其他社会经济组织、社会公益组织、个人对参保人缴费的资助，地方政府对参保人的缴费补贴，全部记入个人账户。

③养老金待遇由基础养老金和个人账户养老金组成，支付终身。基础养老金由政府全额支付。标准为每人每月55元，各级地方政府可以根据实际情况提高基础养老金标准；个人账户养老金的月计发标准为个人账户全部储存额除以139。参保人员个人账户资金领取完毕的，由当地政府继续为其终身支付个人账户养老金。

第二，新型农村合作医疗制度。新型农村合作医疗制度是党中央、国务院为解决农村居民看病就医问题而建立的一项基本医疗保障制度，是落实科学发展观、构建社会主义和谐社会的重大举措。我国政府于2002年开始建立以大病统筹为主的新型农村合作医疗制度。新型农村合作医疗制度是指由政府组织、引导、支持，农民自愿参加，通过个人缴费、集体扶持和政府资助多方筹资，以大病统筹为主的农民医疗互助共济制度。到2020年实现在全国建立基本覆盖农村居民的新型合作医疗制度。

从2010年开始，全国新型农村合作医疗筹资水平每人每年150元，2017年个别省份已提高到每人每年180元。但各省份根据实际情况有所不同。新农合缴费上涨的同时，政府财政补助也在上涨，2017年，各级财政对新农合的人均补助标准在2016年的基础上提高30元，达到450元，其中：中央财政对新增部分按照西部地区80%、中部地区60%的比例进行补助，对东部地区各省份分别按一定比例补助。农民个人缴费标准在2016年的基础上提高30元，原则上全国平均达到180元左右。

个人缴费、政府补助形成的新型农村合作医疗基金只能用于参合农民的医药费用补偿。

第三，农村医疗救助制度。我国在2003年建立了农村医疗救助制度。农村医疗救助制度是政府拨款和社会各界自愿捐助等多渠道筹资，对患大病的农村五保户和贫困农民家庭实行医疗救助的制度。农村医疗救助基金是用于农民贫困家庭医疗救助的专用基金，按照公开、公平、公正、专款专用、量入为出、收支平衡的原则进行管理和使用。基金来源包括财政拨款、彩票公益金、社会各界自愿捐助、利息收入等。开展医疗救助工作，应遵循“政府资助、社会捐助和个人负担相结合，主要以个人负担、政府给予适当资助”与“医疗救助与新型农村合作医疗制度相结合”的原则，救助对象缴纳个人应负担的全部或部分资金，参加当地新型农村合作医疗，享受新型农村合作医疗待遇，因患大病经合作医疗补助后个人负担医疗费用过高，影响家庭基本生活的，再给予适当的医疗救助。另外，国家规定的特种传染病救治费用，按有关规定给予补助。

第四，农村居民最低生活保障制度。2007 年我国在全国建立农村居民最低生活保障制度，将符合条件的农村贫困人口纳入保障范围，稳定、持久、有效地解决全国农村贫困人口的温饱问题。农村居民最低生活保障制度是指政府对家庭年人均纯收入低于户籍所在地农村最低生活保障标准的农村贫困家庭予以生活补助的社会救助制度。农村居民最低生活保障资金筹集以地方政府为主，将保障资金列入财政预算，省级人民政府要加大投入。中央财政对财政困难地区给予适当补助。农村居民最低生活保障资金必须按规定纳入社会保障基金财政专户管理，专账核算，专款专用。按月或按季发放，通过金融机构或信用社直接发放给保障对象。

农村居民最低生活保障坚持法定赡养、抚养、扶养与政府救助相结合，政府救助与社会帮扶、扶贫开发相结合，与其他专项社会救助相衔接。农村居民最低生活保障制度，实行地方人民政府负责制，按属地进行管理。各地从当地农村经济社会发展水平和财力状况的实际出发，合理确定保障标准和对象范围。农村最低生活保障标准由县级以上地方人民政府按照能够维持当地农村居民全年基本生活所必需的吃饭、穿衣、用水、用电等费用确定，且随着当地生活必需品价格变化和人民生活水平提高适时进行调整。

目前我国农村除上述四项保障制度外，还有农村五保供养制度等等。

第五，社会福利制度。社会福利解决的是人们在温饱问题基本解决的情况下，如何提高人们的物质和精神生活水平的问题；而社会救济解决的是人们的基本生存问题。

社会福利服务主要为老年人、残疾人、孤儿等特殊群体提供必要的社会福利服务，以扶老、助残、救孤为目的，社会福利是社会保障体系的一个重要组成部分。现阶段，我国社会福利体系的构成大体可以分为三个部分：①特殊性社会福利指国家和社会为残疾人和无劳动能力与生活能力的人举办的福利工厂、孤儿院、养老院等福利事业，以及为老年人、儿童、残疾者提供免费或低费的社会服务。包括老年人福利、儿童福利、残疾人福利等。②职业福利，主要是指职工因其所从事的职业而从企业所获得的福利待遇，它的主要目的是为了提高职工的物质文化生活水平，满足职工的一般性需求。③一般性社会福利，是指以政府为主体举办的，旨在提高全体社会成员物质文化生活水平的福利性事业。

社会福利服务是国家、社会、单位、家庭、个人共同的责任。社会福利服务除政府拨款、社会捐助、慈善恩济外，还可以发展福利彩票等，多渠道筹集资金，包括实物和志愿者服务，实现投资主体多元化。

第六，住房保障制度。住房保障制度是世界各国普遍采用的一项公共政策。其目的在于保障社会成员的基本人权（生存权、居住权等）、维护社会稳定和促进社会公平。住房保障制度是指政府和单位在住房领域实施社会保障职能，对城镇居民中低收入家庭进行扶持和救助的一种住房政策措施的总和；弥补了市场经济的缺陷和不足，对市场经济中弱者和低收入者提供帮助和救济，这一制度提高了市场配置住房资源的效率，体现了社会公平和人道主义精神，是社会稳定、经济发展、社会进步的需要，是实现社会公平和社会安定的助推器。住房保障制度是我国社会保障体系的重要组成部分，是各级政府社会职责的重要内容。

我国当前以住房公积金制度、经济适用房制度和廉租房制度为主要内容的住房保障制度，对于支持城镇中低收入居民解决住房问题起到了重要作用。

①住房公积金制度是一种强制性的住房储蓄制度。住房公积金由个人和用人单位按月共同缴纳，全部记入个人账户，实行专户存储，专项用于职工购买、建造、大修自住住房，具有义务性、互助性和保障性特点。

②经济适用住房是指政府提供政策优惠，限定建设标准、供应对象和销售价格，具有保障性质的政策性商品住房。

③廉租住房是指政府向城镇最低收入居民家庭提供的基本住房保障，属于完全的政府保障性质。廉租住房制度是针对住房困难的城镇最低收入家庭实施的一种住房保障制度。

4. 目前我国财政用于社会保障方面的支出

（1）社会保障和就业支出：包括人力资源和社会保障管理事务、民政管理事务、财政对社会保险基金的补助、补充全国社会保障基金、行政事业单位离退休、企业改革补助、就业补助、抚恤、退役安置、社会福利、残疾人事业、城市居民最低生活保障、其他城镇社会救济（流浪乞讨人员救助等）、自然灾害生活救助、红十字事业、农村最低生活保障、其他农村社会救济（五保供养等）、大中型水库移民后期扶持基金支出、小型水库移民扶助基金支出等。

（2）社会保险基金支出：反映政府由社会保险基金列支的各项支出，包括基本养老保险基金支出、失业保险基金支出、基本医疗保险基金支出、工伤保险基金支出、生育保险基金支出等。

（3）医疗卫生支出：主要是其中的医疗保障支出，包括财政部门集中安排的行政事业单位基本医疗保险缴费经费、优抚对象医疗补助、城市医疗救助、新型农村合作医疗、农村医疗救助、城镇居民基本医疗保险等。

（4）住房保障支出：包括保障性住房支出（廉租住房支出、沉陷区治理、棚户区改造、少数民族地区游牧民定居工程、农村危房改造等）、住房改革支出（住房公积金、提租补贴等）、城乡社区住宅支出（公有住房建设和维修改造支出等）。

（二）财政补贴

1. 财政补贴的概念与特征

财政补贴是国家为了实现特定的政治、经济和社会目标，在一定时期内对农业、林业、某些企业或居民个人给予的无偿性补助。从性质上看，它是政府将一部分财政收入无偿转移给企业或个人支配使用，属于转移性支出。财政补贴与其他财政支出形式比较有其明显的特征：

（1）政策性。财政补贴是国家为了实现某种特定目标而设置的，所以补贴的内容、环节、数额都集中体现了较强的政策性。

（2）时效性。财政补贴的内容是依据一定时期的政治、经济、社会目标而设置的，所以补贴的内容随着国家政治经济形势的变化和政府需要不断调整、修正，以保证经济发展，社会进步。

（3）灵活性。国家根据一定时期政治、经济需要，及时调整补贴内容、对象、数额，其作用直接、及时，有较强的灵活性，因此，它是国家干预经济的一个重要手段。

2. 财政补贴的内容

目前我国财政补贴的内容涉及范围较广，数量较大，主要有以下五方面的补贴：

（1）对农业、林业、农民的补贴。包括退耕还林粮食费用补贴、风沙荒漠治理粮食费用补贴、退牧还草粮食费用补贴、稳定农民收入补贴、农业结构调整补贴、农业生产资料补贴、农业生产保险补贴、农资综合直补、粮食直补、棉花专项补贴、化肥专项补贴、良种补贴、农机补贴、能繁母猪补贴、动物防疫补贴、测土配方施肥补助、石油价格改革对渔业的补贴、石油价格改革对林业的补贴、农村金融机构定向费用补贴等。对农业、林业的补贴是财政补贴的主要内容。财政对农业、林业等的补贴其目的一是为了扶持农业，保证农业的稳定增长；二是为了平抑市场物价，保证人民群众生活的基本稳定；三是为了农民收入的稳定增长。

目前财政部门出台惠农补贴项目很多，其中，补贴金额较大、受益面较广的补贴项目有：耕地地力保护补贴、农机购置补贴、玉米大豆和稻谷生产者补贴、农业保险保费补贴，等等。

（2）企业政策性补贴。企业政策性补贴是指财政对由于国家政策的原因给生产经营的企业带来损失而进行的补贴。企业为了贯彻国家的政策，体现政府的意志而造成的亏损，与企业主观努力无关，因此其亏损不应由企业承担。如石油价格改革对交通运输的补贴、公共交通运营补助等。

（3）财政贴息。财政贴息是国家财政对国家重点支持的企业和项目给予贷款利息补助。财政贴息主要的目的在于贯彻国家的产业政策，鼓励开发高新技术产品或名特优产品，引进国外先进的技术设备，实现经济的健康协调发展。如林业贷款贴息、农业综合开发贷款贴息、扶贫贷款奖补和贴息、中西部经济技术开发区建设项目贷款贴息、重点产业振兴和技术改造项目贷款贴息等。

（4）居民生活补贴。居民生活补贴是财政直接给予职工、居民的各项福利性的生活补贴。主要有住房补贴、伙食补助、生活补助、交通补贴、取暖费补贴等。

（5）税式支出。税式支出，又称税收支出，是指政府给予特定纳税人的各种税收优惠而形成的财政收入损失。它是政府通过税收优惠给予纳税人的一种隐蔽性补贴，包括免税、减税、退税、税收抵免、延期纳税等。税收优惠政策是税收政策的重要组成部分，也是税收实现社会、经济政策目标的辅助性手段。税收减免一般分为法定减免、特案减免和临时减免三种类型。1994 年税制改革以来，我国强化税收政策管理，对税收优惠政策进行了清理和规范，税收优惠格局逐步由以区域优惠为主、产业优惠为辅转变为以产业优惠为主、区域优惠为辅，税收优惠政策更加合理和规范。初步建立了财政收入稳定增长的机制。目前，税收优惠政策主要涵盖农业、工业基础设施、环境保护和节能减排、科技进步和自主创新、科教文卫等方面。

3. 财政补贴的作用

财政补贴作为国家调整经济的杠杆，对国民经济健康发展和人民生活的稳定具有重要作用，但补贴量过大、范围过广，会加大政府干预企业和加重财政负担的负作用。因此财政补贴的作用从正负两个方面分析：

（1）财政补贴的积极作用表现为：①有助于国家实现收入公平分配目标，安定人民生活。国家通过财政补贴、调节收入分配不公、保障低收入阶层的基本生活水平，从而促进社会安定。②有利于贯彻国家产业政策，促进经济协调发展。农业、基础产业和高新技术产业一直都是国家鼓励发展的重点产业。这些产业通过实施财政补贴，促使产业结构向良性发展。③有助于保障价格稳定，缩小价格变动对经济和人民生活所造成的影响。

（2）财政补贴的消极作用表现在：①不利于提高资源配置效率。由于价格补贴使商品的价格不能真实反映其价值和供求状况，使企业生产得不到准确的市场信息，容易造成盲目生产、导致资源浪费。②不利于企业转换经营机制。财政对企业补贴数额过大，政府直接干预企业生产经营，企业直接依附于政府，不利于企业改善经营管理、转换经营机制。这显然与市场取向背道而驰，所以，财政补贴必须合理确定补助范围和数量界限，使其更好地发挥积极作用。

说一说：你感受到了哪些政府财政补贴？

知识链接 2－6

2019年重点强农惠农政策

思考：我国政府为什么要实施强农惠农政策？

知识链接 2－7

新型农村合作医疗制度与城镇职工

医疗保险有哪些区别？

思考：新型农村合作医疗制度与城镇职工医疗保险的区别是什么？

（三）债务利息支出和捐赠支出

1. 债务利息支出

债务利息支出是政府用于支付国内外债务的利息支出。财政的债务利息支出的内容主要有：政府向国外政府借款利息支出、向国际组织借款利息支出、向国家银行借款利息支出、国库券利息支出等。

2. 捐赠支出

捐赠支出是政府履行国际主义义务，对友好国家和地区提供的援助性支出。这类支出对于各国间的政治经济往来、国家对外交流的开展、加快本国的经济发展、维护世界和平、促进人类共同进步有着深远的战略意义，因此，捐赠支出也是财政的一项重要支出。

复习思考题

1. 什么是财政支出？如何进行分类？
2. 什么是财政补贴？其补贴内容包括哪些？
3. 什么是政府采购？其采购步骤是什么？
4. 购买性支出与转移性支出分别有哪些内容？
5. 购买性支出与转移性支出有什么区别？
6. 我国社会保障制度包括哪些内容？

社会实践要求

调查访问

1. 主题：了解我国的社会保障制度。

2. 要求：(1) 访问1~2位你熟悉的退休职工，了解他们的收入和就医的医药费负担情况；(2) 访问你的父母请他们谈谈社会保障制度对他们生活的影响。

3. 目的：了解社会保障制度的多样性和具体性，感受社会保障制度在经济发展中的重要作用。

4. 建议：同学们可分组或个人拟定走访提纲，每位同学写一份调查报告，教师对调查报告评判，记入考核成绩。

第三章 公共财政收入

学习目标

通过本章学习，要求了解税收制度的构成要素及我国现行税制的主要内容，了解国债制度的主要内容及政府非税收入的内容、范围；理解公共财政收入结构、分类；明确税收的基本特征及国债的特征；掌握国债的概念及国债在国民经济中的作用。

本章重点是公共财政收入结构及国债的功能。

第一节 公共财政收入概述

一、公共财政收入的概念

公共财政收入是政府为了满足社会公共需要，在预算年度内通过一定的形式和程序，有计划地筹措到的归国家支配的资金，是国家参与国民收入分配的主要形式，是政府履行职能的财力保障。公共财政收入包括三方面的含义：

第一，公共财政收入是国家筹集的一部分社会产品的价值，主要是剩余产品价值。

从公共财政收入的物质内容看，公共财政收入是一部分社会产品，主要是剩余产品。这部分社会产品是国家为了维持其存在和实现其政治和经济职能的需要，以社会管理者和资产所有者身份，凭借政治和经济权力以税收、国有资产权益收入等形式参与社会产品的分配和再分配，把分散在各个微观经济主体手中的一部分社会产品筹集起来，由国家集中占有并支配使用。国家集中的这部分社会产品，在不同的历史时期有不同的表现形式，在自然经济条件下，财政收入表现为一定量的实物或劳务，如农业社会的“粟米之征”“布帛之征”“徭役之征”等；在计划经济条件下，财政收入表现为“货币为主，实物为辅”的形式；在市场经济条件下，财政收入则表现为全部是货币资金。

第二，公共财政收入是公共财政支出的前提。

从财政资金的循环看，财政收入是一个动态的不间断的运动过程。财政资金循环包括“财政收入→财政支出”两个相互衔接、继起的阶段，财政收入是财政资金循环的起点和前提，财政收入是财政支出的前提，也是安排和使用财政资金的起点，是政府满足社会公共需要，履行其职能的财力保障。财政分配是收入与支出的统一过程，财政支出是财政收入的目的，财政收入则是财政支出的前提和保证，在一般情况下，收入的数量决定着财政支出的规模，收入多才能支出多。因此，只有在发展经济的基础上，积极筹集资金，才能为更多的财政支出创造前提。

第三，公共财政收入是国家调节经济的重要手段。

组织公共财政收入的过程，不是单纯的筹集资金的过程，通过采取不同的收入形式或收入数量，可以起到保持经济稳定、优化资源配置和调节收入分配的作用。现代市场经济国家普遍运用税收、公债等手段调节资源在公共部门与私人部门、公共产品与私人产品之间的配置结构，促进整个社会资源的合理配置和充分利用，调节收入和财富在社会成员之间的分配结构，促进收入分配趋于合理，维护社会稳定。

二、公共财政收入结构

公共财政收入结构，是指公共财政收入的构成要素以及各要素之间的相互关系。公共财政收入结构反映了公共财政收入的基本构成内容及各类收入在公共财政收入总额中的所占比例及其相互关系；同时，也反映了一定时期内公共财政收入的来源和公共财政收入政策调节的目标、重点、手段和力度。一定时期的公共财政收入结构既是经济结构的集中反映，又制约着经济结构的形成。研究公共财政收入结构，目的在于揭示公共财政收入结构与经济结构之间的内在联系及其规律性，为科学地编制和执行政府财政收入预算，有效地筹集财政资金和发挥财政收入政策调控经济的职能作用服务。同时，也为正确处理政府、经济组织、个人之间的财政分配关系，促进经济发展，开辟和培养财源，建立起科学合理的公共财政收入结构，保证公共财政收入取之合理、取之有度提供理论依据。

公共财政收入的产业结构是国民经济三大产业部门在提供财政收入中的贡献及贡献程度。

1. 我国的产业结构

国民经济按产业可分第一产业、第二产业和第三产业。第一产业包括：农业、牧业、林业、渔业等；第二产业包括：工业（包括采掘业，制造业，电力、煤气、水的生产和供应业）和建筑业；第三产业包括：一、二产业以外的各业，根据我国的实际情况，第三产业可分为两大部分：一是流通部门（包括交通运输、仓储及邮电通信业，批发和零售贸易、餐饮业），二是服务部门（包括金融、保险业，服务业、旅游业、地质勘查业等）。三大产业在国民经济中的地位不同，在公共财政收入中的地位也不同。研究公共财政收入的产业结构变化对财政收入的影响，便于根据各部门的发展趋势和特点，开辟新的财源。

2. 公共财政收入的产业结构

（1）第一产业是国民经济的基础。第一产业的发展会影响整个国民经济的发展，是国民经济各部门赖以生存和发展的基本条件。第一产业中主要是农业，农业也是财政收入的基础。农业对财政收入的影响主要表现在：第一，直接来自农业的收入，主要是农业税。由于我国农业劳动生产率较低，国家长期以来对农业实行稳定负担和轻税政策，农业税在财政收入中占的比重很小，占税收收入的2%左右，从2004年开始，中央决定免征除烟叶税外的农业特产税，同时进行免征农业税改革试点工作，2005年上半年，中国22个省免征农业税；2005年年底28个省区市及河北、山东、云南三省的210个县（市）全部免征了农业税。2005年12月，十届全国人大常委会第十九次会议通过决定，自2006年1月1日起废止《农业税条例》，即目前我国已取消了农业税。第二，间接来自农业的收入，主要表现在由于工农业产品交换中存在着价格剪刀差，使农业部门创造的一部分价值转移到工业、商业、交通运输等部门实现。总之，没有农业的发展，就没有其他部门的发展，也就没有国家财政收入的增长。

财政来源于第一产业的收入相对较少，这是由于第一产业的农产品附加值低，低税、免税产值比重大，以及国家长期对第一产业实行轻税政策等形成的。

（2）第二产业是国民经济主导，是公共财政收入的主要来源。我国经七十多年的大规模建设，中国的产业结构得到极大改善，比例也日趋合理。2019年，第一产业占国内生产总值的比重由1952年的51%下降为7.1%，第二产业由20.8%上升为30.9%，第三产业则由28.20%大幅上升至53.9%。工业结构实现了从门类简单到齐全，从以轻工业为主到轻、重工业共同发展，从以劳动密集型工业为主导，向劳动、资本和技术密集型共同发展的转变。目前我国已经形成一个行业比较齐全的工业体系，拥有联合国产业分类中所列的全部工业门类。我国1985年以前60%的财政收入来自第二产业。工业是财政收入的主要来源。第二产业的发展和经济效益如何，对财政收入的增长至关重要。

（3）第三产业创造的价值构成GDP的一部分，同时也构成财政收入的重要来源。随着市场经济体制改革加快和科学技术进步，以及产业结构逐步调整，特别是第三产业发展比较快，第三产业占GDP的比重也越来越大，带来与第三产业关联度较高的营业税和增值税同比快速增长，财政收入来自于第三产业的比重也越来越高。所以第三产业已成为我国开辟财源、筹集财政资金的重要产业。

目前，我国第二产业、第三产业增加值要高于GDP的增长，而财政收入主要是由来自于第二产业、第三产业的18个税种和非税收收入组成。

3. 公共财政收入的管理权限结构

按照我国财政收入的管理权限，财政收入可分为中央财政收入和地方财政收入。

（1）中央财政收入。中央财政收入是指按照国家预算法规和财政管理体制的规定，由中央政府集中筹集和支配使用的财政资金。中央财政收入在财政总收入中占主导地位。

（2）地方财政收入。地方财政收入是指按照国家预算法规和财政管理体制的规定，由地方政府集中筹集和支配使用的财政资金。

2018年，全国一般公共预算收入超过18万亿元，同比增长6.2%，比年初预算目标（6.1%）高0.1个百分点，超收175亿元。其中，中央收入同比增长5.3%，比年初预算目标（5.2%）高0.1个百分点；地方收入同比增长7%，与年初预算目标（7%）持平。

三、公共财政收入的分类

公共财政收入分类是将各类财政收入按其性质进行归类和层次划分，以便全面、准确、明细地反映政府收入的总量、结构及来源情况。为适应建立完善公共财政体系的要求，经国务院批准，财政部自2007年1月1日起实施政府收支分类改革。此次政府收支分类改革是建国以来我国政府收支分类统计体系的一次重大调整，也是我国政府预算管理制度的又一次深刻创新，改革后的政府收支分类体系包括“收入分类”“支出功能分类”“支出经济分类”三部分。“收入分类”全面反映了政府财政收入的来源和性质。目前我国政府财政收入分类如下：

1. 税收收入

税收是国家财政收入的主要形式。它是国家依据政治权力，按照法定标准和程序，强制地、无偿地、固定地取得的财政收入的一种形式。运用税收组织财政收入，可以保证财政收入的可靠、及时和均衡。在现代市场经济条件下，税收具有组织财政收入、调节经济和调节收入分配的基本职能。税收是财政收入的主要来源，我国税收收入已占财政收入的90%左右。2018年全国税收收入137967亿元，比2017年增长9.5%。

目前，我国共有18个税种，其中16个税种由税务部门负责征收，关税和船舶吨税由海关征收，进口货物的增值税、消费税由海关部门代征。税收收入包括增值税、消费税、企业所得税、个人所得税、资源税、城市维护建设税、房产税、印花税、城镇土地使用税、土地增值税、车船税、船舶吨税、车辆购置税、关税、耕地占用税、契税、烟叶税及环境保护税等。

2. 社会保险基金收入

社会保险基金收入包括基本养老保险基金收入、失业保险基金收入、基本医疗保险基金收入、工伤保险基金收入、生育保险基金收入、新型农村合作医疗基金收入、城镇居民基本医疗保险基金收入、新型农村社会养老保险基金收入等。

截至2019年底我国基本养老、基本医疗、失业、工伤、生育保险参保人数分别达到9.77亿人、13.54亿人、2.05亿人、2.54亿人、2.14亿人。

3. 非税收入

政府非税收入是指除税收以外，由各级政府、国家机关、事业单位、代行政府职能的社会团体及其他组织依法利用政府权力、政府信誉、国家资源、国有资产或提供特定公共服务、准公共服务取得并用于满足社会公共需要或准公共需要的财政资金，是政府财政收入的重要组成部分，是政府参与国民收入分配和再分配的一种形式。政府非税收入包括：

（1）政府性基金收入，是指各级政府及其所属部门根据法律、行政法规和中共中央、国务院有关文件规定，为支持某项公共事业发展，向公民、法人和其他组织无偿征收的具有专项用途的财政资金。征收政府性基金必须严格按国务院规定统一报财政部审批，重要的报国务院审批。地方无权批准设立基金项目，也不得以行政事业性收费的名义变相批准设立基金项目。政府性基金也是政府财政收入的重要形式。设立政府性基金的目的，主要是支持特定基础设施建设和社会事业发展。其主要形式包括各种基金、资金、附加和专项收费等。如三峡建设基金收入、农网还贷资金收入、铁路建设基金收入、民航基础设施建设基金收入、民航机场管理建设费收入、转让政府还贷道路收费权收入、港口建设费收入、散装水泥专项资金收入、新型墙体材料专项基金收入、旅游发展基金收入、文化事业建设费收入、地方教育附加收入、新菜地开发建设基金收入、新增建设用地土地有偿使用费收入、育林基金收入、森林植被恢复费、地方水利建设基金收入、残疾人就业保障金收入、政府住房基金收入、城市公用事业附加收入、国有土地使用权出让金收入、国有土地收益基金收入、彩票公益金收入、农业土地开发资金收入、城市基础设施配套费收入等。

（2）专项收入，是指根据特定需要由国务院批准或者经国务院授权由财政部批准，设置、征集和纳入预算管理、有专门用途的收入。包括排污费收入、水资源费收入、教育费附加收入、矿产资源补偿费收入、探矿权、采矿权使用费收入、三峡库区移民专项收入、草原植被恢复费收入等。

（3）行政事业性收费收入，反映各级政府依据法律、行政法规、国务院有关规定、财政部门会同价格主管部门共同发布的规章或者规定所收取的各项收费收入。包括行政各个部门的行政事业性收费收入。

（4）罚没收入，反映执法机关依法收缴的罚款（罚金）、没收款、赃款，没收物资、赃物的变价收入。包括一般罚没收入、缉私罚没收入、缉毒罚没收入等。

（5）国有资本经营收入，反映各级人民政府及其部门、机构履行出资人职责的企业上交的国有资本收益。包括利润收入、股利、股息收入、产权转让收入等。

（6）国有资源（资产）有偿使用收入，反映有偿转让国有资源（资产）使用权而取得的收入。包括海域使用金收入、场地和矿区使用费收入、特种矿产品出售收入、专项储备物资销售收入、政府财政资金产生的利息收入、非经营性国有资产收入、出租车经营权有偿出让和转让收入。

（7）其他收入，包括以政府名义接受的捐赠收入、主管部门集中收入、乡镇自筹和统筹收入、基本建设收入、石油特别收益金专项收入等。

4. 贷款转贷回收本金收入

贷款转贷回收本金收入反映收回的技改贷款及其他财政贷款本金收入；收回的我国政府向外国政府、国际组织贷款的本金收入；收回的政府部门向外国政府、国际金融机构借款转贷给地方政府、相关部门和企业的款项；收回的中央政府部门向外国政府、国际金融机构借款转贷给国外有关机构和企业的款项。包括国内贷款回收本金收入、国外贷款回收本金收入、国内转贷回收本金收入、国外转贷回收本金收入等。

5. 债务收入

债务收入是国家以信用的形式从国内、外取得的借款收入。从财政收入角度看，国债是中央政府为实现公共财政职能、平衡财政收支、按照有借有还的信用原则筹集财政资金的一种方式，是政府债务管理的重要组成部分。包括国内债务收入、国外债务收入。

（1）国内债务收入，即政府内债，是财政部代表我国政府在国内举借的债务。包括国库券收入、社会保险基金结余购买国债收入、向国家银行借款收入、财政部代理发行地方政府债券收入等。

2018年中央财政发行内债36775.58亿元，其中储蓄国债3290.30亿元，平均发行期限3.97年；记账式国债33485.28亿元，平均发行期限6.55年。2018年内债还本22014.39亿元，内债付息4121.77亿元。2018年中央财政发行外债316.73亿元，其中主权债券306.7亿元，平均发行期限8.29年。2018年外债还本250.33亿元，外债付息39.88亿元。

（2）国外债务收入，即政府外债，政府外债是指财政部代表我国政府对外举借的债务，以国家主权信用为基础，又称主权外债。包括向外国政府借款收入、向国际组织（国际金融组织、联合国各基金组织等）借款收入、对外发行债券收入、地方向国外借款收入（地方政府通过中央政府转贷形式向国外借款的收入）等。截至2018年底，我国外债余额为1398.8亿元。

6. 转移性收入

转移性收入反映下级政府收到上级政府的各项返还性、补助性收入。包括返还性收入、一般性转移支付收入、专项转移支付收入、政府性基金转移收入、地震灾后恢复重建补助收入、上年结余收入、调入资金、地震灾后恢复重建调入资金、债券转贷收入等。

第二节 税收收入

一、税收的概念

（一）税收的含义

税收是国家为了实现其职能，凭借政治权力，按照法律规定的标准和程序，强制地、无偿地取得财政收入的一种形式。税收凭借政府权力，借助法律形式进行征收，从而保证了财政收入的稳定性，成为国家取得财政收入的基本形式，也是政府调节社会经济运行的重要经济杠杆。

（二）税收的基本特征

税收与其他财政收入形式比较，具有明显的三个基本特征：

1. 强制性

税收的强制性是指国家征税以法律形式规定，具有很强的权威性。在税法规定范围内，任何单位和个人都必须依法纳税，否则要受到法律制裁，它有不可违反的严肃性。税收强制性依据的是国家的政治权力。由于国家政治权力可以凌驾于财产权力之上，它不受生产资料所有权归属的限制，对不同所有者都可以行使政府的政治权力，所以税收具有普遍适用性。

2. 无偿性

税收的无偿性是指国家征税以后，税款即为国家所有，既不需要归还纳税人，也不需要向纳税人付出任何代价，税收不具有直接返还性。这是因为，政府向纳税人征税，不是以具体所提供的公共产品为依据，而纳税人向政府纳税，也不以具体所分享公共产品的利益为前提。因此，纳税人消费公共产品分享利益是无偿的，因而政府向纳税人征税也是无偿的。

3. 固定性

税收的固定性是指国家在征税前，就通过法律形式预先规定课征对象、征收数额之间的比例。税收用法律形式相对固定了国家与纳税人的关系，征纳双方共同遵守，不能随意变动。税收的固定性还包含有征税的连续性，纳税人只要取得了税法规定的收入，发生了应税行为，就必须依法纳税。

税收的三个基本特征是密切联系的，而且缺一不可。税收的无偿性决定了税收的强制性，而税收的强制性和无偿性又决定了税收的固定性，三者构成了税收统一体，而且是任何社会制度下的税收共有的特征。

二、税收制度的构成要素

税收制度是国家规定的税收法令、条例和税收征收办法的总称，是国家向纳税单位和个人征税的法律依据和工作规程，也是调整税收分配关系的准绳。它规定了国家与纳税人之间的征纳关系，成为征纳双方共同遵守的法律依据。税收制度的构成要素一般包括：纳税人、课税对象、税率、纳税环节、纳税期限、减免税、违章处理等。

（一）纳税人

纳税人又称纳税义务人，是纳税主体，它是指税法规定的直接负有纳税义务的单位和个人。每一种税都规定有相应的纳税人。纳税人可分为法人和自然人。法人是依法成立并独立行使法定权力和承担法定义务的社会组织，如企业、公司等。自然人是依法独立享受民事权力并承担民事义务的居民个人。法人和自然人依法从事各种生产经营活动，都要依法向国家履行纳税义务。

要正确理解纳税人还应了解与其相联系的两个概念，即负税人和扣缴义务人。负税人是指最终负担税款的单位和个人。当税负不能转嫁时，纳税人和负税人是一致的；当税负能转嫁时，纳税人和负税人则不一致。扣缴义务人是指税法规定的负有代扣代缴税款义务的单位，它代替税务机关向纳税人征税。

（二）课税对象

课税对象又称征税对象，它是指税法规定的征税目的物，即对纳税人的什么征税，是征税的客体。它规定了征税的范围，每一种税的课税对象都不相同，因此，课税对象是一种税区别于另一种税的重要标志。如对流转额的课税，称为流转税；对所得额的课税，称为所得税等。

（三）税率

税率是指税额与课税对象数额的比例。它是计算税额的尺度，也是税收制度的中心环节。税率的高低，直接关系到国家财政收入的规模和纳税人的负担，同时税率直接反映了国家在一定时期的经济政策，是充分发挥税收调节经济活动作用的关键。我国现行税率分为以下三种：

1. 比例税率

比例税率是指对同一课税对象不论数额大小，都按同一比例征税。比例税率又可分为单一比例税率和差别比例税率。

2. 累进税率

累进税率是指按课税对象数额大小，划分若干等级，每一等级由低到高规定相应的税率，课税对象数额越大，税率越高，课税对象数额越小，税率越低的税率。即税率随课税对象数额的增大而提高。累进税率又分为全额累进税率和超额累进税率两种：（1）全额累进税率。全额累进税率是把课税对象的全额按照与之相适应的等级税率计算税额。（2）超额累进税率。超额累进税率是把课税对象的全额按规定划分为若干等级，每一级分别采用与之相适应的税率计算税额。累进税率税负合理，一般适用于对所得征税。

3. 定额税率

定额税率又称固定税率，是按课税对象的实物单位规定一个固定数额，而不采用百分比的形式。一般适用于从量定额征收的税种。如我国目前的资源税、车船使用税等。

（四）纳税环节

纳税环节是指税法上规定的课税对象从生产到消费的流转过程中应当缴纳税款的环节。一般划分为一次课征制和多次课征制两种类型。一次课征制是指同一税种在商品流转的全过程中只选择某一环节课征，其他流转环节不再课征的制度；多次课征制是指同一税种在商品流转全过程中选择两个或两个以上环节课征的制度。例如，耕地占用税实行一次课征制，而增值税则在货物流转的生产、批发、零售、进口等所有环节都要征税。

（五）纳税期限

纳税期限是指纳税人发生纳税义务后，向国家缴纳税款的法定期限。它规定多长时间缴一次税（结算期限）和在什么时间内缴纳税款（缴款期限）。它是税收固定性、强制性在时间上的体现，规定纳税期限可保证财政收入的及时稳定。我国现行税制规定的纳税期限有三种形式：

1. 按期纳税

按期纳税是指根据纳税义务发生的时间，通过确定纳税间隔期，实行按日纳税。按期纳税的间隔期分为1天、3天、5天、10天、15天和1个月，共6种期限。

2. 按次纳税

按次纳税是指根据纳税行为发生次数作为纳税期限。例如个人所得税中的中奖所得采取按次纳税的办法。

3. 按年计征，分期预缴

按年计征，分期预缴是按规定的期限预缴税款，年度结束后汇算清缴，多退少补。这是对按年度计算税款的税种为了及时、均衡地取得财政收入而采取的一种纳税期限。分期预缴一般是按月或按季预缴。如企业所得税、房产税、土地使用税等。

（六）减免税

减免税是指根据国家税法，对某些纳税人和征税对象给予鼓励和照顾的一种特殊规定。减税是从应征税款中减征部分税款；免税是免征全部税款。目前我国减免税权集中于中央。主要的减免税形式包括：

1. 税额式减免

税额式减免即通过直接减少应纳税额的方式实行的减税免税。具体包括全部免征、减半征收、核定减免率以及另定减征税额等。

2. 税率式减免

税率式减免即通过直接降低税率的方式实行的减税免税。具体包括低税率、零税率、暂定照顾性税率。

3. 税基式减免

税基式减免即通过直接缩小计税依据的方式实现的减税、免税。具体包括：

（1）起征点，是税法规定征税对象达到开始征税数额的界限。计税依据未达到起征点的不征税，达到或超过起征点的，就其全部数额计征。

（2）免征额，是在征税对象总额中免予征收的数额。免征额部分不征税，只对超过的部分征税。

（3）扣除项目，是指征税对象总额中允许扣除某些项目金额，只就其余额计税。

（4）跨期结转，是将某些费用及损失向前或向后结转，抵消一部分收益，缩小税基的减免税方法。例如企业所得税的亏损弥补。

（七）违章处理

违章处理是对纳税人违反税法的行为所采取的处罚措施。它是保证税法贯彻执行的重要手段。纳税人的违章行为主要有：偷税、抗税、漏税、欠税等。偷税是指纳税人有意识地采取非法手段不交或少交税款的违法行为；抗税是指纳税人对抗国家税法拒绝纳税的违法行为；漏税是指纳税人出于无意而未交或少交税款的违章行为；欠税即拖欠税款，是指纳税人不按规定期限交纳税款的违章行为。偷税和抗税属于违法犯罪行为；漏税和欠税属于一般违章行为，不构成犯罪。对纳税人的违章行为，可以根据情节轻重的不同，分别采取以下方式进行处理：批评教育，强行扣款，加收滞纳金，罚款，追究刑事责任等。

三、我国现行税收制度

（一）流转税

流转税是以商品流转额和非商品流转额为课税对象征收的各种税。商品流转额是指销售商品的收入额；非商品流转额主要指各种劳务收入或服务性业务收入额。我国现行的税种主要有：增值税、消费税和关税。流转税是我国的主体税种，也是我国现行税制的最大一类税种。流转税由于以商品销售额和非商品流转额为课税对象，所以流转税额大小与商品、劳务价格有密切关系。它具有计算简便、征收普遍、便于管理的特点。

1. 增值税

增值税是对在我国境内从事销售货物或者提供加工、修理修配劳务以及进口货物的单位和个人就其增值额征收的一种税。我国目前增值税的征税范围比较广，涉及生产、批发、零售和部分劳务，税源普遍，是目前我国最大的税种。

2. 消费税

消费税是对在我国从事生产、委托加工和进口应税消费品的单位和个人，就其销售额或销售量为课税对象征收的一种税。开征消费税的目的在于引导消费、调节生产，因而消费税只对某些奢侈品、高档消费品和某些不可再生的资源类消费品开征，消费税的征收范围具有选择性。应税消费品包括：烟、酒、化妆品、贵重首饰、鞭炮烟火、汽油、柴油、汽车轮胎、摩托车、小汽车、高尔夫球及球具、高档手表、游艇、木制一次性筷子、实木地板等。

3. 关税

关税是对进出我国国境的货物和物品征收的一种税。关税对维护国家主权、保护本国工农业生产和组织财政收入具有重要作用。随着世界经济一体化的逐步加深，我国的关税税率在逐步降低。

（二）所得税

所得税是以纳税人的所得额为课税对象征收的各种税。由于所得税是以纳税人的所得额为课税对象的，因而所得税税额的大小与纳税人的成本、费用有密切关系，它具有计算复杂，但税负公平的特点。我国现行的所得税主要有：企业所得税、个人所得税。

1. 企业所得税

企业所得税是对我国境内企业和其他取得收入的组织的生产经营所得和其他所得所征收的一种税。企业所得税是规范和处理国家与企业分配关系的重要形式。

2. 个人所得税

个人所得税是对个人（自然人）取得的各项应税所得征收的一种税。体现国家与个人之间的分配关系，是世界各国普遍开征的一种税，目前成为发达国家税收收入最主要的来源。个人所得包括：个人的工资、薪金、劳务报酬、股息、利息收入和财产转让收入以及个体工商户的经营所得，个人承包所得等内容。它是国家调节个人收入水平的重要手段。

（三）资源税

资源税是以自然资源为课税对象征收的税。自然资源的范围很广，包括人类生存空间的一切资源，作为课税对象的资源是指具有商品属性的资源，即具有价值和使用价值的资源。因此，对资源税的课税是有选择性的。开征资源税的功能主要在于促进资源的合理开发和有效使用，合理调节资源级差收入，创造公平竞争环境，增加财政收入。目前，我国这类税种主要有：资源税、城镇土地使用税、耕地占用税和土地增值税等。

1. 资源税

资源税是对在我国境内开采应税矿产品和生产盐的单位和个人，就其销售量或自用数量征收的一种税。

2. 城镇土地使用税

城镇土地使用税是对在城市、县城、建制镇和工矿区范围内，对拥有土地使用权的单位和个人，按其实际占用土地面积征收的一种税。

3. 耕地占用税

耕地占用税是对占用耕地建房或从事其他非农业建设的单位和个人，就其实际占用的耕地面积征收的一种税。它属于对特定土地资源占用课税。

4. 土地增值税

土地增值税是对转让国有土地使用权、地上建筑物及附着物并取得收入的单位和个人，就其转让房地产所取得的增值额征收的一种税。其税率形式为超率累进税率。

（四）财产行为税

财产税是以纳税人所拥有或支配的财产为课税对象征收的税。这类税的作用在于适当调节财产拥有人的收入，控制财富的集中，提高财产的使用效率。行为税是以纳税人的某种特定行为作为课税对象征收的税。征收行为税的主要目的是通过征税对某种行为加以限制或监督管理。目前我国的财产行为税主要有：

1. 房产税

房产税是以房屋为征税对象，以房屋的计税余值或租金收入为计税依据，向房屋产权所有人征收的一种财产税。房产税税源稳定，易于控制管理，是地方财政收入的重要来源之一。

2. 契税

契税是以我国境内所有权发生转移变动的不动产为征税对象，向产权承受人征收的一种财产税。应缴税范围包括：国有土地使用权出让、土地使用权的转让、房屋买卖、房屋赠与、房屋交换等。开征契税的突出的作用是通过征税，国家确认了纳税人的房地产所有权，因而保障了产权人的合法权益，同时也有利于房地产交易的管理。

3. 车辆购置税

车辆购置税是以在中国境内购置规定的车辆为课税对象，在特定的环节向车辆购置者征收的一种税。车辆购置税于 2001 年 1 月 1 日开始在我国实施，是通过“费改税”方式演变而来的。

4. 车船税

车船税是以依法在中华人民共和国境内车船管理部门登记的车辆、船舶为课税对象，向车辆、船舶的所有人或者管理人征收的一种财产税。现行车船税于 2007 年 1 月 1 日由国务院重新修订颁布。

5. 印花税

印花税是对经济活动和经济交往中书立、使用、领受具有法律效力的凭证的单位和个人征收的一种税。印花税是一种具有行为税性质的凭证税。印花税具有征收面广、纳税人自行完税、轻税重罚的特点，是国际上常用的取得财政收入的良好税种。

6. 城市维护建设税

城市维护建设税是对缴纳增值税、营业税、消费税的单位和个人，就其增值税、营业税、消费税的税额为课税对象征收的一种税。它是为筹集城市维护建设资金而开征的一个地方税种，具有明显的专款专用性质。

议一议：你了解我国哪些税种？

知识链接 3－1
个人所得税六大热点问题

知识链接 3－2
节假日加班工资是否需要
缴纳个人所得税

知识链接 3－3
2019 年全国财政收入情况分析：
财政收入同比增长 3.8%

思考：分析 2019 年我国财政收入的构成情况。

第三节　政府非税收入

一、政府非税收入的概念

政府非税收入是指除税收以外，由各级政府、国家机关、事业单位、代行政府职能的社会团体及其他组织依法利用政府权力、政府信誉、国家资源、国有资产或提供特定公共服务、准公共服务取得并用于满足社会公共需要或准公共需要的财政资金。简言之，就是在国家税收、国家债务之外由政府组织的各项收入。政府非税收入是政府财政收入的重要组成部分，是政府参与国民收入分配和再分配的一种形式。

二、政府非税收入的范围

按照建立健全公共财政体制的要求，政府非税收入范围包括：

（一）政府性基金收入

政府性基金收入是指各级人民政府及其所属部门根据法律、行政法规和中共中央、国务院文件规定，为支持特定公共基础设施建设和公共事业发展，向公民、法人和其他组织无偿征收的具有专项用途的财政资金。政府性基金是政府财政收入的重要形式。设立政府性基金的目的，主要是支持特定基础设施建设和社会事业发展。其主要形式包括各种基金、资金、附加和专项收费等。如农网还贷资金收入、铁路建设基金收入、民航基础设施建设基金收入、民航机场管理建设费收入、转让政府还贷道路收费权收入、港口建设费收入、散装水泥专项资金收入、新型墙体材料专项基金收入、旅游发展基金收入、文化事业建设费收入、地方教育附加收入、国家电影事业发展专项资金收入、新菜地开发建设基金收入、新增建设用地土地有偿使用费收入、育林基金收入、森林植被恢复费、地方水利建设基金收入、残疾人就业保障金收入、政府住房基金收入、城市公用事业附加收入、国有土地收益基金收入、国有土地使用权出让收入、彩票公益金收入、农业土地开发资金收入、城市基础设施配套费收入、车辆通行费等。

2019 年全国政府性基金预算收入 84516 亿元，同比增长 12%。其中，中央政府性基金预算收入 4040 亿元，同比增长 0.1%；地方政府性基金预算本级收入 80476 亿元，同比增长 12.6%，其中国有土地使用权出让收入增长 11.4%。

（二）专项收入

专项收入是指根据特定需要由国务院批准或者经国务院授权由财政部批准，设置、征集和纳入预算管理、有专门用途的收入。包括排污费收入、水资源费收入、教育费附加收入、矿产资源补偿费收入、探矿权与采矿权使用费收入、探矿权与采矿权价款收入、三峡库区移民专项收入、草原植被恢复费收入等。

（三）行政事业性收费收入

行政事业性收费收入反映各级政府依据法律、行政法规、国务院有关规定、财政部门会同价格主管部门共同发布的规章或者规定所收取的各项收费收入。包括行政各个部门的行政事业性收费收入。如公民出入境证件费、居民身份证工本费、机动车号牌工本费、驾驶证工本费、驾驶许可考试费、护照费、签证费、企业注册登记费、个体工商户注册登记费、商标注册收费、税务发票工本费、税务登记证工本费、社会抚养费、会计从业资格考试费、工人技术等级鉴定考核费、教师资格考试费、普通话水平测试费、普通高中学费、普通高中住宿费、中等职业学校学费、中等职业学校住宿费、高等学校学费、高等学校住宿费、房屋所有权登记费等。

（四）罚没收入

罚没收入是执法机关依法收缴的罚款（罚金）、没收款、赃款、没收物资、赃物的变价款收入。包括一般罚没收入（公安、检察院、法院、工商、新闻出版、技术监督、税务、海关、食品药品监督、卫生、检验检疫、证监会、保监会等部门的罚没收入）、缉私罚没收入、缉毒罚没收入等。

（五）国有资本经营收入

国有资本经营收入是各级人民政府及其部门、机构履行出资人职责的企业上交的国有资本收益。包括利润收入、股利、股息收入、产权转让收入等。2019 年全国国有资本经营预算收入 3960 亿元，同比增长 36.3%。其中，中央国有资本经营预算收入 1636 亿元，同比增长 23.3%；地方国有资本经营预算收入 2324 亿元，同比增长 47.2%。

（六）国有资源（资产）有偿使用收入

国有资源（资产）有偿使用收入反映有偿转让国有资源（资产）使用权而取得的收入。包括海域使用金收入、场地和矿区使用费收入、特种矿产品出售收入、专项储备物资销售收入、政府财政资金产生的利息收入、非经营性国有资产收入、出租车经营权有偿出让和转让收入等。

（七）其他收入

包括以政府名义接受的捐赠收入、主管部门集中收入、乡镇自筹和统筹收入、基本建设收入、石油特别收益金专项收入、彩票发行机构和彩票销售机构上缴财政的业务费等。

三、规范管理政府非税收入

政府非税收入是政府财政收入的重要组成部分。改革开放以来，随着经济的快速发展和政府职能不断增加以及财权的逐步分割，非税收入快速增长，已在政府收入中占据了相当高的比重，加强政府非税收入管理是市场经济条件下理顺政府分配关系、健全公共财政职能的客观要求，也是从源头上防范腐败的一个重要方面。政府非税收入应当在依法筹集的基础上，实行分类规范管理：

（一）合理控制收费基金规模

政府收费基金包括行政事业性收费和政府性基金。政府收费基金应严格按照法律、行政法规等有关规定执行。各地区、各部门不能越权审批行政事业性收费和政府性基金项目、任意扩大征收范围、提高征收标准。征收政府性基金必须严格按国务院规定统一报财政部审批，重要的报国务院审批。地方无权批准设立基金项目，也不得以行政事业性收费的名义变相批准设立基金项目。

（二）完善国有资源（资产）有偿使用收入管理政策，防止国有资源（资产）收入流失

对国有资源有偿使用收入的管理，要依法推行国有资源使用权招标、拍卖，进一步加强国有资源有偿使用收入征收管理，确保应收尽收，防止收入流失。国有资源有偿使用收入应严格按照财政部门规定缴入国库或财政专户。

对国有资产有偿使用收入的管理，要健全国有资产有偿使用收入管理制度，使其及时足额上缴国库，防止国有资产收入流失。要积极探索城市基础设施开发权、使用权、冠名权、广告权、特许经营权等无形资产有效管理方式，通过进行社会招标和公开拍卖，广泛吸收社会资金参与经营，盘活城市现有基础设施存量资产，有关招标和拍卖收入全额上缴同级国库，增加政府非税收入。

（三）加强国有资本经营收入管理，维护国有资本权益

国有资本经营收入是政府非税收入的重要组成部分，包括国有独资企业按规定上缴国家的利润，国有股股利、红利、股息，国有资产转让或出售收入和依法由国有资本享有的其他收益。要进一步完善国有资本经营收益征收管理方式，建立国有资本经营预算体系，将国有

资本收益纳入政府预算管理，确保国有资本经营收益的安全和有效使用，促进国有经济结构调整和国有企业健康发展。

除此以外，还应加强彩票公益金管理，提高其使用效益；规范其他政府非税收入管理，确保政府非税收入应收尽收。

（四）深化政府非税收入收缴管理改革

各级财政部门是政府非税收入的征收主管机关。财政部门要按照既有利于及时足额征收、方便缴款人，又有利于提高效率、降低征收成本的原则，确定政府非税收入征收管理方式。按照深化“收支两条线”管理改革和财政国库制度改革的要求，推进政府非税收入收缴管理制度改革，建立、健全中央和地方政府非税收入收缴系统，加强监督管理，确保政府非税收入按照规定及时足额上缴国库或财政专户。

第四节 国 债

一、国债的概念

（一）国债的含义

国债是国家以债务人的身份，按照还本付息的信用原则取得财政收入的一种形式。国债是公债的重要组成部分，公债包括中央债和地方债。凡是由中央政府举借的债务称之为国债，其债务收入的调度权归中央政府；凡是由地方政府举借的债务称之为地方公债，其债务收入的调度权归地方政府。国债包括内债和外债。内债是国家在本国境内举借的债务，它的债权人多为本国的银行、企业、行政事业单位、各种团体以及居民个人；外债则是国家在国外举借的债务，它的债权人一般是国际金融组织、外国政府及外国公民。

（二）国债的特征

国债作为财政收入的一种形式，与其他财政收入形式比较有其明显的特征。

1. 有偿性

国债的有偿性是指国债是以还本付息为条件的信用行为，是国家以债务人的身份，以国家信誉为担保取得的财政收入，到期国家不仅归还本金，还要按事先约定向债权人支付一定数额的利息。正是这种有偿性，使得国债在筹集资金时相对税收更容易被公民接受。同时，有偿性也要求政府把握好国债的合理发行量，讲求国债的使用效益，避免过度发行形成国家债务负担，给国家信誉和经济发展带来消极影响。

2. 自愿性

自愿性是指国家发行国债建立在认购者自愿承购的基础上，国家作为债务人与另一方债权人处于平等的地位，任何独立的单位和个人都有各自独立的经济利益。因而政府不可能、也不应该强制他们认购国债，否则，平等自愿的原则无法体现。正是这种自愿性的特点，使得国债分配对社会经济的影响广泛而又较为缓和。

3. 灵活性

国债的灵活性主要体现在国家发行国债与否、发行数量一般由政府根据国家财政资金收支情况加以确定，而不是通过法律形式固定下来。国债的发行既不具备时间上的连续性，也没有发行数量上的相对稳定性。国债的认购者可以是法人，也可以是自然人；可以是高收入者，也可以是中低收入者。所以国债具有较强的灵活性，国债与其他财政收入形式相互补充，满足国家实现职能的需要。

国债的有偿性、自愿性和灵活性相互联系，构成国债的统一整体。国债的有偿性决定了自愿性，而自愿性和有偿性又决定了国债的灵活性，只有同时具备这三个特征才能构成国债。

二、国债的功能

（一）弥补财政赤字

随着社会经济的发展，政府职能不断扩大，财政支出也日益增加，仅靠税收已不能满足财政支出的需要，这就需要通过国家举债筹集一部分资金，弥补财政收入的不足。所以，国债本身就与财政赤字相联系，弥补财政赤字是国债产生的主要原因。尽管世界各国财政赤字的形成原因有所不同，但通过发行国债来抵补财政缺口，这一点却基本相同。弥补财政赤字是国债的基本功能。

（二）为经济建设筹集资金

国债有筹集经济建设资金的功能。这是因为发行国债遵循的是自愿认购和有借有还的信用原则，而且以国家信誉担保，容易被社会接受。社会资金的运动是一个连续不断的过程，在这个过程中会不断游离出闲置资金，它是保证国债发行持续、稳定的基础。可见通过国债筹集的财政资金是一个长期、稳定的财政收入来源，可将这部分资金投向投资额大、建设周期长的基础设施、基础产业、支柱产业，用于经济建设。

（三）作为财政政策工具，调节宏观经济运行

发行国债意味着政府集中支配的财力增加，而国债收入投向不同，对经济产生的作用也不同，它是国家实现宏观调控的一个重要手段。具体调控功能表现在：

（1）调节国民收入的使用结构，使其合理化。国家通过向人民群众发行国债，在不改变资金所有权的条件下，把一部分社会闲散资金在自愿的原则下由国家集中起来，用于重点建设，将一部分消费基金转化为积累资金，从而调节了积累与消费的比例关系，使国民收入的使用结构发生了变化，促使积累与消费比例合理。

（2）调节生产结构，使国民经济结构合理。企业和个人投资更多地是注重微观经济效益，与社会效益、宏观经济效益密切的项目，由于投资数额大，建设周期长，往往企业和个人不愿投资，如果长期发展下去，产业结构则会不合理，从而影响整个经济的发展。国家则可以将通过国债发行有偿筹集到的资金，用于国民经济的薄弱环节和基础产业，促使国民经济结构合理化。

（3）调节货币流通量，促使社会总供求平衡。当市场现金流通量超过需要量时，表现为社会需求量大于可供量，国家可以增加向居民发行国债的数量，将一部分货币回笼；当市场现金流通量不足时，国家减少国债发行量或买回流通中的国债，相应增加货币流通量，增加社会需求量，从而发挥调节货币流通量，平衡社会总供求的功能。

作为财政政策工具的国债对宏观经济的调控，离不开发达的证券市场。国债进入证券市场交易，对于资本市场的形成和发展发挥着重要的推动作用。

三、国债制度的内容

（一）国债的种类

1. 按照国债发行地域分类

按发行地域分类，国债可分为内债与外债。内债是国家在本国境内发行的国债，发行和偿还主要用本国货币；外债是国家在国境外发行的国债，其发行和偿还也主要用外币进行。按此分类，有利于考察内外债的资金来源及还本付息对本国的影响，探索合理的内外债比例。

2. 按国债的债务期限分类

按债务的偿还期分类，国债可分为短期国债、中期国债和长期国债。①短期国债的还本期限在 1 年以内；②中期国债的还本期为 1 ~ 10 年；③长期国债的还本期在 10 年以上。这种分类方法，有助于分析不同期限债务对财政收支的影响，从而确定合理的期限结构，使国债得以更高效利用。

3. 按国债是否上市流通分类

按是否上市流通分类，国债可分为上市国债和非上市国债。①上市国债是指在未到期的债券持有期内，国债的持有人可在证券市场上进行国债的转让，以随时兑现；②非上市国债则不能上市转让，只可由政府到期还本付息。按此分类，目的在于利用两者对货币流通影响的不同，确定合理的上市债券，实现对货币流通的调控。

4. 按照国债应募条件分类

按应募条件分类，国债可分为强制国债和自由国债。①强制国债是指国家凭借政权力量，以强制购买方式发行的国债。这种国债在国家确定了发行范围、对象及数额之后，往往通过强制摊派方式发行；②自由国债是指政府在发行国债时不附加任何应募条件，由承购者自主认购。这是世界各国普遍采用的一种形式。

国债可根据不同目的，采用不同方法分类。每一类国债都有其特点。政府在发行国债时，可以选择不同组合，以适应不同需要，提高国债的管理水平。

（二）国债的发行

1. 国债的发行方式

我国国债发行权限属于中央人民政府即国务院。发行国债的时间、数额、利率均由国务院统一规定。国家内债的发行方法主要有直接发行和间接发行两种：

（1）直接发行是不借助于证券发行中介机构代为推销，而是由发行主体直接向投资者推销国债的发行方式。直接发行又分为两种：一是财政部门通过其行政系统将国债认购指标层层落实到各省（自治区、直辖市）、地（市）、县，再由当地财政部门将认购指标分配到各企事业单位、机关团体。个人购买的部分由各单位在广泛宣传的基础上组织购买。二是由国务院经财政部委托中国人民银行，中国人民银行根据各商业银行的信贷收支情况，向各商业银行分配发行。我国内债的发行均采用过上述两种方式。

（2）间接发行。它是发行者通过证券中介机构（证券承销商）向投资者发行国债的方式。间接发行也有两种具体方式。一是代销，它是指财政部直接或者通过中国人民银行间接把一定数额的国债委托给商业银行代销，财政部支付一定的手续费。二是承购包销，由金融机构承包全部国债，然后转向社会销售，未销售出的差额由承购的金融机构承担。我国目前的国债发行主要采用承购包销方式。

2. 国债的发行价格

国债的发行价格，是指政府债券的出售价格或购买价格。国债的发行价格有三种：一是平价发行，即国债发行价格与国债的票面价值相等；二是溢价发行，即国债的发行价格高于国债的票面价值；三是折价发行，即国债的发行价格低于国债的票面价值。在国债发行时，市场利率如果与票面利率一致，则国债就按面额发行；如果市场利率下降，低于票面利率，则国债可以按高于面额的价格发行；如果市场利率上升，高于票面利率，为保护投资者利益，则国债必须按低于面额价格发行。

（三）国债的偿还

1. 国债的偿还方式

（1）分期偿还法。它是对一种债券规定几个偿还期，每一期偿还本金的一定比例，直到债券到期，本金全部还完。

（2）到期一次偿还法。它是国债到期后一次性还本付息的方法。我国目前大多数国债采用这种方式。

（3）抽签轮次偿还法。它是在国债偿还期内，通过定期按债券号码抽签对号以确定偿还一定比例的债务，直至偿还期结束。

（4）以新替旧偿还法。它是指国家通过发行新债来兑换到期的旧债务，以达到偿还目的。

（5）市场购销偿还法。它是指国家在国债到期之前，按市场价格购回债券，并不再卖出，视同国债已偿还。它仅适用于上市国债的偿还。

2. 国债偿债资金来源

（1）设立偿债基金。政府为保证每年偿还一定数额的国债，由政府预算设置专项基金用以偿还国债，由专门机构进行管理，不得用于其他用途，专门用于偿还债务。

（2）通过预算列支。政府根据年度偿债计划将还本付息费用列入当年支出预算之中。这种方式确定偿债资金来源比较方便，但是各年度债务支出的多少受到期国债的牵制，因而对预算支出的冲击比较大。若到期国债数额较多，此时财政收入增长缓慢，一般性的预算开支又不能削减或增加，就难以保证财政收支的平衡。

（3）举借新债。政府通过发行新国债取得收入用于偿还旧债。这种做法对于债权人来说，政府履行了偿债义务，但从政府来看，它只是调换了债权人，债务依然存在，并没有减少，只是偿还期推迟了。从各国政府普遍都举借债务以取得财政收入的实际情况看，借新债还旧债不失为市场体制下各国政府还债方法的现实选择。

（四）国债利率

国债是以还本付息方式筹集的财政收入，国家不仅要到期还本，还要按时支付利息。国债利息率是政府因举债应支付的利息额与借入本金额之间的比率。国债利率越高，发行越容易，但国家支付的利息负担则越重。所以确定合理的国债利率是国债发行的一个重要问题。国债利率的确定，主要考虑三个因素：

（1）金融市场利率。金融市场是融通资金的场所。利率引导着资金流向，如果国债利率低于金融市场利率甚远，会导致国债发行困难；如果国债利率高于金融市场利率，则又会使国家财政蒙受不必要的损失。因此，金融市场利率高，国债利率必须相应提高；金融市场利率低，国债利率也相应降低，两者不能相差甚远。

（2）政府信誉。确定国债利率，还应考虑政府信誉状况。一般来说，政府信誉高，投资于国债越安全，国债利率水平应可适当降低；否则利率水平需适当提高。

（3）社会资金的可供给量。国债利率水平的高低与社会资金的可供给量有密切关系。如果社会资金可供给量充足，国债利率水平可适当降低；如果社会资金可供给量不足，国债利率则需要适当提高。

四、我国发行的国债

我国在 1950 年发行“人民胜利折实公债”，1954 至 1958 年发行“国家经济建设公债”，1981 年以后又发行了国库券、特种国债、国家重点建设债券、保值公债、财政债券等，为国家经济建设筹集了大量资金。我国政府自 1981 年恢复发行内债，迄今已经有 40 年历史。这 40 年里，内债发行规模不断扩大，由 20 世纪 80 年代初每年发行几十亿元，到 2018 年发行 36775.58 亿元。

我国目前的国债品种主要有面向个人投资者发行的不可流通的储蓄国债和面向机构投资者发行的可流通的记账式国债两种。

（一）储蓄国债

1. 储蓄国债的概念

储蓄国债是指一国政府面向个人投资者发行，以吸收个人储蓄资金为目的，满足长期储蓄性投资需求的一种不可流通的国债，按债权记录方式分为纸质凭证和电子方式两种。

2. 储蓄国债的种类

（1）储蓄国债（凭证式）：凭证式国债是指采用填制“中华人民共和国凭证式国债收款凭证”的形式记录债权，通过部分商业银行和邮政储蓄银行柜台，主要面向城乡居民个人及社会其他投资者发行的储蓄性国债。

个人购买凭证式国债实行实名制，凭证式国债可以记名、挂失、质押贷款，但不能更名；从投资人购买之日起开始计息，到期一次还本付息，不计复利，逾期兑付不加计利息；凭证式国债到期后，需由投资者前往承销机构网点办理兑付事宜，逾期不加计利息；凭证式国债属于非上市证券，不能在证券市场上挂牌交易，即不能流通转让；在持有期内，持券人如遇特殊情况需要变现时，可到原购买网点提前兑取。提前兑取时，除偿还本金外，利息按实际持有天数及相应的利率档次计付，经办机构按兑取本金的 1‰收取手续费。我国从 1994 年开始发行凭证式国债。凭证式国债具有类似储蓄、又优于储蓄的特点，通常被称为储蓄式国债，是以储蓄为目的的个人投资者理想的投资方式。

（2）储蓄国债（电子式）：储蓄国债（电子式）是我国财政部面向中华人民共和国境内个人投资者发行的，以电子方式记录债权的一种不可上市流通的人民币债券。这是我国新推出的一种储蓄式国债，源于传统的凭证式国债，在发行基本条款以及特点上与凭证式国债大体相似，二者在本质上是一致的，只是储蓄国债（电子式）应用了计算机技术，以电子记账形式取代了纸质凭证用于记录债权，并且按年付息，到期还本。储蓄国债（电子式）是丰富国债品种、改进国债管理模式、提高国债发行效率的一种有益创新，也是我国债券市场的一项重要创新，它将逐步取代凭证式国债，成为今后个人购买国债的主要方式。

知识链接 3－4

电子记账凭证式国债与纸质凭证式国债的区别

（二）记账式国债

记账式国债又名无纸化国债，记账式国债是由财政部通过无纸化方式发行的、以电脑记账方式记录债权，并可以上市交易的债券。记账式国债面向机构投资者发行，主要在银行间债券市场发行，通过证券交易所交易系统进行交易，可以记名、挂失。这种国债在属性上等同于记名债券，投资者若要对它进行买卖，首先需要在证券交易所设立账户，然后才能交易，成交后不采用实物券的交收，而是直接通过交易系统在投资者账户上作增减记录。因此记账式国债又称无纸化国债。在发行期内购买记账式国债，不收取手续费；发行期结束后，在进行记账式国债的交易时，按成交额的固定比例收取手续费。由于记账式国债的发行和交易均采用现代科学技术手段，实行无纸化，所以相对来说效率高，成本低，交易安全性好，符合现代金融工具发展的方向。综上所述，目前我国国债的主要品种间的区别，详见表3－1所示。

表3－1　　目前我国国债的主要品种

项　目	发行方式	发行渠道	还本付息方式	发行对象	流动性	价　格
储蓄国债（凭证式）	承购包销	部分商业银行和邮政储蓄机构	到期一次还本付息	社会公众（主要面对个人）	可提前兑付、不可流通转让	既定
储蓄国债（电子式）	代销	部分商业银行	按年付息、到期还本	只针对个人投资者	可提前兑付、不可流通转让	既定
记账式国债	公开招标	证券交易所及部分银行柜台	按年付息、贴现等	主要面向机构	可流通转让	由市场决定

说一说： 国家为什么要发行国债？你的家庭购买国债了吗？

知识链接 3－5

国债收益率的计算方法

复习思考题

1. 什么是公共财政收入？我国财政收入是如何分类的？
2. 简述税收的基本特征。
3. 纳税人就是负税人，这句话对吗？请说明理由。

4. 什么是流转税？我国流转税的主要税种有哪些？

5. 凭证式国债与储蓄国债（电子式）有哪些区别？

6. 国债具有哪些功能？

社会实践要求

调查访问

1. 主题：分析论证税收取之于民，用之于民。

2. 要求：(1) 访问你的老师和父母，了解他们缴纳个人所得税、购买国债情况；(2) 到社会中调查，并举出1～5例由政府投资建设，并由全体社会成员受益的公共产品。

3. 目的：了解财政收入的主要形式——税收，感受税收取之于民，用之于民，培养同学思考分析问题的能力。

4. 建议：同学可分组或个人拟定调查提纲，并每人写一份调查报告，教师评判，记入考核成绩。

第四章

政府预算

学习目标

通过本章学习，要求了解政府预算的程序；理解政府预算的特征及政府预算体系；明确政府预算管理职权及政府预算管理体制的主要内容；掌握部门预算、国库集中收付制度及我国现行政府预算管理体制——分税制的主要内容。

本章重点是部门预算、国库集中收付制度、现行政府预算管理体制——分税制的主要内容。

第一节　政府预算概述

一、政府预算的概念与特征

（一）政府预算的含义

政府预算是经法定程序审核批准的具有法律效力和制度保证的政府年度财政收支计划，反映了政府的公共财政收支状况，是政府的基本财政收支计划，是政府筹集、分配和管理财政资金及调控经济的重要工具。

政府预算作为政府的基本财政收支计划，从形式上看，是按一定的标准将财政收入和支出分门别类地列入特定的表格；从内容上看，政府预算反映供政府集中支配的财力来源、规模和使用方向；从作用上看，通过政府预算所确定的财政收支规模和结构，又从根本上决定政府的活动范围和方向，体现了一定时期内政府的政策意图及政府的施政方针，以及要达到的政治、经济和社会发展目标。从性质上看，是具有法律效力的文件，由于国家预算要经过国家权力机构的审批方才生效，因而又是国家的重要立法文件，体现国家权力机构和全体公民对政府活动的制约与监督。

改革开放以来，我国政府预算不仅是政府有计划地集中和分配财政资金的工具，而且也是促进改革开放和调节社会经济的主要机制。当前，按照社会主义市场经济以及建立公共财政的要求，改革和完善政府预算制度，是新时期我国财政工作的中心内容之一。

（二）政府预算的特征

政府预算从产生到发展至今，经过了一个不断完善改革的过程。与其他财政范畴相比，各国的政府预算一般都具有如下基本特征：

1. 预测性

政府预算的预测性，是指在对经济规律和财政分配规律正确认识和运用的基础上，对计划年度政府预算收入和支出的各项指标，进行科学的预计和测算。政府预算是人们根据客观实际情况所进行预测的结果，其准确性取决于人们对客观情况的认识程度和测算的准确程度。

2. 法律性

政府预算的法律性，是指预算的编制、审查、批准、执行和调整都必须按照法定程序和要求进行。即政府预算是按照一定的立法程序成立的，政府预算经过国家最高权力机关审查批准后，就是法律性文件，具有法律效力。

3. 综合性

政府预算的综合性，是指政府预算的收支指标以货币形式，把国民经济和社会发展计划综合反映出来，体现政府活动的内容和方向，综合反映社会经济发展规模、结构和比例关系，全面反映公共收支状况。综合性还反映在所有的政府收支，都必须纳入政府预算。

4. 公开性

由于政府预算关系到全体公民利益，因此政府预算的编制、执行和决算都是在对民众公开的状态下进行的，向民众公开主要是指预算编制完成之后要通过人民代表大会（议会）向全民公布，并由人民代表大会（议会）批准后才能有效；预算在执行过程中的调整和预算执行结果也要向人民代表大会及其常务委员会报告，并由其审查批准，这就使政府预算具有公开性的特征。

5. 集中性

政府预算的集中性是指政府预算组织分配的是集中性的财政资金。即政府履行其职能所必须集中使用的财力，按照国家总体利益的需要集中分配，做到统筹兼顾，全面安排，讲求绩效。这一特征要求政府预算收入都应及时、足额地缴入国库，预算支出应按照国家整体利益确定。

二、政府预算的原则

政府预算的原则是指政府选择预算形式和体系遵循的指导思想，也就是制定政府财政收支计划的方针。政府预算的原则是伴随着现代预算制度的产生而产生的，并且随着社会经济和预算制度的发展变化而不断变化。

（一）完整性原则

完整性原则是指政府预算应该包括政府的全部财政收支，反映其全部财政活动，不允许有预算之外的财政收支，也不允许有财政预算规定范围以外的财政活动。

（二）统一性原则

统一性原则是指所有地方财政预算连同中央财政预算一起编制和共同组成统一的财政预算。这就要求设立统一的预算科目，每个科目都要严格按统一的方法、口径和程序加以计算和填列。

（三）可靠性原则

可靠性原则是指预算收支的每一个项目的数字指标，都必须运用科学方法，依据充分确实的资料，进行正确的计算填列，不得假定、估算或编造。

（四）公开性原则

公开性原则是指全部财政收支必须经过立法机关审查批准，财政预算及其执行情况必须采取一定形式向社会公布，让人民了解财政收支情况，并置于人民的监督之下。

（五）年度性原则

政府预算一般是按年度编制的。所谓年度即财政年度或预算年度，是指政府预算收支起止的有效期，其期限通常为一年，故称之为“年度”。依照财政年度的起止时间不同，财政年度又可以分为历年制财政年度和跨年度制财政年度两种。历年制财政年度从1月1日起到同年12月31日止，按照《中华人民共和国预算法》(后简称《预算法》规定，我国的预算年度采用历年制。跨年度财政年度是跨两个日历年度，如：美国、泰国是从每年10月1日至次年的9月30日为一个预算年度；英国、日本、中国香港地区是从每年4月1日至次年3月31日为一个预算年度。

三、政府预算的组成

在现代社会，大多数国家都实行多级预算。我国《预算法》规定：“国家实行一级政府一级预算”，我国目前的政府预算组成体系就是按一级政权设立一级预算的原则建立的。具体分为中央预算和地方预算。地方预算又分为省（自治区、直辖市）、设区的市（自治州）、县（自治县、不设区的市、市辖区、旗）、乡（民族乡、镇）四级预算。五级预算构成我国的预算体系（见图4－1）。

- 政府预算
  - 中央预算——由中央各部门（含直属单位）预算组成
  - 地方预算
    - 省总预算
      - 省本级预算
      - 设区的市总预算
        - 市本级预算
        - 市辖区预算
        - 县（不设区的市）总预算
          - 县（市）本级预算
          - 乡（民族乡、镇）预算
      - 自治州总预算
        - 州本级预算
        - 县（自治县、不设区的市）总预算
          - 县（自治县、市）本级预算
          - 乡（民族乡、镇）预算
    - 自治区总预算
      - 自治区本级预算
      - 设区的市总预算
        - 市本级预算
        - 市辖区预算
        - 县（自治县、不设区的市）总预算
          - 县（自治县、不设区的市）本级预算
          - 乡（民族乡、镇）预算
      - 自治州
        - 州级预算
        - 县（自治县、不设区的市）总预算
          - 县（自治县、不设区的市）本级预算
          - 乡（民族乡、镇）预算
    - 直辖市总预算
      - 市本级预算
      - 市辖区预算
      - 县总预算
        - 县本级预算
        - 乡（镇）预算

图4－1　政府预算的组成

四、政府预算的分类

（一）按预算的组织形式划分，政府预算分为单式预算和复式预算

1. 单式预算

单式预算是指政府财政收支计划通过一个统一的计划表格来反映的预算。单式预算是一种传统的预算制度，在预算产生之后的相当长时期，世界各国都采用单式预算。单式预算的主要优点是符合预算的完整性原则。由于把全部财政收入与支出分别列于预算收支表上统一汇集平衡，因此能清楚地反映一国政府预算收支的全貌。

2. 复式预算

复式预算是指在预算年度内将全部财政收支按照经济性质或其他标准分成两个或两个以上的计划表格来反映政府收支计划的预算。复式预算是相对于单式预算而言的。

复式预算的主要优点是对财政收支结构和经济建设状况反映明确，有利于政府职能规范化和实行宏观决策与管理。我国《预算法》规定："预算，包括一般公共预算、政府性基金预算、国有资本经营预算、社会保险基金预算。"

（二）按预算编制的方法划分，政府预算分为零基预算和绩效预算

1. 零基预算

零基预算是指财政收支计划指标的确定，只以社会经济的预算发展为依据，不考虑上一年度的财政收支指标，是以"零"为起点重新编制的预算，即对原有的和新年度增加的各项开支都要重新审核，而不仅仅是修改上年预算或审查新增部分。零基预算的最大特点是要求对全部预算项目进行重新评估，不受往年预算的约束，即从"零"开始。最大的优点是政府可以对一些非优等项目或低效益项目进行必要的删减，因而有利于控制支出、平衡收支和提高效益；也可以在机构内部进行资金调剂，进而提高财政配置效率。编制零基预算是政府公共支出发展进程中的一个重要阶段。我国为建立公共财政体制，现已推行零基预算的编制方法。

2. 绩效预算

绩效预算是以项目的效益为目的而编制和管理的预算。具体来说绩效预算是要阐述和明确请求拨款所要达到的目标，为实现这些目标而设定的计划需要花费多少钱，以及用哪些量化指标来衡量其在实施每项计划的过程中取得的成绩和完成工作情况。它是一种以追求效益为目的的公共支出预算模式。目前，绩效预算已开始成为西方发达国家主要的预算模式，它在引导政府在市场经济中提高效率，发挥宏观调控作用等方面起到了重要作用。我国目前已提出全面实施预算绩效管理的意见，更加注重结果导向，强调成本效益，硬化责任约束。

（三）按预算的管理范围划分，政府预算分为总预算、部门预算和单位预算

1. 总预算

总预算是政府计划年度内全部预算收支的预算，是国家各级政府的基本财政收支计划。由各级政府的本级预算和下级政府总预算组成。地方各级总预算由本级财政预算和汇总的各部门（含直属单位）的预算组成。我国实行一级政府一级预算的原则，目前我国的政府总预算包括中央政府总预算和地方政府总预算，地方政府总预算又包括省（自治区、直辖市）总预算、设区的市（自治州）总预算、县（自治县、不设区的市、市辖区）总预算、乡（民族乡、镇）总预算。各级政府总预算由各级政府的财政部门负责编制。

2. 部门预算

部门预算是政府部门依据国家有关政策规定及其行使职能的需要，由基层预算单位编制，逐级上报、审核、汇总，经财政部门审核后提交立法机关依法批准的涵盖部门各项收支的综合财政计划。通俗地说就是一个部门编制一本预算，并通过该预算全面反映部门的各项收支。它是政府预算的重要组成部分。我国从1999年开始编制部门预算改革。实行部门预算，体现了《预算法》的基本要求，促进预算法制建设，是深化我国市场经济体制改革、建立公共财政框架的重要步骤。部门预算是各级总预算的基本构成单位。

3. 单位预算

单位预算是政府预算的基本组成部分。单位预算是各级政府部门机关及其所属行政、事业单位的年度经费收支所汇编的预算。它是机关本身及其所属单位实现其职能或事业计划的财力保证，是部门预算的基本构成单位。根据经费领拨关系和行政隶属关系，单位预算可分为一级单位预算、二级单位预算和基层单位预算。

（四）按预算级次划分，政府预算分为中央预算和地方预算

1. 中央预算

中央预算也称中央政府预算，是指经法定程序审查批准的，反映中央政府年度活动的财政收支计划。中央预算由财政部具体负责编制。我国的中央预算由中央各部门的单位预算、企业财务收支计划和税收计划组成，财政部将中央各部门的单位预算和中央直接掌管的收支等汇编成中央预算草案，报国务院审定提请全国人民代表大会审查。中央预算主要承担国家的安全、外交和中央国家机关运转所需的经费，调整国民经济结构、协调地区发展、实施宏观调控的支出以及中央直接管理的事业发展支出，因而在政府预算体系中占主导地位。

2. 地方预算

地方预算也称地方政府预算，是指经法定程序审查批准的、反映各级地方政府年度收支活动计划的总称。地方预算由各级政府的财政部门具体负责编制。地方预算是财政预算体系中的有机组成部分，是组织、管理财政预算的基本环节。由省、市（州）、县（市、区）、乡（镇）预算组成。地方预算担负着地方政府提供公共服务、地方经济建设、文化教育、卫生事业、社会保障、支援农村发展等方面的支出，因此，它在政府预算体系中占有重要地位。乡镇政府预算在政府预算体系中是最基层的一级，是政府预算体系最基础的构成单元。

五、政府预算体系

我国已经建立了由一般公共预算、国有资本经营预算、政府性基金预算和社会保障预算组成的有机衔接的完善的政府预算体系，把政府所有收支全部纳入预算管理，全面反映政府收支总量、结构和管理活动。

（一）一般公共预算

一般公共预算即公共财政预算，公共财政预算是指政府凭借国家政治权力，以社会管理者身份筹集以税收为主体的财政收入，用于保障和改善民生、维持国家行政职能正常运转、保障国家安全等方面的收支预算。

1. 一般预算收入

一般预算财政收入是通过一定的形式和程序，由各财税部门组织并纳入预算管理的各项收入。包括各项税收，非税收入中的专项收入、行政事业性收费收入、罚没收入、国有资源

（资产）有偿使用收入、其他收入，债务收入，转移性收入等。

2. 一般公共预算支出

一般公共预算支出指政府对集中的预算收入有计划地分配和使用而安排的支出。按功能分类，包括：一般公共服务、外交、国防、公共安全、教育、科学技术、文化体育与传媒、社会保障和就业、卫生健康、节能环保、城乡社区事务、农林水事务、交通运输、资源勘探信息等事务、商业服务业等事务、金融事务、援助其他地区支出、住房保障支出、粮食安全物资储备事务、预备费、国债还本付息支出、其他支出、转移性支出等。

（二）政府性基金预算

政府性基金预算是国家通过向社会征收以及出让土地、发行彩票等方式取得收入，并专项用于支持特定基础设施建设和社会事业发展的财政收支预算，是政府预算体系的重要组成部分。编制政府性基金预算，对于提高政府预算的统一性和完整性，增强预算的约束力和透明度，更好地接受人大和社会监督，具有十分重要的意义。

政府性基金预算的管理原则是："以收定支、专款专用、结余结转使用。"基金支出根据基金收入情况安排，自求平衡，不编制赤字预算。当年基金预算收入不足的，可使用以前年度结余资金安排支出；当年基金预算收入超出预算支出的，结余资金结转下年继续安排使用。各项基金按规定用途安排，不调剂使用。

政府性基金预算收入包括铁路建设基金、民航基础设施建设基金、港口建设费、国家重大水利工程建设基金、国有土地使用权出让收入、彩票公益金、政府住房基金等。

政府性基金预算支出主要包括科学技术、文化体育与传媒、社会保障和就业、节能环保、城乡社区、农林水、交通运输、资源勘探、金融等事务方面的支出。

2019 年全国政府性基金收入 84516 亿元，同比增长 12%。分中央和地方看，中央政府性基金预算收入占全国政府性基金预算收入的 4.78%；地方政府性基金预算本级收入占政府性基金预算收入的 95.22%。

（三）国有资本经营预算

国有资本经营预算，是国家以所有者身份依法取得国有资本收益，并对所得收益进行分配而发生的各项收支预算，是政府预算的重要组成部分。建立国有资本经营预算制度，是党中央、国务院作出的一项重大决策，对于深化国有企业改革、规范国家与国有企业分配关系、增强政府宏观调控能力具有十分重要的意义。

1. 收入预算

收入预算是指国家按年度和规定比例向企业收取国有资本收益的收缴计划。依法取得国有资本收益，是国家作为国有资本投资者应当享有的权利，也是建立国有资本经营预算的基础。

（1）应交利润，即国有独资企业按规定应当上交国家的利润。

（2）国有股股利、股息，即国有控股、参股企业国有股权（股份）获得的股利、股息收入。

（3）国有产权转让收入，即转让国有产权、股权（股份）获得的收入。

（4）企业清算收入，即国有独资企业清算收入（扣除清算费用），国有控股、参股企业国有股权（股份）分享的公司清算收入（扣除清算费用）。

（5）其他国有资本收益。

2. 支出预算

支出预算是指国家根据国有资本经营预算收入规模和国民经济发展需要制定的支出计划。根据《中央国有资本经营预算支出管理暂行办法》（财预〔2017〕32号）规定，中央国有资本经营预算支出对象主要为国有资本投资、运营公司（以下简称投资运营公司）和中央企业集团（以下简称“中央企业”）。中央国有资本经营预算支出应与一般公共预算相衔接，避免与一般公共预算和政府性基金预算安排的支出交叉重复。

中央国有资本经营预算支出除调入一般公共预算和补充全国社会保障基金外，主要用于以下方面：

（1）解决国有企业历史遗留问题及相关改革成本支出。

（2）国有企业资本金注入。

（3）其他支出。

中央国有资本经营预算支出方向和重点，应当根据国家宏观经济政策需要以及不同时期国有企业改革发展任务适时进行调整。

（四）社会保险基金预算

社会保险基金预算是对社会保险缴款、一般公共预算安排和其他方式筹集的资金，专项用于社会保险的收支预算。社会保险基金预算应当按照统筹层次和社会保险项目分别编制，做到收支平衡。

社会保险基金收入主要包括：企业职工基本养老保险基金收入、失业保险基金收入、职工基本医疗保险基金收入、工伤保险基金收入、生育保险基金收入、城乡居民基本养老保险基金收入、机关事业单位基本养老保险基金收入、城乡居民基本医疗保险基金收入、其他社会保险基金收入、转移性收入等。

社会保险基金支出主要包括：企业职工基本养老保险基金支出、失业保险基金支出、职工基本医疗保险基金支出、工伤保险基金支出、生育保险基金支出、城乡居民基本养老保险基金支出、机关事业单位基本养老保险基金支出、城乡居民基本医疗保险基金支出、其他社会保险基金支出、转移性支出等。社会保险基金是专项基金，社会保险基金要严格按照有关法律法规的标准和收支范围，专款专用，不得挪用。

2018年，全国社会保险基金收入为72649.22亿元，增长24.3%，剔除机关事业单位基本养老保险后同口径增长7.3%，其中，保险费收入为52543.2亿元，财政补贴收入为16776.83亿元。全国社会保险基金支出为64586.45亿元，增长32.7%，剔除机关事业单位基本养老保险后同口径增长12.7%。当年收支结余8062.77亿元，年末滚存结余为86337.13亿元。

六、政府预算管理职权

预算管理职权是指财政预算方针政策、预算管理法律法规的制定权、解释权、修订权；政府预算、决算的编制、审核批准权；预算的执行、调整、监督权等。根据我国《预算法》的规定，预算管理权限的具体划分如下：

（一）各级人民代表大会是审查、批准预算、决算的权力机关

各级人民代表大会审查本级预算草案以及本级预算执行情况的报告；批准本级预算和本级预算执行情况的报告；改变和撤销本级人民代表大会常务委员会关于预决算的不适当的决

定和命令。

各级人民代表大会常务委员会监督预算执行；审批本级预算调整方案；审批本级政府决算；撤销本级人民政府和下一级人民代表大会关于预决算不适当的决定或命令。

（二）各级人民政府是预算管理的国家行政机关

各级人民政府确定预算管理体制的具体办法；组织编制本级预算草案；组织本级预算的执行；决定本级预算的调整方案；监督本级各部门和下一级人民政府的预算执行；改变或撤销本级各部门和下一级人民政府关于预算方面的不适当的决定或命令；向本级人民代表大会报告本级总预算执行情况；组织编制本级决算草案。

（三）各级财政部门是预算管理的职能部门

各级财政部门具体编制本级预算草案；具体负责本级总预算的执行；提出本级预算的调整方案；定期向本级人民政府和上一级财政部门报告本级预算执行情况；具体编制本级决算草案。

（四）各主管部门的预算管理权

各主管部门的预算管理权是：各主管部门负责编制本部门预算草案；组织和监督本部门预算的执行；定期向本级财政部门报告预算的执行情况；编制本部门决算草案。

（五）各预算单位的预算管理权

各预算单位的预算管理权是：各预算单位负责编制本单位的预算、决算草案；按规定上缴预算收入、安排预算支出；接受国家有关部门的监督。

议一议：本年度我国政府预算的具体内容。

第二节 政府预算程序

政府预算程序具体包括预算的编制、预算的执行和决算三个环节。

一、政府预算的编制

政府预算的编制是政府预算程序的起点。政府预算的编制工作主要由政府负责，财政部门具体实施。

（一）政府预算的编制方法

从目前国际上看，政府预算编制主要有两种形式：一是单式预算，二是复式预算。根据《预算法》规定，中央预算和地方各级政府预算按照复式预算编制。

1. 单式预算编制方法

单式预算是将预算年度内的所有预算收支加以汇集，集中反映在一个预算表上。按照《预算法》的规定，各级政府、各部门、各单位都应当编制预算。政府预算编制包括三个方面的内容，即单位预算的编制、部门预算的编制、本级预算与总预算的编制。

（1）单位预算编制。单位预算是编制政府预算的基础，包括行政单位预算的编制和事业单位预算的编制。

行政单位、事业单位预算是根据其职责和工作任务编制的年度财务收支计划。由收入预算和支出预算组成。单位预算应全面反映单位的财务收支情况。编制单位预算是政府预算编制的基础，是汇总编制部门预算和总预算的基本条件。单位预算草案按要求编成以后，连同编制说明一起报送上级主管部门审核。

（2）部门预算编制。各主管部门在所属单位上报的单位预算基础上，汇编本部门预算。部门预算是由政府各部门编制，财政部门审核，经政府同意后报立法机构审议通过的，全面反映部门所有收入和支出的预算。即既要反映预算内收支，又要反映预算外收支。

部门预算包括部门收入预算和部门支出预算，部门支出预算又包括基本支出预算、项目支出预算。各部门要根据历年收支情况和下一年度增减变动因素测算本部门的收入和支出。对每个收支项目要分别测算，编制到具体项目。

（3）本级政府预算与各级总预算的编制

本级政府预算，由同级财政部门在各部门上报的部门预算的基础上汇总编成本级政府预算。地方各级总预算由同级财政部门将下一级政府汇总编制的下级政府总预算进行汇总，加上本级政府预算，编制本级总预算，并报上级政府和财政部门备案。财政部将上报的各个省（自治区、直辖市）总预算草案进行审核后，汇总为全国地方预算草案。

中央预算由中央各部门预算组成，由财政部在中央各部门单位预算的基础上进行汇编。

2. 复式预算的编制方法

复式预算是将预算年度的各类预算收支，分别按性质对应反映在两个以上不同的预算上。我国《预算法》规定：各级政府预算按照复式预算编制，分为一般公共预算、政府性基金预算、国有资本经营预算、社会保险基金预算。一般公共预算、政府性基金预算、国有资本经营预算、社会保险基金预算应当保持完整、独立。政府性基金预算、国有资本经营预算、社会保险基金预算应当与一般公共预算相衔接。

（1）一般公共预算。一般公共预算是对以税收为主体的财政收入，安排用于保障和改善民生、推动经济社会发展、维护国家安全、维持国家机构正常运转等方面的收支预算。

（2）政府性基金预算。政府性基金预算是对依照法律、行政法规的规定在一定期限内向特定对象征收、收取或者以其他方式筹集的资金，专项用于特定公共事业发展的收支预算。政府性基金预算应当根据基金项目收入情况和实际支出需要，按基金项目编制，做到以收定支。

（3）国有资本经营预算。国有资本经营预算是对国有资本收益作出支出安排的收支预算。国有资本经营预算应当按照收支平衡的原则编制，不列赤字，并安排资金调入一般公共预算。

（4）社会保险基金预算。社会保险基金预算是对社会保险缴款、一般公共预算安排和其他方式筹集的资金，专项用于社会保险的收支预算。社会保险基金预算应当按照统筹层次和社会保险项目分别编制，做到收支平衡。

各级预算应当遵循统筹兼顾、勤俭节约、量力而行、讲求绩效和收支平衡的原则。

（二）政府预算的审批

国务院在全国人民代表大会举行会议时，向大会作关于中央和地方预算草案的报告。地方各级政府在本级人民代表大会举行会议时，向大会作关于本级总预算草案的报告。由政府部门编制的政府预算草案必须经全国人民代表大会审议批准方能成立。中央预算由全国人民代表大会审查和批准。地方各级政府预算由本级人民代表大会审查和批准。

二、政府预算的执行

政府预算经过各级人民代表大会审查批准后，即进入预算执行阶段。预算执行是指经法定程序批准的预算进入具体实施阶段，即筹措财政收入和使用财政资金的过程。政府预算的执行是政府预算管理的重要环节。

（一）政府预算执行的任务

（1）依法组织预算收入。依据国家的法律法规、政策及规章制度的规定，把各地区、各部门、各单位应缴的收入，及时足额地收缴入库，这是预算执行的首要任务。

（2）合理安排预算资金。按照预算计划，及时合理地拨付预算资金，这是保证政府预算顺利实施，促进国民经济持续、快速、健康发展和社会全面进步的关键，也是预算工作的目的。

（3）组织预算收支平衡。在预算执行过程中，由于国家政策的调整，新的改革措施的出台，自然灾害及季节性因素的影响等，都会引起预算收支的变化。这就要求我们根据新情况，及时采取有效措施，不断地组织新的预算收支平衡。

（4）加强预算执行监督。在预算执行中，要按照有关法律法规、政策、规章制度进行检查监督，对预算资金集中、分配、使用过程中的各种活动加以控制，防止预算执行中的各种偏差。

（二）政府预算执行的机构

我国《宪法》规定，国务院和地方各级人民政府是政府预算的执行机关。国务院负责领导执行中央预算，地方各级人民政府负责领导执行各级地方预算。各级财政部门是执行政府预算的职能机构，在各级政府领导下，具体负责全面组织政府预算的执行工作，包括执行本级预算和领导下级预算的执行。中央和地方各级主管部门及所属各预算单位负责本部门、单位预算的执行。此外，国家还指定专门的管理机关，参与预算的执行工作。税务机关是负责组织国家税收收入的专职机关，专门负责办理国家税收的征管工作；海关主要对进出口货物和各种物品、旅客行李和运输工具等依法征收关税；国家开发银行主要负责政策性重点建设贷款和贴息业务；中国农业发展银行负责办理支农资金的拨款贷款工作；中央银行代理国库业务等。

（三）政府预算执行中的调整

财政部门执行预算的主要任务，是积极组织预算平衡。我国预算的编制，历来是坚持预算收支平衡的原则。但在政府预算执行过程中，由于各种客观情况的变化，总会出现新的不平衡。为了保证国民经济的综合平衡，财政部门在增收节支的基础上，要重点抓好预算调整工作。

1. 预算调整的范围

经全国人民代表大会批准的中央预算和经地方各级人民代表大会批准的地方各级预算，在执行中出现下列情况之一的，应当进行预算调整：

（1）需要增加或者减少预算总支出的；

（2）需要调入预算稳定调节基金的；

（3）需要调减预算安排的重点支出数额的；

（4）需要增加举借债务数额的。

2. 预算调整的法定程序

在预算执行中，各级政府对于必须进行的预算调整，应当编制预算调整方案。预算调整方案应当说明预算调整的理由、项目和数额。

在预算执行中，由于发生自然灾害等突发事件，必须及时增加预算支出的，应当先动支预备费；预备费不足支出的，各级政府可以先安排支出，属于预算调整的，列入预算调整方案。

中央预算的调整方案应当提请全国人民代表大会常务委员会审查和批准。县级以上地方各级预算的调整方案应当提请本级人民代表大会常务委员会审查和批准；乡、民族乡、镇预算的调整方案应当提请本级人民代表大会审查和批准。未经批准，不得调整预算。

地方各级预算的调整方案经批准后，由本级政府报上一级政府备案。

3. 动用预备费及预算资金调剂

（1）动用预备费。《预算法》第四十条规定：各级一般公共预算应当按照本级一般公共预算支出额的1%~3%设置预备费，用于当年预算执行中的自然灾害等突发事件处理增加的支出及其他难以预见的开支。

所以，各级总预算的预备费是为应对某些难以预料的意外开支而设置的。由于在编制预算时，预备费按照本级一般公共预算支出的一定百分比已经列支，并经过法定批准程序，所以《预算法》第六十四条规定，各级预算预备费的动用方案，由本级政府财政部门提出，报本级政府决定。

（2）预算资金的调剂，是指在上述法定预算调整范围及动用预备费的情况之外，预算资金在不同预算科目、预算级次或者项目间的变动。《预算法》七十二条规定：各部门、各单位的预算支出应当按照预算科目执行。严格控制不同预算科目、预算级次或者项目间的预算资金的调剂，确需调剂使用的，按照国务院财政部门的规定办理。预算资金的调剂主要包括：

①追加追减预算。在原核定预算收支总数不变的情况下，增加预算收入或支出称为追加预算收入；减少预算收入和支出称为追减预算。

②科目经费流用。经费流用是指在不突破原定预算支出总额的前提下，由于预算科目之间调入、调出和改变资金用途形成的预算资金再分配，对不同的支出科目具体支出数额进行调整，也称科目流用。

③预算级次划转。年度预算确定后，部门、单位改变隶属关系，引起预算关系或者预算级次变化的，应当在改变财务关系的同时，相应办理预算及资产划转。具体划转办法由财政部规定。

④预算项目间调剂。如同一部门的预算资金在同一功能分类科目下，人员经费、公用经费或项目支出在不同经济性质分类科目间调剂的；同一部门的预算资金、人员经费或者公用经费在不同功能分类科目间调剂的，或者公用经费和项目支出间调剂的，或者项目间调剂的，或者人员经费增加需要从本部门其他预算资金调剂的等等。

三、政府决算

政府决算是经法定程序批准的年度预算执行结果的会计报告，是政府预算执行情况的总结，是国家政治经济活动在财政上的集中反映，是政府预算管理过程中必不可少的、十分重要的最终环节。

政府决算由各级政府财政部门负责具体组织编制，并报本级政府审定后，由政府提请本级人民代表大会或其常务委员会审查批准。决算的审批和预算草案的审批程序相同。

想一想：在预算执行过程中为什么要不断地组织预算新的平衡？

知识链接 4－1
2018 年《政府工作报告》十大民生亮点

思考：十大民生亮点与政府预算之间有什么关系？

第三节 财政管理体制

一、财政管理体制的概念

财政管理体制，是在中央与地方、地方各级政府之间，划分预算收支和管理权责的一项根本制度，是处理各级政府财权、财力划分关系的基本制度。财政管理体制的实质，是正确处理中央政府和地方政府的集权与分权的关系问题。划分预算收支范围是国家财力在中央与地方以及地方各级之间进行分配的具体形式。

财政管理体制作为一种管理制度，其根本任务就是通过正确划分各级预算的收支范围和规定预算管理职权，使各级财政的责权利三者密切结合起来，以调动预算管理的积极性，促进国民经济和社会的发展。

二、财政职能与政府间的职责划分

政府间的职责划分主要是解决两个问题：一是政府应该干什么？二是如果这件事情应由政府来干，政府应该怎样干以及应该由哪级政府来干？

把公共产品的内涵与政府职责联系起来，政府的基本职责就是有效地提供公共产品并致力于实现三个主要目标：一是实现资源的优化配置；二是调节收入公平分配；三是调控经济稳健运行。政府间的职责划分是政府预算管理体制划分的依据。

（一）财政的资源配置职能在政府间的分工

政府配置资源是为了满足社会对公共产品的需要，资源配置职能在政府间的分工应根据公共产品的受益范围来划分：

（1）资源配置于全国范围内由全体人民共同受益的公共产品，如国防、外交等应由中央政府负责提供。

（2）资源配置于局部地区范围内由本辖区居民享受的地方性公共产品，应由本辖区内地方政府负责配置。

(3) 受益范围跨区域的公共产品，由中央政府和不同地区政府按受益范围大小共同提供。

一般而言，直接配置资源的主角是地方政府，中央政府在资源配置中处于辅助地位。

（二）财政的收入分配职能在政府间的分工

财政收入分配职能的目的是实现收入分配的社会公平，而要缩小收入分配差距，中央比地方更具能力与优势。在市场经济条件下，地区间不存在自动缩小贫富差距的动力机制。而中央政府掌握收入再分配的有效手段，在全国范围内开征累进个人所得税、实行社会保障等手段，可直接调节个人之间的收入分配，中央可以实行转移支付制度，可以缩小地区之间的收入分配差距。因此，在收入分配职能的行使中，中央政府是主要的，而地方政府主要是配合中央落实政策，具体组织实施。

（三）财政的调控经济职能在政府间的分工

宏观经济的稳定是指国民经济整体的稳定，在一个国家，只有中央政府才有能力实施宏观调控。在稳定经济、平抑波动方面，地方政府的劣势恰恰是中央政府的优势，中央政府可以制定全国性的财政政策和货币政策，比地方政府有更多可利用的手段和更大的操作空间。因此，在调控经济职能的行使中，中央政府是主要的，地方政府主要是配合中央政府实施调控。

三、财政管理体制的内容

（一）预算级次的确定

预算级次也就是预算的分级。我国预算的分级与国家政权的设置相适应。一般是一级政府一级财政一级预算。我国预算级次包括中央、省（自治区、直辖市）、设区的市（自治州）、县（自治县、不设区的市、市辖区）和乡（民族乡、镇）五级。各级预算相对独立地管理和支配一定的预算收入和预算支出，独立地编制预算和决算，并对同级人民代表大会负责。

（二）政府预算收支的划分

政府预算收支的划分，就是指在中央预算和地方预算之间确定哪些收支归属中央，哪些收支归属地方。预算收支的划分，是一个关系到中央、地方的集权和分权程度的重大问题，是预算管理体制的核心内容。因为物质利益的划分总是体现在收入和支出的划分上，财政分配上的集权和分权也是通过收支划分上的集中与分散来体现的，因此，预算收支在各级政府之间的划分有着十分重要的意义。

按照公共产品的层次性来划分各级政府的事权和财政支出范围，根据财力和事权相结合的原则来明确划分各级政府预算收支。预算收支主要依据各级政府承担的职能任务，即各级政府的事权来划分。一般说来，首先划分各级政府的支出范围。如前所述，关系到国家政治经济发展全局、地方无力承担或不适宜的支出划归中央支出；直接关系地方社会经济发展，且地方有能力承担的支出划归地方支出。支出确定之后，根据各级政府的支出范围，确定其各自的财力需要，再据此将各项收入在各级政府间划分，使各级政府有相应的财力来完成其承担的任务。

（三）建立政府之间的转移支付制度

在分级政府预算管理体制下，由于各地区经济和社会发展的客观条件不同，地方政府的财政能力也不一样。有些地方的财政收入抵补支出后尚有结余，有些地方的财政收入却无法满足支出的需要。为了确保各级政府职能的实现，确保地方各级政府能够均等地提供社会公共服务，就需要建立政府之间的转移支付制度，中央政府通过转移支付制度，可以调节各地区之间收入能力的差距。

四、我国现行财政管理体制

从 1994 年 1 月 1 日起，国务院决定在全国范围内实行分税制财政管理体制。

（一）分税制的概念

分税制是指在划分中央与地方事权的基础上，确定中央与地方预算支出范围，并按税种划分中央与地方预算收入的财政管理体制。分税制是根据市场经济的原则和公共财政的理论确立的一种分级财政管理体制。它是国际上市场经济国家中通行的一种财政分配体制，是处理中央与地方财政分配关系的一种较为规范的方式。

（二）分税制的主要内容

1. 在划分事权的基础上，划分中央与地方的预算支出范围

根据现行中央政府与地方政府事权的划分，中央财政主要承担国家安全、外交和中央国家机关运转所需经费，调整国民经济、实施宏观调控所必需的支出以及由中央直接管理的事业发展支出。

（1）中央财政支出具体包括：国防费，武警经费，外交和援外支出，中央级行政管理费，中央统管的基本建设投资，中央直属企业的技术改造和新产品试制费，地质勘探费，由中央财政安排的支农支出，由中央负担的国内外债务的还本付息支出，以及中央本级负担的公检法支出和文化、教育、卫生、科学等各项事业费支出。

（2）地方财政支出具体包括：地方行政管理费，公检法支出，部分武警经费，民兵事业费，地方统筹的基本建设投资，地方企业的技术改造和新产品试制费，支农支出，城市维护和建设经费，地方文化、教育、卫生等各项事业费，价格补贴支出以及其他支出。

2. 按税种划分收入，明确中央与地方的收入范围

根据事权与财权相结合的原则，将维护国家权益、实现宏观调控所必需的税种划分为中央税；将与经济发展直接相关的主要税种划分为中央与地方共享税；将适合地方征管的税种划分为地方税，并充实地方税税种。具体划分如下：

（1）中央固定收入包括：关税，海关代征的消费税和增值税，消费税，中央企业所得税，地方银行和外资银行及非银行金融企业所得税，铁道部门、各银行总行、各保险总公司等集中缴纳的收入（包括营业税、所得税、利润和城市维护建设税），中央企业上缴的利润、外贸企业的出口退税等。

（2）地方固定收入包括：地方企业所得税（不含地方银行和外资银行及非银行金融企业所得税），地方企业上缴利润，个人所得税，城镇土地使用税，固定资产投资方向调节税，城市维护建设税（不含铁道部门、各银行总行、各保险总公司集中缴纳的部分），房产税，车船使用税，印花税，屠宰税，农牧业税，耕地占用税，契税，土地增值税，国有土地有偿使用收入等。

（3）中央与地方共享收入包括：增值税，资源税，证券交易税。增值税中央与地方实行过渡期政策“五五分成”。资源税按不同的资源品种划分，大部分资源税作为地方收入，海洋石油资源作为中央收入。

3. 政府间转移支付制度的确定

1994 年实施的分税制体制，政府间的转移支付制度主要有以下几项内容：

（1）税收返还。为了使预算管理体制改革顺利运行，分税制预算管理体制办法实行保证地方 1993 年既得利益的政策，制定了税收返还的办法。税收返还数额的核定，是按照 1993 年地方实际收入以及税制改革和中央与地方收入划分情况，核定 1993 年中央从地方净上划的数额（消费税 +75% 的增值税 - 中央下划收入）。1993 年中央净上划收入，全额返还地方，保证现有地方既得财力，并以此作为以后中央对地方税收返还基数。

（2）体制补助和体制上解。为顺利推进分税制改革，1994 年实行分税制以后，原体制中央对地方的补助继续按规定补助。对原体制地方上解的地区，实行“定额上解”的办法。

（3）中央对地方的专项拨款。其内容包括：特大自然灾害救济费、特大抗旱防汛经费、支援经济不发达地区的发展资金等。

（4）过渡期转移支付办法。考虑到我国现阶段实行规范化转移支付制度条件不成熟，从 1995 年起，实行了过渡期转移支付办法。中央根据收入情况，每年从收入增量中安排一部分资金采用相对规范的做法，重点解决一些困难地区特别是少数民族地区的财政困难。

4. 分设国税和地税两套税务机构，分别征税

分税制财政管理体制规定，与收入划分相配套，建立中央和地方两套税务机构分别征税，国家税务局和海关系统负责征收中央级固定收入和中央地方共享收入，地方税务局负责征收地方级固定收入。这样，既利于保障中央财政收入，也有利于调动地方组织收入的积极性。

5. 政府预算管理体制的改革

2018 年 3 月由十三届全国人大一次会议通过的国务院机构改革方案要求改革国税地税征管体制，将省级和省级以下国税地税机构合并，具体承担所辖区域内各项税收、非税收入征管等职责。至 7 月 20 日，全国各省级、计划单列市的国税地税机构、各市级国税地税机构、全国县乡级国税地税机构分别完成了合并、统一挂牌及对外履行职责的工作。社会保险费和非税收入征管职责划转至国家税务总局。

（三）分税制改革——营改增

分税制财政体制改革实行以来，国家根据形势的发展变化，稳步有序对现行的分税制进行改革和完善，影响最大的就是“营改增”试点。经国务院批准，自 2016 年 5 月 1 日起，在全国范围内全面推开营业税改征增值税（以下简称“营改增”）试点。

所谓营改增是指将来征收的营业税项目改成征收增值税。营改增最大的特点是基本上消除纳税人重复纳税，减轻企业税负。

1. 营改增的主要内容

一是在税收征管上，统一规定建筑业、房地产业、金融业、生活服务业等四大行业的征收税率，分别是 11%、11%、6%、6%，小规模纳税人的征收税率为 3%；规定减免征收项目，如对托儿所、幼儿园、养老机构提供的服务免征增值税；规定了一系列的征收管理办法，如增值税的计算与抵扣、发票的使用、纳税日期等。

二是在中央和地方收入分成上，调整增值税收入划分比例。根据国务院颁布的《关于印发全面推开营改增试点后调整中央与地方增值税收入划分过渡方案的通知》（以下简称《通知》），主要是把所有行业企业缴纳的增值税全部纳入中央和地方共享范围，明确中央和地方对增值税收入五五分成，以 2014 年为基数核定中央返还和地方上缴基数，中央上划收入通

过税收返还方式给地方，以确保地方既有财力不变，把新增收入用于对欠发达地区的转移支付。通知明确提出：调整中央和地方收入划分比例之后，中央集中的收入增量将通过均衡性转移支付分配给地方，主要用于加大对欠发达地区的支持力度，推进基本公共服务均等化。

2. 营改增后的政府预算管理体制

增值税是我国第一大税种，属于中央和地方的共享税，按75%和25%比例分享；营业税是属于地方税种，是地方财政收入的主要来源。营改增后，地方政府失去这一主体税种，意味着对地方的财政收入产生重大影响。由于营改增改革关系到企业的税收负担，和中央、地方政府的财政收入分成，涉及面广，影响极大，因此，此次营改增，被称为第二次分税制改革。税制改革以后，以分税制为基础的政府预算管理体制必须作出相应的调整。为保证各级政府的财权与事权、财力与责任相匹配，中央和地方、地方各级政府之间在财权与事权、财力与责任方面都需要重新界定；为解决地区之间财力的均衡以及政府间转移支付实施的具体操作问题，中央需要制定相应的制度和办法。可以预见，新的分税制政府预算管理体制将比现行的更加完善，真正建立起与社会主义市场经济发展相适应的财税体制。

五、政府间转移支付制度

（一）政府间转移支付制度的含义

转移支付是指除政府购买之外的那些不以取得商品和劳务作为补贴的支出。它包括的范围很广，有政府对个人、企业的转移支付，如各种社会保障支出、财政补贴等；有各级政府间的转移支付，如上级财政对下级财政的各种专项拨款及各项补助，下级财政对上级财政的资金上缴，以及同级政府之间的财政资金转移等。它的特点表现为资金无偿的、单方面的转移。我们这里主要讲述政府间的转移支付。

政府间财政转移支付制度，是以各级政府之间所存在的财政能力差异为基础，以实现各地公共服务水平的均等化为主要目标而实行的一种财政资金转移或财政平衡制度。其实质就是一种财政补助，体现国家的宏观经济财政政策；它的特征是事权与财权的对称性、资金流动的双向性、制度管理的科学性、政策实施的统一性和法制性。转移支付作为处理政府间财政关系的一种分配形式，在我国各个时期的各种财政体制中占有重要的地位，发挥了一定调控作用，是财政体制必不可少的重要内容。

政府间转移支付的根本目标是实现地方基本公共服务的均等化。基本公共服务是覆盖全体公民、满足公民对公共资源最低需求的公共服务，其属性在于它的公共性、普惠性和社会公平性。公共物品和公共服务基本均等化是指政府要为社会公众提供基本的、在不同阶段具有不同标准的、最终大致均等的公共物品和公共服务。公共服务均等化的主要实现手段是政府间转移支付制度。

政府间财政转移支付包括自上而下的纵向转移，即上级政府对下级政府的各项补助；地区之间的横向转移，即富裕地区对贫困地区的直接补助。政府间财政转移支付一般以纵向转移为主。

（二）政府间转移支付的种类

1. 根据地方政府使用补助资金权限的大小，可以把政府间转移支付分为一般性转移支付和专项转移支付

（1）一般性转移支付，又称无条件转移支付。是指不附带使用条件或没有指定资金用

途的政府间转移支付形式，受助者（接受补助的一方）可自主安排支出。这是为弥补财政实力薄弱地区的财力缺口，由中央财政（上级财政）安排给地方财政（下级财政）的补助支出，它对下级财政自主权干预较小，是实现国家各地区公共服务均等化、缩小地区差异最重要的工具和最根本的财政转移支付方式。包括体制补助支出、均衡性转移支付、民族地区转移支付、县级基本财力保障机制奖补资金支出、调整工资转移支付、农村税费改革转移支付、结算补助支出、体制上解支出、化解债务补助支出、资源枯竭型城市补助支出、企事业单位划转补助、村级公益事业“一事一议”奖励资金支出、公共安全、教育、社会保障和就业转移支付支出等。

（2）专项转移支付，又称有条件转移支付。是指上级政府对承担委托事务、共同事务的下级政府给予的具有指定用途的资金补助，以及对应由下级政府承担的事务给予的具有指定用途的奖励或补助。这是一种具有明确的资金用途规定，即附有关于资金使用的附加条件的政府间转移支付形式，它体现着上级政府对下级政府定向支援或者委托下级政府办理某项公共服务的意图。受助者必须按指定的条件使用补助金，具有调整国家产业结构、优化资源配置、提高公共福利、补偿灾害损失的作用。专项转移支付是中央财政（上级财政）为实现特定的宏观政策及事业发展战略目标而设立的补助资金，重点用于各类事关民生的公共服务领域。包括：教育、科技、社保和就业、医疗卫生、环境保护、农林水事务专项补助支出等。

专项财政转移支付是使特定领域公共服务提供水平的均等化，即政府将财政资金以专项转移支付的形式，对一些地方兴办的具有“外溢性”的特定公共项目和一些特定产业进行专项财政补助，从而使这些特定的公共服务提供水平不至短缺，进而间接实现均等化。

2. 根据政府间的财政关系可把政府间转移支付分为纵向转移支付、横向转移支付、混合转移支付三种类型

（1）纵向转移支付，是上下级政府间自上而下的纵向资金转移，主要方法是拨付补助金。补助金又分为一般补助金和专项补助金。一般补助金是为了使下级同层次的预算主体具有大体均衡的公共服务水平，实现公平的目标。专项补助是特定用途的补助，是为了体现上级预算的政策调整意图，实现效率目标。

（2）横向转移支付，是同级的各地方政府之间的平行转移，一般是财力富裕地区向财力不足地区转移，实行地区间的互助形式。此种模式一般是作为纵向转移支付的补充，与纵向转移支付配合使用。其功能在于调整横向失衡。如汶川地震灾区灾后恢复重建中的“一省帮一重灾县”式的“对口支援”即可归入横向财政转移支付的范畴。

（3）混合转移支付，是纵向转移支付和横向转移支付的结合，以纵向转移为主，辅之以横向转移。

说一说：中央政府与地方政府之间怎样划分收支范围？

知识链接 4－2
中央财政下达 2019 年城乡义务教育
补助经费 1565.3 亿元

思考：中央财政为什么要承担农村义务教育经费？

第四节 政府预算绩效管理

预算绩效管理，已广泛运用于发达国家并逐渐为发展中国家所采用。预算绩效管理强调将绩效观念贯穿于预算编制、执行、决算、监督全过程，通过预算决策绩效评估、预算执行绩效追踪、决算结果绩效评价，确保支出过程的公正性和支出结果的有效性，是科学理财和依法理财的真正体现。我国《预算法》规定，各级预算应当遵循统筹兼顾、勤俭节约、量力而行、讲求绩效和收支平衡的原则。

一、预算绩效管理的概念

预算绩效是指预算资金所达到的产出和结果。预算绩效管理，是财政部门根据公共财政效率原则，对财政支出每一项目的所费与所得通过一定的评价方法加以比较，以绩效目标的设立、实施、评价反馈为基本环节，达到节约公共支出成本、提高公共支出效果、提升预算管理水平的重要组成部分，包括绩效目标管理、绩效运行监控、绩效评价和绩效评价结果应用四个环节。

具体来说，“绩”是指财政支出需要达到的业绩目标，也就是支出所要达到的目标。“效”是指公共产品或公共服务的效果，也称业绩。“预算”是指为了达到这一量化的业绩目标所需的拨款额，即公共产品或者劳务的成本。预算绩效管理制度具有长期性、稳定性以及全面性的特点，并且将融入部门日常的工作中，对其工作行为以及财政资金使用起到规范、约束以及评价的作用，其应用应当贯穿预算编制、执行、事后评价以及结果应用的全过程。

二、预算绩效管理的原则

推进预算绩效管理，要将绩效理念融入预算管理全过程，使之与预算编制、预算执行、预算监督一起成为预算管理的有机组成部分，逐步建立“预算编制有目标、预算执行有监控、预算完成有评价、评价结果有反馈、反馈结果有应用”的预算绩效管理机制。预算绩效管理应遵循的基本原则主要有五项，分别如下：

（1）相关性原则：预算绩效管理应当与绩效目标有直接的联系，能够恰当反映目标的实现程度。

（2）重要性原则：预算绩效管理应当优先使用最具评价对象代表性、最能反映评价要求的核心指标。

（3）可比性原则：预算绩效管理对同类评价对象要设定共性的绩效评价指标，以便评价结果可以相互比较。

（4）系统性原则：预算绩效管理应当将定量指标与定性指标相结合，系统反映产生财政支出所产生的社会教益、经济效益、环境效益和可持续影响等。

（5）经济性原则：预算绩效管理应当通俗易懂、简便易行，数据的获得应当考虑现实条件和可操作性，符合成本效益原则。

三、预算绩效管理的对象

预算绩效评价对象由财政部门确定，要覆盖所有资金，确保不留死角；预算单位整体支出绩效评价和项目支出绩效评价对象由预算单位结合本单位工作实际提出并报同级财政部门审核确定，也可由财政部门根据经济社会发展需求和年度工作重点等相关原则确定。

四、预算绩效管理的任务和依据

（1）预算绩效管理的任务，就是按照加强政府绩效和预算绩效管理的要求，逐步建立以绩效目标为基础、绩效跟踪为主线、绩效评价为手段、结果应用为保障，以及改进预算管理、优化资源配置，节约行政成本，以提高公共产品质量和公共服务水平为目标，覆盖所有财政资金的预算绩效管理体系，强化预算支出的责任和效率，更好地发挥公共财政职能作用，提高财政资金使用效益，提升政府公共服务水平。

（2）预算绩效管理的依据。预算绩效管理应遵循财政预算管理的要求和规律，总结起来大致主要依据有九项，包括：①国家相关法律、法规和规章制度。②各级党委政府制定的国民经济与社会发展规划及方针政策。③预算管理制度、资金及财务管理办法、财务会计资料。④预算单位职能职责、中长期发展规划及年度工作计划。⑤相关行业政策、行业标准及专业技术规范。⑥预算单位申报材料、申请和分配财政资金的相关文件、财政部门预算批复、项目年度报告、项目竣工验收报告等相关资料。⑦预算单位年度预算执行情况、年度决算报告。⑧人大审查结果报告、审计报告及决定和财政监督检查报告。⑨其他相关资料。

五、预算绩效管理的主要内容

近年来，我国各级财政部门正逐步探索、建立预算绩效管理机制。根据《中共中央 国务院关于全面实施预算绩效管理的意见》的要求，要加快建成全方位、全过程、全覆盖的预算绩效管理体系。

1. 绩效目标管理

（1）编制绩效目标。绩效目标由预算单位在申报预算时填报，包括绩效内容、绩效指标和绩效标准。预算单位在编制下一年度预算时，根据财政部门的具体部署、国民经济和社会发展规划、部门职能及事业发展规划，编制项目计划，在成本效益分析的基础上，编制绩效目标，测算资金需求。编制的绩效目标要与单位工作职责、工作任务紧密相关，做到方向明确、具体细化、合理可行。编制绩效目标的同时，还要详细说明实现绩效目标的工作程序、方式方法、保障措施、资金需求、信息资源等。

（2）审核绩效目标。预算单位要加强本单位和所属单位绩效目标的审核。财政部门要依据财政支出方向和重点、单位职能及事业发展规划等，对预算单位提出的绩效目标进行审核，重点审核目标与单位职能的相关性、为实现绩效目标拟采取措施的可行性、绩效指标设置的科学性、实现绩效目标所需资金的合理性等。对绩效目标不符合要求的，财政部门要求报送单位调整、修改，对不按照规定要求编制绩效目标的，暂缓批复部门预算；审核合格的，进入下一步预算编审流程。财政部门根据相关政策和重要性等原则，选择重点项目，组织专家对预算单位编制申报的绩效目标进行综合评审，评审意见成为项目预算安排的重要依据之一。

（3）加强项目管理。预算单位要建立健全从项目的投资决策到项目完成，涵盖项目计划、组织、指挥、协调、控制和评审的各项制度。要强化绩效目标与项目管理的有效结合，从项目范围管理、时间管理、成本费用管理、质量管理、人力资源管理、沟通管理、风险管理、采购管理等环节着手，对项目的各个发展阶段进行有效管理和目标控制，为实现项目绩效目标提供保障。

2. 绩效运行监控

绩效运行监控是预算绩效管理的重要环节，预算单位是实施绩效运行监控的主体。在预算执行过程中，要加强对项目绩效运行信息的跟踪监控，及时掌握项目实施进程、预算执行进度和项目绩效目标完成的情况。要根据绩效运行监控的管理要求，及时纠正项目绩效运行与预期绩效目标的偏差，促进绩效目标的实现。财政部门要加强对绩效运行监控的指导和监督，充分发挥财政监督机构的职能作用，建立健全财政监督检查与财政支出绩效运行监控紧密结合的工作机制。

3. 绩效评价实施

（1）预算单位组织的项目绩效评价。预算单位要按照要求制订年度绩效评价计划，确定评价项目和评价方式，选择评价机构，对本单位及所属单位的有关项目支出进行绩效评价或再评价。对绩效评价所反映的问题，要认真查找资金使用和项目管理上的问题，及时制定改进管理的措施。

（2）财政部门组织的项目绩效评价。财政部门要选择社会影响较广、与民生保障和经济社会发展密切相关的重大项目，组织实施重点评价；逐步开展对重点专项转移支付资金的绩效评价；对预算单位报送的绩效自评报告选择重点进行审核，必要时，可实施再评价。

（3）单位支出管理绩效综合评价和整体支出绩效评价。逐步开展单位支出管理绩效综合评价试点，对其基础工作管理、绩效目标管理、绩效运行监控、绩效评价实施、评价结果应用、绩效管理创新、监督发现问题等方面进行综合评价：稳步推进财政部门对预算单位整体支出绩效评价。促进单位从整体上提升预算绩效管理工作水平，提高财政资金使用效益，保障单位更好地履行职责。

4. 评价结果应用

（1）建立反馈整改机制。建立健全绩效评价结果反馈整改制度，及时将绩效评价结果反馈给预算单位。预算单位要认真研究绩效评价所反映的问题和提出的建议，完善管理制度，改进管理措施，强化支出责任，提升管理水平，提高资金绩效。

（2）建立预算结合机制。通过建立评价结果与预算相结合的机制，逐步将评价结果作为安排以后年度预算的重要依据，优先考虑和重点支持绩效好的项目，减少对绩效差的项目资金安排，取消无绩效项目，优化公共资源配置。

（3）建立绩效报告机制。预算单位要定期向财政部门报送单位支出管理绩效工作情况和项目绩效评价报告；要按照上级财政部门的要求，报告预算绩效管理工作情况；财政部门每年要向同级政府、人大和监察部门报告本级单位支出管理绩效综合评价情况。

（4）建立信息公开机制。按照政府信息公开的有关规定，将绩效评价结果在规定范围内公开。逐年扩大绩效目标、绩效报告、评价结果等绩效管理信息在本单位内部的公开范围，以及向社会公开绩效信息的范围，接受社会监督，提高预算绩效管理工作的透明度。

（5）建立绩效问责机制。财政部门要将预算绩效管理情况作为行政管理考核的重要依据，对严重违规行为，要予以问责。要落实财政资金使用主体责任，形成“谁干事谁花钱，谁花钱谁担责”的权责机制；将预算绩效的问责纳入有关问责办法。

六、预算绩效评价指标、评价标准和方法

预算绩效评价一般分为项目支出绩效评价、单位整体支出绩效评价和财政预算绩效评价。绩效评价的基本内容包括绩效目标的设定情况；资金投入和使用情况；为实现绩效目标制定的制度、采取的措施等；绩效目标的实现程度及效果；绩效评价的其他内容。

1. 预算绩效评价指标

绩效评价指标是指衡量绩效目标实现程度的考核工具，绩效评价指标分为共性指标和个性指标。

一般来说，共性指标由财政部门统一制定，个性指标由财政部门和预算单位制定。

（1）共性指标是适用于所有评价对象的指标，主要包括预算编制和执行情况、财务管理状况，资产配置、使用、处置及其收益管理情况以及社会效益、经济效益等。

（2）个性指标是针对预算单位或项目特点设定的，适用于不同预算单位或项目的业绩评价指标。

财政部门可根据实际制订绩效考核指标体系，并根据实际工作的进展不断予以完善。财政部门和预算单位开展绩效评价工作时，既要根据具体绩效评价对象的不同，以《项目支出绩效评价共性指标体系框架》《部门整体支出绩效评价共性指标体系框架》和《预算绩效评价共性指标体系框架》为参考，也要针对具体绩效评价对象的特点，另行设计具体的个性绩效评价指标，同时，赋予各类评价指标科学合理的权重分值，明确具体的评价标准，从而形成完善的绩效评价指标体系。

2. 预算绩效评价标准

绩效评价标准是指衡量财政支出绩效目标完成程度的尺度。绩效评价标准具体包括：

（1）计划标准是指以预先制定的目标、计划、预算、定额等数据作为评价的标准。

（2）行业标准是指参照国家公布的行业指标数据制定的评价标准。

（3）历史标准是指参照同类指标的历史数据制定的评价标准。

（4）其他经财政部门确认的标准。

3. 绩效评价的方法

一般来说，预算绩效评价主要采用成本效益分析法、比较法、因素分析法、最低成本法、公众评判法等。

（1）成本效益分析法是指将一定时期内的支出与效益进行对比分析，以评价绩效目标实现程度。

（2）比较法是指通过对绩效目标与实施效果、历史与当期情况、不同单位和地区同类支出的比较，综合分析绩效目标实现程度。

（3）因素分析法是指通过综合分析影响绩效目标实现、实施效果的内外因素，评价绩效目标实现程度。

（4）最低成本法是指对效益确定却不易计量的多个同类对象的实施成本进行比较，评价绩效目标实现程度。

（5）公众评判法是指通过专家评估、公众问卷及抽样调查等对财政支出效果进行评判，评价绩效目标实现程度。

（6）其他评价方法。绩效评价方法的选用应当坚持简便有效的原则，根据评价对象的具体情况，可采用一种或多种方法进行绩效评价。

复习思考题

1. 政府预算是如何分类的？
2. 简述我国政府预算的组成与体系。
3. 政府预算执行的任务有哪些？
4. 简述政府预算执行中的调整内容。
5. 什么是分税制？主要内容是什么？
6. 结合社会现实，列举中央政府和地方政府分别应该提供的公共产品和服务。
7. 什么预算绩效管理？应遵循哪些原则？
8. 预算绩效管理的主要内容是什么？

社会实践要求

1. 主题：本年度我国政府预算的具体内容。

2. 要求：搜集有关政府预算资料，调查走访所在地财政预算部门。

3. 目的：通过社会调查，了解当地政府预算的具体内容，以及政府预算支出的重点，明确本年度政府工作的方向与重点。

4. 建议：（1）分若干组，查阅预算资料，以及走访当地财政局、税务局了解本级政府预算方面的情况并记录。（2）按组写出发言提纲。（3）由任课教师主持，各组派代表发言交流，最后由任课教师总结。

第五章

金融概述

学习目标

通过本章学习，要求了解金融的特征、货币形式、货币职能、货币流通与商品流通的关系、信用的功能及信用形式、利率的分类，了解我国现行金融机构体系；理解金融在社会经济中的地位、货币流通形式；明确我国货币制度的主要内容，影响利率的因素；掌握货币流通渠道、利息的计算方法及利息在社会经济中的重要作用。

本章重点是我国货币制度的主要内容，货币流通渠道、影响利率的因素及利息的计算。

第一节　金融的概念

一、金融的含义

金融是指货币资金的融通，它泛指一切与货币流通、信用和资金运动有关的经济活动，如货币的发行、资金的借贷、金银或外汇买卖、保险业务、信托业务、投资业务、国内或国际货币结算，等等。它是货币流通和信用往来等活动的总称，是通过银行和非银行金融机构以及金融市场的各种业务活动实现的。

现代金融是商品经济高度发达的产物，金融的存在和发展与市场经济的发展有不解之缘。市场经济越发达，金融在社会中的地位越重要。在当今社会，金融已成为现代经济的核心，并已成为人们经济生活的中心。金融安危，不再只是金融界自己的事。它不仅关系到金融机构的安危，而且还关系到整个国民经济的安危，关系到老百姓的安居乐业和金融资产安全。因此，金融问题已成为社会各界共同关心的话题。

二、现代金融的特征

（一）金融工具多样化

自纸币出现而产生金融工具以来，随着市场经济的发展繁荣和商品交换的不断扩大，特别是进入20世纪以后，金属货币作为支付和结算工具，其功能不断削弱，黄金作为政府专控而呈现出一种非货币化的趋势，日常的支付和结算更多地被各种金融工具所取代。而金融工具本身也向多样化、创新化、高级化和全能化发展。出现了存款货币、各种票据、各种有价证券，以及当代的以信用卡为代表的电子货币，同时，保险、信托、租赁等金融形式飞速发展，大大促进了市场经济的进一步发展。

（二）金融服务扩大化

随着市场经济的发展，金融在经济中的地位和作用日趋重要，其服务的领域逐渐扩大，服务的形式日趋多样。在银行业飞速发展的同时，非银行金融机构也日趋健全，并在金融体系中发挥重要作用。随着经济全球化的发展，金融服务也已实现全球化。

（三）金融体系多元化

金融体系不仅有中央银行、商业银行、政策性银行等，而且有众多的非银行金融机构；不仅有银行持股公司，而且有跨国银行；不仅有大的集团银行，而且有形形色色的中小型银行或其他信用机构，还有一些所谓“金融超级市场”或“金融百货商店”，发展成为全面提供各种金融业务的企业，犹如超级市场一样，商品品种繁多，可以满足多种需求。随着市场经济的进一步深化，我国已形成了一个以中央银行为核心，商业银行为主体，政策性银行、非银行金融机构、外资金融机构并存的多元化的金融体系。

（四）金融信息化

随着全球信息产业的飞速发展，金融领域发生了巨大的变化，从20世纪70年代世界金融电子化开始，银行机构已经由家庭银行发展到以客户为中心的网上银行。随着信息产业的发展，人们信息化意识的提高，金融业信息化的程度将会越来越高。

（五）金融全球化

经济全球化必将导致金融服务的全球化。随着全球金融自由化步伐的不断加快，金融业务日渐更新，全球金融竞争日趋激烈。特别是1997年12月WTO成员国签署了“全球金融服务协定”，使金融服务全球化、金融机构超级化成为当前国际金融发展的·大趋势和潮流。

三、金融在社会经济中的地位

（一）金融是资金运动的“信用中介”

金融是商品经济的产物，在市场经济中，金融活动广泛渗透到社会经济和人民生活的每个领域。市场经济是商品、货币经济，没有资金的运动，一切都无从谈起，生产和商品流通的顺畅要靠资金运动的顺畅来保证。信用中介是现代金融最主要的作用。一方面集中一切闲置的货币资金；另一方面，把动员起来的资金投向国民经济各个部门使用。金融机构通过吸收存款，代表贷出者的集中，通过发放贷款，代表借入者的集中，由此充当贷款者和借款者的信用中介，在资金的供给和需求者之间进行资金融通。大家知道，企业一天也离不开存款、贷款、结算等金融服务；政府也要融通资金，一方面要贷款和发行政府债券筹资，另一方面又要有人替它管账、理财，这都离不开金融。而且，随着市场经济的进一步发展，金融在资金运动中的“信用中介”地位越来越重要。

（二）金融是宏观调控的重要杠杆

金融是市场经济的神经中枢，具有启动和运载经济的特殊作用，是商品经济社会生产发展的第一推动力。政府实现宏观调控要采取多种宏观经济政策，但在市场经济中最经常使用的、较为有效的宏观调控杠杆当属金融货币政策，国家通过货币政策工具，来调节社会货币与信用的供给量，影响社会的消费需求和投资需求，从而保证宏观经济的良性运行。金融调控的主要目标是保证社会总供给与总需求相适应，稳定货币，平衡国际收支，保持国民经济的持续、稳定、协调发展。

第二节　货　　币

一、货币形式

货币是商品经济发展的必然产物，并伴随商品经济的发展而发展。所谓的货币形式就是以什么材料来充当货币。货币形式的发展，大体上经历了实物货币、金属货币、代用货币、信用货币和电子货币五种形式。

（一）实物货币

实物货币是人类历史上最古老的货币，是以自然界存在的某种物品或人们生产的某种物品来充当货币，如米粟、布帛、牲畜、贝壳等都在不同时期内扮演过货币的角色，古希腊曾以牛羊等为货币，非洲和印度等地以象牙为货币。在我国古代最早的货币是贝壳，因此，“贝”作为一种实物货币在我国货币史上有着深远的影响。

（二）金属货币

金属货币是指以铜、银、金等贵金属作为材料的货币。贵金属的出现反映了生产力的发展，人类社会的进步。由于贵金属具有质地均匀、体积小、内涵价值量大、易分割、经久耐磨、价值稳定等特点，比较适应商品交换的需要，因而“货币天然是金银”，货币的形式固定在贵金属身上。金属充当货币材料的主要形式是铸币，即铸成一定的形状并由国家印记证明其重量和成色的金属铸币，金属铸币的出现便利了商品交换，但由于其形态在长期流通中不断磨损，携带不安全，金银币材不易开采等原因，随着经济的发展，出现了代用货币。

（三）代用货币

代用货币是货币本身所含的价值低于它的票面价值。一般来说，代用货币主要是指政府或银行发行的纸币，代替金属货币流通使用，如银行券。代用货币是一种不足值的货币，之所以可在市场上流通并为人们所接受，是因为其背后有充足的金银货币作为发行保证，持币人可随时向政府或银行要求兑换金银货币，发行人不得拒绝。

（四）信用货币

信用货币是以信用为保证，通过信用程序发行和创造的货币。它是代用货币进一步发展的产物，其本身已脱离了金属货币，成为纯粹的货币价值符号，它不能与金属货币相兑换。信用货币的主要形式有：

（1）纸币。纸币通常是由国家发行并强制流通的货币符号。纸币不能兑换。其稳定的条件是中央银行必须根据经济发展的需要，控制纸币的发行量。

（2）存款货币。银行存款形式有多种多样，能作为交易媒介与支付手段的主要是活期存款，因为活期存款可以签发支票，凭支票进行转账结算或提取现金，所以，也称支票存款，或存款货币。可用于转账结算的活期存款，与纸币一样发挥着货币的作用。与纸币相比较，支票转账结算具有快速、安全、方便的优点。因此，在市场经济国家中，存款货币往往是市场交易中最重要的支付工具。

（五）电子货币

电子货币主要是指以电脑贮存、转账、购买、支付，把信用货币的票据形式变为电子流，它具有无纸化、迅速、安全和节约费用等特点。信用货币未来的发展趋势主要是从有形到无形，从现金与转账并存到无现金的社会。

二、货币职能

货币职能是指货币适应商品经济客观需要所具有的功能，是货币本质的具体体现。

（一）价值尺度

货币的价值尺度职能是指货币可用于表现商品的价值，并且能够衡量商品价值量的大小。这是货币最基本的职能之一。货币执行价值尺度职能是商品交换的前提条件，它为各种商品提供价格形态，从而为交换的商品规定交换的比例。

货币在执行价值尺度职能时，不需要现实的货币，只要有观念上的货币就可以了，即只要知道商品与货币之间价值比例，就可以为各种商品定价。这是货币发挥价值尺度职能的主要特点，基于这一特点，商品交换中由不足值的货币，如纸币、信用货币等货币符号也能代表货币发挥价值尺度作用。货币执行价值尺度职能就是把商品的价值表现为一定数量的货币，形成商品的价格，即价格是价值的货币表现。

（二）流通手段

货币在商品交换中起媒介作用时，执行流通手段职能。货币产生以前，交换采取直接物物交换的形式，以商品换商品；货币产生以后，交换变为以货币为媒介的间接交换形式，即以商品换成货币，再以货币换成商品。这样，货币就成为商品交换的媒介。

货币执行流通手段职能必须是现实的货币，而不能像执行价值尺度职能时可以是观念上的货币。因为这时的货币是以自身的现实存在来实现商品的价值，它必须是商品和货币的同时对流。

（三）支付手段

当货币不是作为交换的媒介，而是作为价值的独立运行形式进行单方面转移时，执行着支付手段职能。

支付手段职能是对流通手段职能的补充。货币的这一职能的产生和发展是同信用关系的产生和发展密切相关的。随着商品流通的发展，就会产生信用买卖和延期支付的必要。在延期支付中，货币已经不是交换的媒介，而是补充交换的一个环节，即作为交换价值的独立存在而使流通过程结束。

（四）贮藏手段

货币退出流通领域，被人们作为财富或者价值持有或积累时，执行贮藏手段职能。

货币发挥贮藏手段职能必须是现实的货币。因为贮藏的实质是价值形态的贮存。在金银流通的条件下，贮藏金银是货币贮藏的典型形态，表明价值在货币形态上的实际积累。在价值符号流通条件下，只要价值符号能稳定代表一定的价值，也具有贮藏手段职能。作为价值符号的人民币同样能发挥贮藏手段职能。

（五）世界货币

货币在世界市场上发挥一般等价物作用时，执行世界货币职能。世界货币职能是国际贸易的产物。国际间的商品和劳务交易除少部分是以物易物外，大部分都要用货币支付价款，这样双方就要确定转移价值的方式。此外，国与国之间国际收支差额的支付，资本在国际间的流动，捐赠、赔款等财富的转移等，也需要用货币转移价值。因此，货币在执行世界货币职能通常是作为一般商品交换的媒介、一般的支付手段和一般的财富转移手段。

货币的五个职能具有内在的联系，是货币一般等价物作用的体现。价值尺度和流通手段是货币的两个最基本的职能，是货币本质的具体体现。贮藏手段是潜在的流通手段和支付手段。支付手段是为补充流通手段的不足而产生的。世界货币职能是货币在世界市场上发挥一般等价物作用而产生的职能，是货币职能在国内发展的延续。

三、货币制度

（一）货币制度的基本内容

货币制度又称“币制”或“货币本位制”，是指一个国家或地区以法律形式确定的货币流通的组织形式。是国家为了保障货币流通的正常进行而制定的货币和货币运动的准则和规范。它的基本内容如下。

1. 货币金属与货币单位

确定用什么金属作为货币材料，是建立货币制度的首要步骤和基础。选择什么样的金属作为本位币的币材，就会构成什么样的货币本位制度。这是由国家法律确立的。历史上，一般都先以白银为货币金属，后来随着黄金的大量开采，才过渡到金银并用，并最终使黄金在币材中独占了统治地位。货币金属的确定，需要确定货币单位。货币单位是国家法定的货币计量单位。国家法定的每一货币单位所包含的货币金属重量即为价格标准。例如，中国的北洋政府1914年颁布的《国币条例》规定货币单位为“圆”，1圆含纯银6钱4分8厘（合23.977克）。

2. 通货的铸造、发行和货币发行准备制度

一个国家的通货，通常分为主币（即本位币）和辅币，它们各有不同的铸造、发行和流通程序。

（1）本位币。本位币亦称主币，是国家法律规定的标准货币。在金属货币制度下，本位币是用一定货币金属按照国家规定的货币单位铸造的铸币。本位币是一个国家的基本通货，是法定的计价、结算货币。例如，英国的英镑，美国的美元，都是本位币。本位币的最小规格通常是1个货币单位，如1美元、1英镑。

（2）辅币。辅币是本位币以下的小额通货，供日常零星交易与找零之用。辅币一般用较贱金属铸造，其所包含的实际价值低于其名义价值，为不足值的铸币。但国家以法令形式规定在一定限额内，辅币可与本位币自由兑换，这就是辅币的有限法偿性。国家除规定辅币为有限法偿货币外，还规定用辅币向国家纳税不受数量限制，用辅币向政府兑换本位币不受数量限制。

（3）货币发行准备制度。为了稳定货币，各国货币制度中都包含有准备制度的内容。准备制度是指一国货币发行的物质基础。在实行金本位制的条件下，准备制度主要是建立国家的黄金储备，这种黄金储备保存在中央银行或国库。目前，各国中央银行发行的信用货币虽然不能再兑换黄金，但仍然保留着发行准备制度。各国准备制度不一致，但归纳起来，作

为发行准备金的有黄金、国家债券、外汇等。

（二）货币制度的演变

货币制度自产生以来，从其存在形态看，经历了银本位制、金银复本位制、金本位制、不兑现的信用货币制度四大类型。

1. 银本位制

银本位制是出现最早的货币制度，而且持续的时间也比较长。在银本位制中，白银是本位币的币材，银币具有无限法偿能力，可以自由铸造和熔化，其名义价值与实际价值相等。

资本主义的发展使得大规模的贸易增多，白银的体积大但价值低，因此不能适应经济发展的客观需要。

2. 金银复本位制

金银复本位制是指以金和银同时作为币材的货币制度。在这种制度下，金银两种铸币都是本位币，均可自由铸造，两种货币可以自由兑换，并且两种货币都是无限法偿货币。金银复本位制盛行于16—18世纪资本主义国家发展初期。随着黄金产量的增加和经济的发展，西方各资本主义国家先后过渡到金本位制。

3. 金本位制

金本位制又称“金单本位制”，它是以黄金作为本位货币的一种货币制度，主要有金币本位制、金块本位制和金汇兑本位制三种形式。

4. 不兑现的信用货币制度

不兑现的信用货币制度是指以不兑换黄金的纸币或银行券为本位币的货币制度。银行券开始是有黄金和信用双重保证的，可以兑换黄金或白银，但在金本位制全面崩溃以后，流通中的银行券不再兑换金银，这时，银行券已完全纸币化了。不兑现的信用货币——纸币，代替黄金成为本位币，黄金完全退出货币流通，这种现象叫做黄金的非货币化，具有非常重要的意义。政府不再只是经济运行的守夜人、旁观者，而是可以利用纸币发行、流量来调节干预经济的参与者、操纵者，战后资本主义世界中只靠亚当·斯密的“看不见的手”来引导经济运行的国家几乎没有。

不兑现的纸币一般是由中央银行发行，国家法律赋予无限法偿能力。流通中全部是不兑现的纸币，黄金已经不用于国内流通。由于纸币与黄金毫无联系，货币的发行一般根据国内的经济需要由中央银行控制。信用货币是银行对货币持有人的负债，通过银行放款程序投入到流通领域中。如果银行放松银根，信用货币投放过多，就可能出现通货膨胀，物价上涨；如果紧缩银根，就可能出现通货紧缩、物价下跌。可见信用货币流通量的多少能够影响经济的发展，在这种货币制度下，国家对银行信用的调节和管理尤为重要。国家因此应对银行信用加以调控，达到其政策目的，保证货币流通量适应经济发展的需要。

（三）我国的货币制度

1. 人民币制度

《中华人民共和国中国人民银行法》规定：“中华人民共和国的法定货币是人民币。”1948年12月1日中国人民银行成立时，开始发行第一套人民币。1955年3月1日开始发行第二套人民币。1962年4月20日开始发行第三套人民币。1987年4月27日开始发行第四套人民币。1999年10月1日开始发行第五套人民币。目前第一、二、三套人民币都已经停止流通，市场上流通的人民币以第五套为主，还有少量第四套人民币。我国自2000年5月

1日起施行《中华人民共和国人民币管理条例》。

人民币在我国社会主义经济建设和人民生活中发挥了重要作用。人民币制度主要包括以下一些基本内容。

（1）人民币是我国的法定货币，具有无限法偿能力，以人民币支付我国境内的一切公共的和私人的债务，任何单位和个人不得拒收。人民币没有法定含金量，也不能自由兑换黄金。

（2）人民币的单位是“元”，元是主币，辅币的名称是“角”和“分”，1元等于10角，1角等于10分。人民币的符号为“￥”，取“元”字的汉语拼音首位字母“Y”加两横而成。

（3）人民币由中国人民银行统一印制、发行。国务院每年在国民经济计划综合平衡的基础上，核准货币发行指标，并授权中国人民银行发行。

（4）禁止伪造、变造人民币。禁止出售、购买伪造或变造的人民币。禁止故意损毁人民币。禁止在宣传品、出版物或其他商品上非法使用人民币图样。任何单位和个人不得印制、发售代币票券以代替人民币在市场上流通。残缺、污损的人民币，按照中国人民银行的规定兑换，并由中国人民银行负责收回、销毁。

（5）中国人民银行设立人民币发行库，在其分支机构设立分库。分库调拨人民币发行基金，应当按照上级库的调拨命令办理。任何单位和个人不得违反规定，动用发行基金。

（6）对人民币的出入境实行限额管理。

上述内容均以法律法规的形式予以公布，加以规范实施。

2. 一国两制下的地区货币制度

1997年和1999年我国香港和澳门相继回归祖国后，出现了人民币、港币、澳元“一国三币”的特有历史现象。人民币和港币、澳元的关系，是在一个国家的不同社会经济制度区域内流通的三种货币，它们所隶属的货币管理当局各按自己的货币管理方法发行和管理货币。当然，一旦人民币实现了在资本项目下的完全自由兑换，“一国三币”的特殊历史现象就会逐步消失。

知识链接5-1
此次取款是否可以拒绝

思考：该商业银行股份有限公司有权利拒绝此次取款吗？

知识链接5-2
纪念钞

四、货币流通

（一）货币流通与商品流通的关系

货币流通是指在商品流通过程中，货币作为流通手段和支付手段所形成的不断的转手运动。市场经济条件下，由于商品流通必须借助于货币来进行，所以，货币流通与商品流通有着密切的联系。

1. 商品流通决定货币流通

由于货币流通是由商品流通引起并为商品流通服务的，所以货币流通要受商品流通的制约。商品流通决定货币流通，具体表现在：

（1）商品流通的规模决定货币流通的规模。

商品流通规模的大小主要体现在商品数量和价格水平上。在单位货币流通速度不变的条件下，当流通市场中商品数量增多或者商品价格水平提高时，流通市场中对货币的需求量必然相应增多；反之，当流通市场中商品数量减少或商品价格水平降低时，流通市场中对货币的需求量也会随之减少。

（2）商品流通的范围决定货币流通的范围。

在自然经济中，商品经济不发达，货币流通的范围必然狭小；在市场经济条件下，商品生产和商品交换高度发展，货币流通的范围也随之更广泛。

（3）商品流通速度决定货币流通速度。

商品适销对路，流通顺畅，货币流通速度快；相反，商品滞销积压，流通受阻，货币流通速度就慢。

2. 货币流通影响商品流通

货币流通并不是处于消极的、被动的地位，它又独立于商品流通，对商品流通具有积极的影响作用。如果流通市场货币量过多，会造成商品供不应求，物价上涨，商品流通紊乱；如果流通市场货币量不足，会使商品供过于求，价格下跌，商品滞销，流通受阻。可见货币流通是保证商品流通正常进行的必要条件。

（二）货币流通的形式

货币流通包括两种形式：现金流通和非现金流通。

1. 现金流通

现金流通是指与企业单位小额交易和居民个人收付有关的以人民币现钞进行的货币收付活动。现金适用于涉及面广、支付次数多、每次支付数额小的，与日用消费品买卖和个人有关的货币收支。如发放工资、差旅费、对个人其他支付等，均可使用现金。我国实行严格的现金管理，现金流通量占整个货币流通量的比例较小。现金流通具有灵活、及时、方便的特点。

2. 非现金流通

非现金流通也叫转账结算，是指通过银行账户划转款项而进行的货币收付过程，即通常说的存款货币的流通，它是现金流通的对称。在金融现代化发展过程中非现金流通主要通过电子支付清算系统进行无纸化流通，不仅企业、机关、事业单位的绝大部分货币收支通过非现金流通，而且个人的货币收支也越来越多地使用个人支票账户或信用卡进行非现金流通，因此，在现代国民经济的总交易额中，非现金流通所占比重一般超过 90%，成为货币流通的主要形式。

非现金流通可以节省现金，降低流通费用，加速资金周转，增加银行信贷资金来源，有利于银行进行管理和监督。

货币流通的两种形式是商品生产和商品流通以及银行信用发展的产物。这两种形式的划分只能是相对的，它将随着经济条件的变化而变化，特别是随着经济体制改革和信用的发展，随着科学技术的发展和电子货币的广泛应用，现金流通的范围将进一步缩小。

（三）货币流通渠道

所谓货币流通渠道，是指货币通过什么渠道从银行投入流通，又通过什么渠道流回银行。

1. 现金流通渠道

中央银行是国民经济的现金活动中心。市场上的货币都是从银行投放出去的，并且在市场上流转一个或几个环节以后，最终又都回笼到银行。

（1）现金投放渠道。

①对个人发放工资、奖金和劳务报酬等支出，这是国家在城市投放现金的主要渠道，是形成城镇居民消费品购买力的基本因素。

②农副产品收购支出。这是银行在农村投放现金的主要渠道，是形成农村居民消费品和家用生产资料购买力的基本因素。

③企业、单位部分管理费的支出。这类投放形成社会集团购买力的一部分。

④财政信贷支出。包括财政对农村投资的一大部分、国家银行以现金形式发放的农业贷款、商业部门收购农产品的预购定金、政府对居民的各种救济费，以及财政和银行对居民支付的有价证券款项和存款利息等。另外，国家或银行收购居民手中的黄金、外汇以及其他工矿产品、收购废旧物资等也形成现金投放。

（2）回笼渠道。

①商品回笼，即通过出售各种商品收取现金，然后将现金存入银行，从而相应减少市场现金流通量。这是目前我国现金回笼的主要渠道。

②服务回笼，即通过提供通讯、交通、水电、文教卫生等各种服务收取现金后存入银行。随着我国第三产业的发展，服务回笼的比重逐步增加。

③财政回笼，即财政部门通过征税和发行公债等取得现金收入，然后作为财政性存款存入银行。这部分回笼的大小可以调节个人收入和社会购买力，具有明显的政策性。

④信用回笼，主要是指银行吸收的储蓄存款、居民到金融机构用现金购买有价证券、银行用现金形式收回的农业贷款等。信用回笼的增减可以相应改变即期购买力，对于市场供求均衡有重要影响。

2. 非现金流通渠道

我国的非现金流通是以银行系统为中心进行的。由于非现金流通时存款货币并没有离开银行，只是通过银行在各存款账户之间的数字划转进行的，因此，非现金流通的一个突出特点是投放与回笼连在一起，如不考虑结算的时间因素，投放与回笼同时发生。

（1）商品交易结算，是银行客户之间因商品交易而发生的货币支付，这是非现金流通的主要渠道。

（2）劳务或服务结算，是银行客户间因提供或接受各种劳务或服务而引起的货币收支，这也是非现金流通的重要形式。

（3）财政收支，即财政资金的上缴和下拨，我国目前由中央银行经理国库，财政收支是通过银行在国家和单位之间的转账来进行的，这部分非现金流通有较强的政策性。

（4）主管部门和所属单位的资金拨缴。财政部门、主管部门对各单位的收支，属于资金分配性质。财政部门一方面要向各部门、各企业征收税金，另一方面又要向各部门、各单位拨付投资和经费。各主管部门对所属各单位的转账收支，一般是资金的调拨，有的也属于财政款项的集中上缴和具体分配。

（5）银行信贷收支。即银行以非现金流通形式提供的贷款发放与回收。银行信贷收支与前面几种非现金流通渠道的最大不同在于，前者只是存款在不同所有者之间转移，不影响货币总量的变化；而后者对货币总量影响很大，是存款货币创造的主要途径。因此，在非现金流通中，银行信贷收支的规模有重要意义。

第三节　信　　用

一、信用的概念

信用简单讲是一种借贷行为，是以偿还和付息为条件的价值运动的特殊形式。借贷行为可以采取商品的形式，也可以采取货币形式。

信用关系是由借者和贷者构成的债权债务关系。在商品经济中，商品和货币在各个所有者之间分布是不均衡的，商品所有者要出售商品换回货币，而商品需求者可能因缺少货币无法购买；而同时却可能有一些人持有闲置货币。在这种情况下，要使买卖成交，或者由需要购买商品者向持有闲置货币者借入货币，或者商品所有者用延期付款的方式出售商品。这就产生了借者和贷者之间形成的债权债务关系，即信用关系。

信用是一种特殊的价值运动形式。它有两个基本特征：一是以偿还为前提条件，到期必须偿还；二是偿还时带有一个增加额——利息。

二、信用的功能

（一）配置资源功能

利用信用形式不用改变对资金的所有权，只是利用资金使用权和所有权的分离，改变资金的分配和布局，以实现社会资源的重新组合。

（二）促进投资规模扩大的功能

社会经济的增长，需要不断扩大再生产，也就需要不断扩大投资规模，信用可以将闲置在单位和个人手中的资金聚集起来，形成一个巨大的投资力量，投入再生产的领域，推动社会经济的增长。

（三）提高消费总效用的功能

每个单位或个人都必须根据收入的多少来安排消费，但是收入和消费在时间上往往是不一致的。借助信用关系，把两者进行调剂，把现时消费和未来消费相交换，双方的要求都能满足，从而就提高了消费总效用。

（四）调节经济生活的功能

在现代商品经济条件下，信用成了调节经济生活的杠杆。通过信贷规模大小，调节货币供给量，使货币供求平衡；通过利率变动和信贷投向变动，调节需求结构，实现产品结构、产业结构、经济结构的调整；通过汇率的调整和国际信贷变动，以达到保证对外经济协调发展，调节国际贸易和国际收支的目的。

三、信用形式

（一）商业信用

商业信用是企业之间在买卖商品时，以延期付款或预付货款等形式提供的信用。如赊销商品、委托代销、分期付款、预付定金、预付货款等。商业信用是现代信用制度的基础。商业信用有以下三个特点：

1. 商业信用是以商品形态提供的信用，是买卖和借贷两种不同的经济行为的统一

除预付资金外，典型的商业信用是赊销方式。这种方式同时包含着两种不同的经济行为：买卖行为和借贷行为。当一个企业把商品赊销给另一个企业时，商品的所有权发生了转移，从这个意义上说，商品买卖行为完成了，但由于商品的货款并没有立即支付，买者成了债务人，而卖者成了债权人，买卖双方又形成了债权债务关系。可见，商业信用本身就包含着两种不同的经济行为——买卖和借贷，在借贷的同时实现了商品的买卖。

2. 商业信用是一种直接信用，有利于加强企业之间的联系

商业信用的债权人和债务人都是企业，只要企业双方同意即可签订延期付款或预付货款的合同或协议。商业信用方式灵活，手续简便，无须信用中介机构的介入，就可以自发地实现商品形态向货币形态的转化，因而是一种直接信用。商业信用可以使相关的生产者和经营者相互联系，建立比较固定的经济联系网络，并且有利于相互协作、相互监督、相互制约。

3. 商业信用与产业资本的变动是一致的

在经济复苏、繁荣时期，生产增长，产业资本扩大，商业信用的规模也就扩大。相反，在经济危机、萧条时期，商业信用又会随生产和流通的缩小、产业资本的缩小而萎缩。

（二）银行信用

银行信用是银行及其他金融机构以货币形式向社会和个人提供的信用。银行信用是在商业信用发展到一定阶段的基础上，克服商业信用的局限性而产生并发展起来的。它主要包括两个方面：一是通过吸收存款，集中社会各方面的闲置资金；二是通过发放贷款，对集中起来的闲置资金加以运用。银行信用与商业信用比较具有以下特点：

1. 银行信用是以货币形式提供的信用

银行提供信用是以吸收存款和发放贷款为主要方式，而存款和贷款都是借助货币这一载体完成的。

2. 银行信用是一种间接信用

在银行信用的借贷双方中，必定有一方为银行或其他金融机构。银行一方面以债务人的身份从社会上广泛吸收暂时闲置的货币资金，另一方面又以债权人的身份向企业或个人提供货币资金，成为社会的信用中介。

3. 银行信用可以提供数量巨大、不受方向和使用范围限制的货币资金

银行信用是以货币形态集中在再生产循环过程中游离出来的暂时闲置的货币资金，以及社会各阶层的货币收入，并加以配置。它来源广、数量大，不受个别企业资金规模的限制，也不受商品流向的限制，能向任何生产部门提供，因而克服了商业信用的局限性。

4. 银行信用具有信用创造的功能

任何经济单位必须先获得货币才能提供信用，唯有银行不仅是信用中介，而且还可以派生存款，以满足社会需要。

（三）国家信用

国家信用是以国家或政府为主体的借贷活动。它包括国内信用和国外信用两种。国内信用是国家以债务人身份向国内居民、企业团体取得的信用，它形成一国的内债。国外信用是国家以债务人身份向国外居民、企业团体和政府取得的信用，它形成一国的外债。国家信用是为满足财政的分配需要而产生的。国家信用与商业信用、银行信用相比较，其主要特点是：

1. 国家信用是以政府为债务人的借贷关系

国家信用是以政府通过发行债券的形式作为债务人，投资者以购买债券作为债权人。双方通过债券的买卖形成了借贷关系。

2. 国家信用一般与生产和流通没有直接的联系

国家发行债券并不是用于直接的生产和流通，而是进行宏观调控。

3. 国家信用是弥补财政赤字的重要工具

世界各国几乎都采用发行国债筹措资金以弥补赤字的做法。因为采用国家信用的方式可以避免因增发货币而导致的通货膨胀，或因增加税收而引起经济增长速度的减缓。同时，对于购买者来说，它较安全，收益也较高，被誉为“金边债券”，很受投资者的欢迎，所以操作起来比增加税收更隐蔽、更易于为公众所接受。

4. 国家信用是商业银行调节资产结构的工具

商业银行和其他金融机构持有国库券等国家债券，既可以有收益，又可以作为流动性较强的准备资产，调节自身的资产负债比例结构。

5. 国家信用是中央银行调节货币供应量，实施宏观调控的重要杠杆

国家信用发行的国库券、公债券等，信誉和流动性都远高于其他信用工具，中央银行可以通过金融市场买卖国家债券，实施对货币供应量的调节，使财政政策和货币政策密切配合，实现宏观经济目标。

（四）消费信用

消费信用是指工商企业、银行或其他金融机构对消费者个人提供的，用于满足其消费方面的货币需求和实物需求的信用形式。消费信用主要有两种方式，一是赊销，一是消费贷款。

1. 赊销

赊销是指零售商向消费者提供的一种延期付款的短期信用，包括分期付款和信用卡等形式。分期付款是指购买消费品的人，除第一次按规定比例付一定款项外，其余货款以后分期偿还。信用卡是由银行和商业企业共同向消费者提供的消费信用形式，消费者可凭此卡在约定的商店购买商品或作其他支付，定期结算清偿。

2. 消费贷款

消费贷款是银行或其他金融机构采用信用放款或抵押放款方式，对消费者发放的贷款。而抵押贷款通常需要由消费者以所购的商品或其他商品作为担保。例如，汽车贷款即以消费者所购买的汽车作为取得贷款的担保品。

（五）国际信用

国际信用是国际间的借贷行为，是各国银行、企业、政府之间相互提供的信用及国际金

融机构向各国政府、银行、企业提供的信用。

国际信用的主要方式有：出口信贷；银行信贷；租赁信用；补偿贸易；政府贷款；发行债券；国际金融机构贷款等。

知识链接 5 – 3

个人征信报告的重要性

第四节　利　　息

一、利息的概念

（一）利息的含义

利息是与信用相伴随的一个经济范畴，是货币所有者因贷出货币而从借款人那里获得的超过本金的那部分金额。利息是剩余价值的转化形式，是财富的分配形式，也是借贷资本的价格。从利息的来源看，利息是剩余价值的转化形式。从表面上看，利息产生于货币借贷，但货币本身不会增值，只有当货币转化为资本时，才具有增值的能力。所以利息虽然产生于借贷关系，但实质上是利润的一部分。而利润是劳动者为社会创造的剩余价值的表现形式。

从借贷双方的关系看，利息是财富的分配形式。利息是利润的一部分，从而是社会总产品的组成部分，是社会一定时期的财富的增加。借者凭借货币资本的使用权增加了财富，贷者凭借货币资本的所有权要求对财富加以分配，从而使利息成为社会财富的分配形式。

从市场供求的关系看，利息是特殊商品——借贷资本的价格。在现代经济社会中，多种融资方式并存使得融资成为市场行为，金融工具成为商品，资金需求者通过出售金融商品而筹集资金；资金供应者通过购买金融商品而投资，资金供求关系转化为金融商品买卖关系，利息成为金融商品买卖的价格。

（二）利息率

利息率即利率，它是用百分比表示的一定时期内利息额与本金的比率。利息率通常用年利率、月利率和日利率来表示。年利率是以年为单位计算利息，一般以“%”表示；月利率是以月为单位计算利息，一般以“‰”表示；日利率，又叫“拆息”，是以日为单位计算利息，一般以“‱”表示。

年、月、日利率可以相互换算，年利率除以12（月）为月利率、除以360（天）为日利率；反之，月利率乘以12、日利率乘以360，则为年利率；同理，月利率除以30（天）为日利率，而日利率乘以30（天）为月利率。

即：年利率 ÷ 12 = 月利率　　　年利率 ÷ 360 = 日利率

月利率 ÷ 30 = 日利率　　　月利率 × 12 = 年利率

日利率 × 30 = 月利率　　　日利率 × 360 = 年利率

在我国习惯上不论年息、月息和日息都用“厘”作单位，但实际差别却很大。如：年息5厘，是指5%，月息5厘，是指5‰或0.5%，日息5厘，是表示5‱或0.5‰。我国一般采用月利率。

二、利息的计算方法

一般而言，利息的多少在本金、期限确立的条件下，由利率的高低决定。但是在利率相同的条件下，不同的计算方法也会影响利息额的多少。利息的计算方法有两种：单利计算法和复利计算法。

（一）单利计算法

单利计算法是不管期限长短，仅按本金计算利息。即用本金量乘以一定的利息率，再乘以一定的期限计算利息。若以 I 表示利息额，n 表示期限，P 表示本金，r 表示利息率，S 为本金和利息之和，又称本利和，则其计算公式是：

$I=P\times r\times n$

$S=P\ (1+n\times r)$

例如：甲银行向乙企业贷放一笔为期5年、年利率为10%的100万元贷款，则到期日乙企业应付利息额与本利和分别为：

$I=P\times r\times n$

$=100\times 10\%\times 5=50$（万元）

$S=P\ (1+n\times r)$

$=100\times\ (1+10\%\times 5)\ =150$（万元）

以单利计算，手续简单，计算方便，借入者的利息负担较轻。单利计算一般适用于短期贷款。

（二）复利计算法

复利计算法是指以一定时期（如年）作为计算利息的时间标准，每次计算利息后，都把利息额加到本金上，作为下一次计算利息的本金额，如此滚算本金与利息的和。其计算公式为：

$I=P\ [(1+r)^n-1]$

$S=P\ (1+r)\ S=P\ (1+r)^n$

例如：甲银行向乙企业贷放一笔为期5年，年利率为10%的100万元贷款，按复利计算乙企业到期应付利息额与本利和分别为：

$I=P\ [(1+r)^n-1]$

$=100\ [(1+10\%)^5-1]\ =61.5$（万元）

$S=P\ (1+r)^n$

$=100\ (1+10\%)^5=161.05$（万元）

以复利计息，考虑了资金的时间价值因素，对贷出者的利益有保护，有利于提高资金的使用效率，长期贷款一般多采用复利计息。

（三）具体的利息计算

1. 储蓄利息的计算

目前，中国人民银行规定，我国商业银行储蓄存款利息按单利计算。

例：2020年11月20日，某储户将货币资金1万元存入银行，存期3年，年利率为

3.85%，求到期该储户实际得到的利息额是多少？

实际到期利息 = 10000 × 3.85% × 3 = 1155（元）

例：某储户将货币资金1万元于2020年10月31日存入银行，存期二年，年利率为3.25%；支取日挂牌公告的银行活期储蓄存款利息率为0.36%。（1）假如该储户于2020年12月31日提前支取，求该储户实际得到的利息额是多少？（2）假如该储户到期支取，实际得到的利息额是多少？（3）假如该储户于2022年11月15日支取，实际得到的利息额又是多少？

（1）按照规定，未到期的定期储蓄存款，全部提前支取的，按支取日挂牌公告的活期储蓄存款利率计付利息。因此，该储户提前支取实际得到的利息为：

10000 × 61 × 0.36% ÷ 360 = 6.1（元）

（2）该储户到期支取实际得到的利息为：

10000 × 3.25% × 2 = 650（元）

（3）按照规定，逾期支取的定期储蓄存款，其超过原定存期的部分，除约定自动转存外，按支取日挂牌公告的活期储蓄存款利率计付利息。因此，该储户实际得到的利息额为：

过期支取实际得到的利息 = 到期支取利息 + 过期支取利息

（10000 × 3.25% × 2）+（10000 × 15 × 0.36% ÷ 360）

= 650 + 1.5

= 651.5（元）

2. 贷款利息的计算

例：某企业因急需短期周转资金，于2020年11月1日向银行申请6个月短期贷款20万元，银行同期贷款利率为5.10%。求到期该企业应支付的贷款利息额是多少？

到期支付的贷款利息 = 200000 × 181 × 5.10% ÷ 360

= 5128（元）

三、利息率的分类

（一）按期限长短不同，利率可分为长期利率和短期利率

一般地说1年以下的信用行为，通常叫短期信用，相应的利率就是短期利率；1年以上的信用行为，通常称为长期信用，相应的利率就是长期利率。短期利率和长期利率之中，又各有长短不同期限之分。总的来说，在同一种类的信用行为中较长期限信用的利率一般高于较短期限信用的利率。这主要是由于期限越长，流动性弱，风险性大，所以利率就相对较高。

（二）按是否考虑受通货膨胀影响，利率可分为名义利率和实际利率

名义利率是指以现实货币为标准计算的利率，它包含了物价变动率等通货膨胀因素在内，也就是金融市场上的利率；实际利率是指扣除了物价变动率等因素后的利率。两者之间的关系是：

实际利率 = 名义利率 − 物价变动率

当社会物价变动率趋于零时，实际利率等于名义利率；当物价变动率高于名义利率时，实际利率则表现为负数，称为负利率。

（三）按在借贷期内利率是否调整，可分为固定利率和浮动利率

固定利率是指在整个借贷期内利率固定不变，不随市场利率的变化进行调整的利率；浮

动利率是指在借贷期内可随市场利率的变化而定期调整的利率。

（四）按利率管理体制分为官定利率、公定利率和市场利率

官定利率是由一国政府的金融管理部门或中央银行确定的，也叫法定利率。它是一国整个利率体系的核心，也是国家实现宏观调控目标的一种政策手段。

由非政府部门的民间金融组织，如银行公会等所确定的利率是行业公定利率，它对其会员银行有较强的约束性，官定利率和公定利率都程度不同地反映了非市场力量对利率形成的干预。

市场利率是由市场资金的供求关系所决定的，通过市场自由竞争所形成的利率。

我国目前以官定利率为主，绝大多数利率由中国人民银行制定。

（五）按在利率体系中的作用可分为基准利率和普通利率

基准利率是指在整个金融市场上和整个利率体系中处于关键地位，起决定性作用的利率，由政府或金融管理当局决定。当基准利率变动时其他利率也会随之变动，而受基准利率变动影响的利率则是一般利率，又称普通利率。在西方国家基准利率通常是中央银行的再贴现率，在我国基准利率则是中央银行对金融机构的再贷款利率。

此外还可按利率制定是否带有优惠性质，分为一般利率和优惠利率；按银行存贷款业务的不同，分为存款利率和贷款利率等。

四、影响利息率高低的因素

利率是计算使用借贷资金的报酬的依据。利率水平的高低直接影响借款者的成本和贷出者的利益。决定利率水平的因素多种多样，主要有以下几种：

（一）社会平均利润率

我们知道，利息来自于利润，是利润的一部分，因此，平均利润率就成了决定利息率的基本因素。根据市场法则，等额资本要获得等量利润，通过竞争和资源的流动，一个经济社会在一定时期内会形成一个平均利润率，这一平均利润率是确定各种利率的主要依据，它是利率的最高界限。当然，在一般情况下，利率也不会低于零。如果利率低于零，就不会有人出借资金了。因此，社会平均利润率水平决定了利率的最高界限。

（二）借贷资金的供求情况

在商品货币经济条件下，借贷资本是一种特殊商品，利息是转让这种特殊商品的报酬，或者说是借贷资本的价格。借贷资本作为一种特殊商品，它同普通商品一样要受价值规律的支配，其价格也一样要受供求状况的影响。当借贷资本供不应求时，利率会提高，贷者可以得到较多的收益；反之，当借贷资本供大于求时，利率则会下跌，借者可支付较少的利息，获得更多的利润。所以，资金供求状况是影响利率变动的一个重要因素，它决定着某一时刻利息率的高低。

（三）国家经济政策

国家的各种经济政策对利率水平也有很大的影响，包括：货币政策、财政政策、汇率政策等，其中货币政策对利率变动的影响最明显、最直接，中央银行通过货币政策工具的操作影响市场利率，从而达到扩张或紧缩货币的目的。比如中央银行提高再贴现率，必然使金融机构贷款利率提高，市场利率也随之提高，当中央银行降低再贴现率时，又会促使市场利率下降。

（四）物价水平

虽然利息率与物价水平没有直接的必然联系，但是货币资金体现着与物价水平直接联系的货币购买力。就借者来说，由于物价上涨，货币贬值，如果名义利率不变，等于实际利率下降了，归还时相当于减少了实际归还的货币量，从中得到了好处，而对于贷者，则受到了相应的损失。因此，物价水平在一定程度上影响利率的水平，也是制订利率时要考虑的一个因素。

（五）国际收支状况

一国的国际收支状况对该国的利率水平也有重要的影响。当一国国际收支平衡时，一般不会变动利率。当一国国际收支出现持续大量逆差时，为了弥补国际收支逆差，需要利用资本项目大量引进外资，此时，就会提高利率；而当一国国际收支出现持续大量顺差时，为了控制顺差，减少通胀压力，可能降低利率，以减少资本项目的外汇流入，这当然也会使本国借贷资金利率水平发生变化。

除了以上几种因素外，决定一国一定时期内利率水平的因素还有很多，例如经济周期，在经济高涨时期，管理当局多会提高利率，而在经济衰退时期，又多会降低利率。一国利率水平还与该国货币的汇率有关，当本币贬值时，会导致国内利率上升。借贷期限长短、借贷风险大小、国际利率水平高低、一国经济开放程度等都会对一国国内利率发生重要影响。因此，对利率水平的变动，必须综合各种因素分析，才能找出利率水平变动的主要原因。

五、利息对经济的影响作用

作为经济杠杆，利率在经济发展中发挥着重要的作用。

（一）利息在宏观经济中的作用

1. 利率影响社会资本供给

在市场经济中，借贷资本是构成社会资本供给的重要部分，借贷资本减少，社会资本供给减少，借贷资本增加，社会资本供给也会增加，利率通过影响借贷资本的增减变化而影响了社会资本供给。利率提高后，借贷资本收益增加，会吸引更多的储蓄及社会闲置资本，借贷资本来源增加，整个社会资本供给就相应增加；利率降低则会减少借贷资本收益，借贷资本来源减少，社会资本供给就减少。因此利率变动可以影响社会资本供给。

2. 利率影响物价水平

利率对物价的影响，是通过影响个人消费和储蓄倾向，影响企业投资而达到的。利率提高，会减少个人消费，增加储蓄，对消费品的需求减少，同时企业由于投资成本增大，也会相应地减少投资，对生产资料的需求减少，这样整个社会的总需求减少。在总供给不变的条件下，可以起到稳定或降低物价的功效。而降低利率，在总供给不变的条件下，则可扩大总需求，使物价上升。

3. 利率影响社会投资规模

借贷资本是社会投资的重要资金来源，企业在进行投资时往往需要借入大量借贷资本。利率的高低影响使用借贷资本的成本，利率提高，使用借贷资本的成本就高，反之，则低，而借贷资本的使用成本与投资收益是反方向的变化，即在一定的条件下，利率越高，投资成本越高，投资收益就越小，投资规模必然受到影响。所以降低利率可起到扩大社会投资规模的作用。

4. 利率影响国际收支状况

国际收支不平衡是经常出现的。国际收支失衡不利于国家经济发展，因此，需要对国际收支进行调节，利息就成为调节手段之一。当国际收支逆差时，可以提高利息水平，这样，一方面吸引外国资金流入，另一方面减少国内资金外流，缩小国际收支差额，从而有利于实现国际收支平衡。

5. 利率调节货币流通

当流通中的货币量超过商品流通所决定的货币需要量时，就会引起通货膨胀，国家通过调整利率，扩大吸收存款，控制贷款总量和信贷规模，减少货币供应量，促进总量平衡，利率的高低对货币的供应有直接的影响。

6. 利率调节宏观经济

国家通过中央银行调整利率，用以刺激或紧缩投资以期达到宏观经济的稳定、协调、健康发展，国家在不同时期制定不同的利息政策，对不同地区、不同部门规定不同的利率标准，就会对整个国民经济的发展产生影响。

（二）利息在微观经济中的作用

1. 利息激励企业提高资金使用效率

企业使用贷款就要支付利息，利息支付额的大小受贷款数量和占用时间决定，借用贷款越多，占有时间越长，支付利息也就越多。利息直接影响企业利润。因此，为了自身利益，企业会千方百计减少利息支出。为此企业要减少贷款量，同时尽量缩短贷款使用时间，这就会促使企业加速资金周转，提高资金使用效益。

2. 利息调节居民消费和储蓄

在社会消费基金总量一定的条件下，居民货币收入中多少用于消费、多少用于储蓄，要受利率高低的一定影响。高利率可能阻止人们去购买房屋和汽车，可能会鼓励人们去储蓄。

3. 利息引导人们选择金融资产

由于货币增值的要求，人们必须将货币收入转化为金融资产来保存。现阶段金融资产的主要形式有银行存款单、国库券、股票、债券等。选择什么样的资产投资，在安全性和流动性一定的情况下，各种资产的收益无不与利率有着密切的关系。存款收益直接取决于存款利率，股票与企业债券的价格取决于其预期收益与利率的对比关系，在预期收益既定的情况下，调整利率就直接影响到股票与债券价格的变化，进而影响到购买者的利益。因此，调整利率，可引导人们选择不同的金融资产。

知识链接 5－4
中国人民银行决定下调金融机构
人民币存贷款基准利率

想一想：利率的变化对你和你的家庭有什么影响？

第五节 金融机构体系

金融机构体系是指从事金融活动的金融组织机构按照一定结构形成的有机整体。在市场经济条件下，各国金融机构体系大多以中央银行为核心来进行组织管理，形成了以中央银行为核心，商业银行为主体，政策性银行和其他非银行金融机构并存的金融机构体系。

一、金融机构体系构成

金融机构体系一般包括银行金融机构和非银行金融机构两大类，其中银行金融机构是金融机构体系中的主体。

（一）银行金融机构

1. 中央银行

中央银行是一国金融体系的核心，制定和执行货币政策，发行货币、管理货币流通，是代表国家对金融活动进行监督管理的金融机构。中央银行既是政府干预经济的主要金融工具，又是国家机构的组成部分。它不以营利为目的，不经营普通银行业务，即不对一般企业单位和个人办理各种金融业务，中央银行在一国金融体系中居领导核心地位。

2. 商业银行

商业银行是以经营存款、贷款、办理转账结算为主要业务，以营利为主要经营目标的，综合性多功能的金融机构。在现代金融体系中，商业银行的资本雄厚，业务范围不断扩大，经营项目越来越多，并向着多元化、综合性方向发展，被称为“金融百货公司”，是各国金融机构体系的主体。

3. 专业银行

专业银行是指专门从事某一特定范围的业务和提供专门性金融服务的银行，它是社会分工的发展在银行领域中的反映。按业务范围和服务对象的不同，各国的专业银行一般可分为：投资银行、开发银行、储蓄银行、农业银行、进出口银行、抵押银行。

（二）非银行金融机构

非银行金融机构是指除中央银行、商业银行及其他专业银行以外的金融机构，主要有保险公司、信托公司、租赁公司、证券公司、财务公司等。

二、我国的金融机构体系

我国现在已基本形成了以中央银行为领导，国有商业银行为主体，多种金融机构并存，分工协作的金融机构体系。

（一）中央银行

中国人民银行是我国的中央银行，是由国务院领导并管理全国金融事业的国家机关，在我国金融体系中，它是全国信用制度的枢纽，是整个信用体系和一切信用活动的中心环节。

1. 我国中央银行的组织机构

中国人民银行总行设在首都北京，跨行政区划分设置九大分行，即上海分行、广州分行、成都分行、沈阳分行、武汉分行、济南分行、天津分行、西安分行和南京分行，另设（北京，重庆）两个营业管理部，在不设分行的省、自治区政府的所在地城市，又共设立20个金融监管办事处。中国人民银行的组织构架为；总行——九大分行——中心支行——县（市）支行，是一条垂直领导的关系链，不受地方政府的干预，有利于其独立公正地履行其金融监管的法定职责。

中国人民银行第二总部于2005年8月10日在上海成立，履行部分中央银行职责，如支付清算、全国征信体系等。

2. 我国中央银行的职责

《中华人民共和国中国人民银行法》指出，中国人民银行是中华人民共和国的中央银行，在国务院领导下，制定和实施货币政策，防范和化解金融风险，维护金融稳定，对金融业实施监督管理。其主要职责是：（1）发布与履行其职责有关的命令和规章；（2）依法制订和执行货币政策；（3）发行人民币，管理人民币流通；（4）监督管理银行间同业拆借市场和银行间债券市场；按照规定审批、监督管理金融机构；（5）实施外汇管理，监督管理银行间外汇市场；按照规定监督管理金融市场；（6）监督管理黄金市场；发布有关金融监督管理和业务的命令和规章；（7）持有、管理、经营国家外汇储备、黄金储备；（8）经理国库；（9）维护支付、清算系统的正常运行；（10）指导、部署金融业反洗钱工作，负责反洗钱的资金监测；（11）负责金融业的统计、调查、分析和预测；（12）作为国家的中央银行，从事有关的国际金融活动；（13）国务院规定的其他职责。

（二）商业银行

商业银行具有现代企业的基本特征，依法设立，自主经营，照章纳税，独立核算。商业银行是金融体系的主体。

（1）中国工商银行。原来专门经营城市工商业的信贷与城市储蓄业务，1994年以后改制为我国规模最大的商业银行，其业务优势在众多商业银行中最为明显，业务范围涉及商业银行的各个领域。2005年10月28日，中国工商银行由国有独资商业银行整体改制为股份有限公司，正式更名为“中国工商银行股份有限公司”，注册资本人民币2480亿元。中国工商银行的经营业绩为世界金融界所瞩目。从1999年开始，中国工商银行年年入选《财富》世界500强。2019年英国《银行家》杂志全球前1000家银行排名揭晓，中国工商银行第7年排名第1位。

（2）中国农业银行。原本是主要经营农村金融业务的银行，1994年以后改制为国有商业银行，其业务已向全方位发展。中国农业银行网点遍布城乡，成为国内网点最多、业务辐射范围最广的大型国有商业银行。业务领域已由最初的农村信贷、结算业务，发展成为品种齐全、本外币结合、能够办理国际、国内通行的各类金融业务。在海外，农业银行同样通过自己的努力赢得了良好的信誉，被《财富》评为世界500强企业之一。2008年10月22日，《农业银行股份制改革实施总体方案》获国务院批准，收官之战就此打响。2008年11月6日，汇金公司向农行注资1300亿元人民币等值美元，与财政部并列成为农行第一大股东。2010年4月7日，农行启动IPO（首次公开募股）程序。2019年英国《银行家》杂志全球前1000家银行排名揭晓，中国农业银行排名第3位。

（3）中国银行。中国银行成立于1912年2月，是中国历史最为悠久的银行。原是长期从事外汇业务的银行，1994年以后改制为国有商业银行。其业务重点虽然仍是外汇经营与结算，但它也经营一般商业银行的业务。中国银行2004年8月26日整体改制为中国银行股份有限公司，简称“中国银行”。其业务范围涵盖商业银行、投资银行和保险领域，旗下有中银香港、中银国际、中银保险等控股金融机构。按核心资本计算，2005年中国银行在英国《银行家》杂志“世界1000家大银行”排名中列第18位。2019年英国《银行家》杂志全球前1000家银行排名揭晓，中国银行排名第4位。

（4）中国建设银行。中国建设银行成立于1954年10月1日（当时行名为中国人民建设银行，1996年3月26日更名为中国建设银行）。2004年9月中国建设银行由国有独资商业银行改制为国家控股的股份制商业银行，名称为中国建设银行股份有限公司，简称“中国建设银行”。建行2005年10月27日在香港联交所正式挂牌上市。中国建设银行是四大国有商业银行中首家上市的银行。英国《银行家》杂志2005年7月公布的全球银行按一级资本排名中，名列中国银行业榜首，在世界大银行中列第11位。在《亚洲周刊》2006年7月公布的亚洲银行300强排名中，被誉为“亚洲最赚钱的银行”。2019年英国《银行家》杂志全球前1000家银行排名揭晓，中国建设银行排名第2位。

（5）交通银行。交通银行始建于1908年（光绪三十四年），是中国早期四大银行之一，也是中国早期的发钞行之一。1958年，除香港分行仍继续营业外，交通银行国内业务分别并入当地中国人民银行和在交通银行基础上组建起来的中国人民建设银行。为适应中国经济体制改革和发展的要求，1986年7月24日，作为金融改革的试点，国务院批准重新组建交通银行。1987年4月1日，重新组建后的交通银行正式对外营业，成为中国第一家全国性的国有股份制商业银行，总行设在上海。2005年6月23日，交通银行在香港成功上市。2019年英国《银行家》杂志全球前1000家银行排名揭晓，交通银行排名第11位，是我国股份制银行中排名最靠前的。

（6）中国邮政储蓄银行于2007年3月20日正式挂牌成立，是在改革邮政储蓄管理体制的基础上组建的商业银行。中国邮政储蓄银行承继原国家邮政局、中国邮政集团公司经营的邮政金融业务及因此而形成的资产和负债，并将继续从事原经营范围和业务许可文件批准、核准的业务。2015年12月开始，中国邮政储蓄银行由单一股东向股权多元化迈进。采取发行新股方式，融资规模451亿元，发行比例16.92%。2016年8月27日，中国邮政储蓄银行80亿美元香港IPO获批。2016年9月28日中国邮政储蓄银行在香港联交所主板成功上市。2019年1月，邮储银行正式加入国有大行的行列。

（7）招商银行。招商银行成立于1987年4月8日，是我国第一家完全由企业法人持股的股份制商业银行，总行设在深圳。自成立以来，招商银行先后进行了三次增资扩股，并于2002年3月成功地发行了15亿A股，4月9日在上交所挂牌，是国内第一家采用国际会计标准上市的公司。2006年9月又成功发行了22亿H股，9月22日在香港联交所挂牌交易，10月5日行使H股超额配售，共发行了24.2亿H股。2019年英国《银行家》杂志全球前1000家银行排名揭晓，招商银行排名第19位。

（8）上海浦东发展银行。上海浦东发展银行是1992年8月28日经中国人民银行批准设立、于1993年1月9日正式开业的股份制商业银行，总部设在上海。上海浦东发展银行作为自《中华人民共和国公司法》《中华人民共和国商业银行法》和《中华人民共和国证券法》颁布实施以来国内首家由中国人民银行、中国证监会正式批准的股份制商业银行上市公司，于1999年9月23日获准公开发行4亿元人民币A股股票，注册资本金达24.1亿元人民币，并于当年11月10日在上海证券交易所挂牌上市。2019年英国《银行家》杂志全球前1000家银行排名揭晓，上海浦东发展银行排名第24位。

（9）中国光大银行。中国光大银行成立于1992年8月，1997年1月完成股份制改造，成为国内第一家国有控股并有国际金融组织参股的全国性股份制商业银行。截至2018年底，中国光大银行已拥有分支机构1252多家，机构网点辐射全国136个经济中心城市成为对社会有一定影响的全国性股份制商业银行。

（10）中国民生银行。1996年1月成立。中国民生银行于1996年1月12日在北京正式成立，是我国首家主要由非公有制企业入股的全国性股份制商业银行，实收资本为13.8亿元人民币。其中80%以上来源于民营企业。这是我国第一家民营性质的全国性的股份制商业银行。59个股东主要是全国工商联会员企业，其服务对象也主要以民营企业为主，还包括“三资企业”、有一定规摸的乡镇企业和高科技企业。同时又是严格按照《公司法》和《商业银行法》建立的规范的股份制金融企业。多种经济成分在中国金融业的涉足和实现规范的现代企业制度，使中国民生银行有别于国有银行和其他商业银行。2000年12月19日，中国民生银行A股股票（600016）在上海证券交易所挂牌上市。据2019年英国《银行家》杂志公布，全球银行1000强中，民生银行位列第28位。

（11）华夏银行。1992年华夏银行在北京诞生。1995年华夏银行率先实行了股份制改造，成为一家全国性股份制商业银行，2003年9月，华夏银行公开发行股票，并在上海证券交易所挂牌上市交易，成为全国第五家上市银行。

（12）中信银行。1987年4月成立。它是中国国际信托投资公司（中信公司）全资附属的一家全国性、外向型、综合性商业银行，是我国改革开放中最早成立的新兴商业银行之一，总行设在北京。目前已改制为股份制商业银行。

（13）兴业银行。原名福建兴业银行，总部位于中国福建省福州市，是经国务院、中国人民银行批准成立的首批股份制商业银行之一，2007年2月5日正式在上海证券交易所挂牌上市，注册资本50亿元。2019年实现营业收入1813.19亿元，同比增长14.55%；全年实现利润总额744.99亿元，同比增长9.43%；不良贷款比率1.54%，较期初下降0.03个百分点。

（14）广发银行。1988年9月，经国务院和中国人民银行批准，广东发展银行作为中国金融体制改革的试点银行成立，是国内最早组建的股份制商业银行之一。2011年4月8日，经监管机构和相关政府部门批复同意，原注册名称“广东发展银行股份有限公司”更改为“广发银行股份有限公司”，简称“广发银行”。2019年，广发银行营业收入763.12亿元，同比增长28.65%，本外币贷款余额15664.13亿元、较年初增长17.03%。

（15）平安银行。1987年，深圳特区6家信用社联合改制，成立深圳发展银行股份有限公司，5月10日以自由认购形式首次向社会公开发售人民币普通股，并于1987年12月22日正式宣告成立，成为国内第一家上市的银行。

2012年1月19日，深圳发展银行发布公告称，深发展和平安银行董事会审议通过两行合并方案，深发展吸收合并平安银行，并更名“平安银行股份有限公司”。2012年8月2日，深圳发展银行正式更名为平安银行。2019年平安银行共实现营业收入1379.58亿元，同比增长18.2%；净利润281.95亿元，同比增长13.6%。

（16）浙商银行。浙商银行前身为“浙江商业银行”，注册资本100亿元，总行设在杭州。2004年6月30日，经中国银监会批准，改制为"浙商银行股份有限公司"。注册资本100亿元，有股东22家，其中21家是民营企业，民营资本占85.71%。2019年浙商银行集团总资产1.80万亿，全年实现营业收入463.64亿元，同比增长19.06%；创下近三年年报业绩最高增速。不良贷款率1.37%。

（17）渤海银行。渤海银行是1996年以来获中国政府批准设立的第一家全国性股份制商业银行。2006年2月16日，渤海银行股份有限公司正式对外营业。2019年营业收入达282.82亿元，较上年增加22.04%，净利润83.36亿元，较上年末增长17.73%。

（18）外资、合资银行。外资银行是在一国境内由外国银行设立的银行或银行的分支机构。合资银行指外国资本与本国资本联合投资开设的银行。各国一般都将这类银行列入本国银行体系内，并受本国金融当局管理和监督。

中国境内外商独资银行超五成选择在上海注册。其中仅有三家银行在华营业机构超过50家，分别是汇丰银行、东亚银行和渣打银行。截至2020年5月，共有217家外资银行进入了中国资本市场。2002年我国外资银行规模为2881亿元，之后持续增长，2018年底外资银行规模为44177亿。

根据WTO的协议，从2006年12月11日以后我国已取消所有对外资银行的所有权、经营权的设立形式、包括所有制的限制，允许外资银行向中国客户提供人民币业务服务，给予外资行国民待遇，这既有利于引进外国银行资本和先进的管理经验，但也加剧了金融业的竞争；既为国内金融机构提供了机遇，但也提出了挑战。国内金融机构只有转换经营机制，提高管理水平，才能适应市场，接受挑战。

除了上述股份制商业银行以外，我国还有众多的实行股份制的城市商业银行和农村商业银行。这些银行也属于股份制商业银行，并且是我国商业银行体系的重要组成部分。这些商业银行在为我国城乡居民提供金融服务和促进地方经济发展等方面，发挥了积极作用。

（三）政策性银行

政策性银行是由政府投资创办的，以贯彻国家产业政策、区域发展政策为目的，不以营利为目标的金融机构。

我国的政策性银行是1994年组建的，它们是：

1. 国家开发银行

国家开发银行是办理国家重点建设（包括基本建设和技术改造）贷款及贴息业务的银行。它于1994年3月成立，总部设在北京，经批准可在国内外设置办事机构。2008年12月16日上午，国家开发银行由政策性银行正式转变为国家开发银行股份有限公司。《银监会关于国家开发银行改制设立国家开发银行股份有限公司的批复》指出，股份公司成立之后发行的人民币债券，在2010年底以前风险权重为零。2010年之后发行的债券，由银监会按照市场化原则另行研究确定。自股份公司挂牌成立之日起，国开行所做的商业担保，按商业银行标准计算风险权重。在业务范围上，可以吸收居民储蓄存款之外的公众存款，发放短、中、长期贷款；可代理发行、承销政府债券，从事保理业务等。

2. 中国农业发展银行

中国农业发展银行是一家承担国家粮棉油储备、农副产品收购、农业开发等方面贷款的政策性银行。它于1994年11月成立，总行设在北京，在省、自治区、直辖市设立分行，在地市县设有营业机构。

3. 中国进出口银行

中国进出口银行是一家对进出口领域提供政策性金融支持的政策性银行。它于 1994 年 7 月成立，总行设在北京，不设营业性分支机构，信贷业务由其指定的中国银行或其他商业银行代理，但在一些业务量较集中的大城市可设立办事处，负责调查、统计、监督代理业务等事宜。

（四）非银行金融机构

非银行金融机构又称其他金融机构。非银行金融机构与银行的主要区别在于不是以吸收存款作为其主要资金来源，而是以某种特殊方式吸收资金，并以某种特殊方式运用其资金，且从中获取利润。这类金融机构包括：

1. 保险公司

保险公司是一种专门经营保险业务的非银行金融机构。保险是一种经济损失补偿制度，保险公司通过合同形式，从参加保险的客户那里取得保险费，建立保险基金，当投保人发生意外损失时，保险公司应根据契约给予经济赔偿。目前我国国内市场上正式营业的保险公司有 61 家，其中有 37 家外资保险公司，包括中外合资保险公司 19 家，外国保险公司分公司 18 家。如全国性的保险公司有中国人民保险（集团）公司，中保财产保险有限公司，中国人寿保险有限公司，中国再保险有限公司，中国太平洋保险公司，中国平安保险公司，华泰财产保险公司，泰康人寿保险公司和新华人寿保险公司等；地方性的保险公司有新疆兵团保险公司，天安保险公司，大众保险公司，永安财产保险公司和华安财产保险公司等；外资、合资保险公司有香港民安保险深圳公司，美国友邦保险公司上海分公司，中英人寿保险公司、美国美亚保险公司广州分公司，东京海上保险公司上海分公司，中宏人寿保险股份有限公司和瑞士丰泰保险公司上海分公司等。

2. 信托投资公司

信托投资公司是专门办理信托业务和信托投资业务的金融机构。信托是指财产所有者为了某种目的，把财产转移给自己信任的人，由其去管理和处理的行为。信托的要素包括信托行为、信托财产、信托关系人、信托目的等。信托作为一种社会信用活动，具有三种职能：①财务管理职能；②金融职能；③信用服务职能。信托的业务按不同要求和性质划分为资金信托、财产信托、有价证券信托和其他信托业务。

3. 证券机构

证券机构是专门从事各种有价证券经营及相关业务的金融机构。包括证券公司、证券交易所、证券登记结算公司等。证券机构的主要业务是有价证券的自营买卖，受客户委托代理证券买卖，销售有价证券等。

4. 投资基金

证券投资基金是一种利益共存、风险共担的集合证券投资方式，即通过发行基金份额，集中投资者的资金，由基金托管人托管，由基金管理人管理和运用资金，从事股票、债券等金融工具投资，并将投资收益按基金投资者的投资比例进行分配的一种间接投资方式。

5. 金融租赁公司

金融租赁公司是专门经营租赁业务的公司，是租赁设备的物主，通过提供租赁设备而定期向承租人收取租金。金融租赁公司开展业务的过程是：租赁公司根据企业的要求，筹措资金，提供以“融物”代替“融资”的设备租赁；在租期内，作为承租人的企业只有使用租赁物件的权利，没有所有权，并要按租赁合同规定，定期向租赁公司交付租金。租期届满时，承租人向租赁公司交付少量的租赁物件的名义租金（即象征性的租赁物件残值），双方即可办理租赁物件的产权转移手续。

6. 金融资产管理公司

我国的金融资产管理公司是指专门收购、管理、处置商业银行等金融机构的不良资产，采取市场化、专业化的管理与运作，以最大限度地保全资产，减少损失为主要经营目标的非银行金融机构，它是市场经济发展过程中的必然产物。1999 年我国成立了四家金融资产管理公司，即中国信达资产管理公司，主要是处置建设银行剥离的不良资产；中国东方资产管理公司，主要是处置中国银行剥离的不良资产；中国长城资产管理公司，主要是处置中国农业银行剥离的不良资产；中国华融资产管理公司，主要是处置中国工商银行剥离的不良资产。

7. 贷款公司

贷款公司是经中国银行业监督管理委员会依据有关法律、法规批准，由境内商业银行或农村合作银行在农村地区设立的专门为县域农民、农业和农村经济发展提供贷款服务的非银行业金融机构。贷款公司是由境内商业银行或农村合作银行全额出资的有限责任公司。

三、我国的金融监管机构

所谓金融监管机构，是指国务院依据有关法律法规的规定，设立相应的机构，依据法律准则和法规程序，对金融体系中各金融主体和金融市场实行的检查、稽核、组织和协调。我国目前的金融监管机构主要有：

1. 中国人民银行

中国人民银行是我国的中央银行。《中华人民共和国中国人民银行法》明确规定：中国人民银行依法监测金融市场的运行情况，对金融市场实施宏观调控，促进其协调发展。

《中华人民共和国中国人民银行法》指出，中国人民银行是中华人民共和国的中央银行，在国务院领导下，制定和实施货币政策，防范和化解金融风险，维护金融稳定。

2. 中国银行业监督管理委员会（简称“中国银监会”）

为了加强对银行业的监督管理，规范监督管理行为，防范和化解银行业风险，保护存款人和其他客户的合法权益，促进银行业健康发展，国务院设立银行业监督管理委员会，负责对全国银行业金融机构及其业务活动的监督管理工作，其目标是促进银行业的合法、稳健运行，维护公众对银行业的信心。

3. 中国证券监督管理委员会（简称“中国证监会”）

中国证监会于 1992 年 10 月成立。经国务院授权，中国证监会依法对全国证券期货市场进行集中统一监管。主要职责有：研究和拟定证券期货市场的方针政策、发展规划、有关法律、法规、规章、规则和办法；监管上市国债和企业债券的交易活动；监管境内期货合约的上市、交易和清算；按规定监督境内机构从事境外期货业务；监管上市公司及其按法律法规必须履行有关义务的股东的证券市场行为；管理证券期货交易所；与中国人民银行共同审批基金托管机构的资格并监管其基金托管业务等。

4. 中国保险监督管理委员会（简称“中国保监会”）

中国保监会于 1998 年 11 月成立，是国务院直属事业单位。根据国务院授权履行行政管理职能，依照法律、法规统一监督管理全国保险市场，维护保险业的合法、稳健运行。主要职责有：拟定保险业发展的方针政策、发展战略和规划；起草保险业监管的法律、法规、规章；审批保险公司及其分支机构、保险集团公司、保险控股公司、保险代理公司、保险经纪公司、保险评估公司等保险中介机构及其分支机构的设立；审批境内保险机构和非保险机构在境外设立保险机构；审批保险机构的合并、分立、变更、解散，决定接管和指定接受；审批关系社会公众利益的保险险种、依法实行强制保险的险种和新开发的人寿保险险种等的保险条款和保险费率，依法监管保险公司的偿付能力和市场行为。

5. 中国银行保险监督管理委员会（简称“中国银保监会”）

2018 年 3 月 13 日，国务院机构改革方案提请十三届全国人大一次会议审议。国务院关于提请审议国务院机构改革方案的议案表示，组建中国银行保险监督管理委员会。将目前的银监会和保监会的职责整合，组建中国银行保险监督管理委员会。依据议案，将目前的银监会和保监会拟订银行业、保险业重要法律法规草案和审慎监管基本制度的职责划入中国人民银行。

说一说：我国各类银行有什么不同？你同哪些银行打过交道？

知识链接 5 – 5
小额贷款公司

思考：江某的行为构不构成骗取贷款罪？

知识链接 5 – 6
存款准备金

复习思考题

1. 什么是金融？说一说你是如何理解金融的重要性的？
2. 货币制度包括哪些内容？我国的货币制度包括哪些内容？
3. 什么是利息？利息率的变化对经济产生什么样的影响？
4. 简述我国的金融机构体系的基本构成是怎样的。
5. 简述货币市场与资本市场的主要内容。

社会实践设计

对个人投资者来讲，随着国民经济的增长，人均收入的提高，个人财富的增长，每个人最好都学一些金融知识，把握好投资机会，选择好投资品种，让个人的财富指数随着国民经济快速增长一起上升，分享经济增长的成果。

调查访问

1. 题目：为什么每个人都应该学一些金融知识？

2. 要求：运用所学有关金融基础知识，调查你的亲戚朋友，请他们谈谈对金融知识的认识，说明学习金融知识的重要性。

3. 目的：通过调查访问，更具体地认识学习金融知识的重要性，激发学生的学习兴趣。

第六章 银　行

学习目标

通过本章学习，要求了解中央银行的主要业务、商业银行的金融创新，明确商业银行的经营管理原则，掌握中央银行和商业银行的职能及商业银行的业务。

本章重点是中央银行和商业银行职能、商业银行的业务。

第一节　中央银行

一、中央银行的性质和地位

中央银行是一国实现金融管理和监督、制定和执行政府货币信用政策、控制货币流通和信用活动的核心机构，处于一国金融业的领导地位。中央银行的业务经营对象与一般金融机构有着明显的差别，它不直接对工商企业和个人提供金融服务，而只为政府和金融机构提供金融服务。中央银行的业务经营不以营利为目标。因此，中央银行在业务经营中处于超然地位，不与其他银行竞争，它是作为“银行的银行”“最后贷款人”“政府的银行”“金融管理者”的身份出现的。

二、中央银行的职能

（一）中央银行是发行的银行

中央银行垄断货币发行权，是国家唯一的货币发行机关，这是中央银行的一项最特殊的最基本的职能。中央银行独占货币发行权，是中央银行发挥其职能作用的基础。首先，中央银行通过掌握货币发行，可以影响整个社会的信贷规模和货币供给总量。其次，通过货币供给量的变动，实现中央银行对经济的控制。

（二）中央银行是政府的银行

中央银行作为政府的银行，是指中央银行代表政府贯彻执行金融政策，代理国库收支以及为政府提供各种服务。政府通过中央银行的货币信用业务，运用利率、汇率和信贷手段将其经济政策贯彻到金融机构的业务和金融市场的活动中去，同时通过中央银行对它们进行管理和监督。作为政府的银行主要表现在：第一，代理国库收支；第二，代理政府发行债券；第三，向政府融资；第四，保管国家外汇和黄金储备；第五，制定并监督执行有关金融管理法规等。

（三）中央银行是银行的银行

中央银行作为银行的银行，只与金融机构发生业务往来，一般不与工商企业和个人发生直接的信用关系。银行的银行这一职能，最能体现中央银行是特殊金融机构的性质，也是中央银行作为金融体系核心的基本条件。这一职能具体表现在：第一，中央银行是各商业银行和其他金融机构存款准备金的唯一保管银行；第二，当商业银行等金融机构资金短缺时，中央银行有责任担当最后贷款人的角色，向他们提供贷款，贷款一般采用票据和有价证券的再贴现、再抵押方式；第三，通过开办票据清算业务，为实现商业银行间货币的支付转账提供了快捷便利的服务；第四，监督和管理商业银行及其他金融机构。

三、中央银行的一般业务

各国中央银行的主要业务一般包括负债业务、资产业务和中间业务三大类。

（一）中央银行的负债业务

中央银行的负债业务就是指中央银行取得资金来源的业务。主要包括货币发行业务、存款准备金业务、代理国库业务和国际金融机构的负债业务，等等。

1. 货币发行业务

货币发行业务是指中央银行通过再贷款、再贴现、购买证券、收购金银外汇等方式将货币发行并投放到市场，形成流通中的货币。货币是一种债务凭证，它是中央银行对货币持有者的负债。这种负债一般不需清偿，是中央银行特有的资金来源。

货币发行是中央银行作为“发行的银行”职能的体现，也是中央银行的主要负债业务。目前世界各国的中央银行以法律形式垄断货币发行权利。中国人民银行垄断人民币的发行权，适时适量地发行人民币。

2. 集中存款准备金业务

存款准备金分为法定存款准备金和超额存款准备金两部分。根据法律规定，商业银行将吸收到的存款按一定比例转存中央银行的部分叫做法定准备金，而在中央银行存款中超过法定准备金的部分称为超额存款准备金。集中存款准备金是中央银行作为“银行的银行”职能的体现，也是中央银行一项稳定的负债业务。现代存款准备金制度是各国中央银行执行货币政策的一个重要工具。

3. 代理国库业务

代理国库业务是中央银行由政府授权代理国库收支业务而形成的一种存款。由于财政收支由中央银行代理，经常大量的财政存款便构成了中央银行的负债业务。这部分存款经财政分配，下拨给行政事业单位，形成行政事业单位的财政性存款，在其支出之前存在中央银行，又构成了中央银行的负债。

代理国库是中央银行作为“政府的银行”，经办财政收支，执行政府出纳职能过程中形成的负债业务。它沟通了财政与金融之间的联系，为政府资金的融通提供了较为有利的条件。

4. 国际金融机构负债业务

国际金融机构负债是指中央银行作为“政府的银行”代表国家向国际货币基金组织、

世界银行、亚洲开发银行等国际性、区域性金融机构的借款而形成的负债。这是中央银行主要负债项目之一。

除上述几项负债业务外，中央银行还有邮政储蓄存款、特种存款等其他负债业务。

（二）中央银行的资产业务

中央银行的资产业务是指中央银行运用货币资金的业务。主要包括贷款业务、再贴现业务、有价证券的买卖、黄金外汇储备业务和其他资产业务。

1. 贷款业务

贷款业务主要指中央银行对商业银行和其他经过特殊批准的金融机构的贷款，也包括对政府的贷款和其他贷款（对外国银行和其他金融机构）。中央银行的贷款是向社会提供基础货币的重要渠道。中央银行对商业银行的贷款，包括信用贷款、担保贷款、抵押贷款等。根据实际情况可采取不同的方式。

中央银行的贷款期限一般较短，并以政府债券或商业票据为担保的抵押贷款形式为主。中央银行的贷款业务充分体现中央银行作为“最后贷款人”的职能作用，并且对维护金融安全、执行货币政策具有十分重要的意义。对中央银行的贷款许多国家都采取较为严格的限制性措施。

2. 再贴现业务

再贴现业务是商业银行将贴现收进的未到期票据提交中央银行再办理贴现的融资行为。对中央银行而言，接受再贴现即买进商业银行已经贴现的商业票据，实际上是向商业银行提供贷款。再贴现是中央银行向商业银行融通资金的主要方式之一，也是中央银行控制和调节信贷规模的主要手段。

3. 有价证券买卖业务

有价证券买卖是指中央银行在金融市场上买卖有价证券的行为。可供买卖的有价证券，包括政府债券、合格的贴现票据和承兑票据等，其中最重要的是政府债券。中央银行买卖证券一般通过公开市场业务进行，目的是为了调节货币供求、稳定金融市场、贯彻政府宏观货币政策，而不是为了盈利。

4. 黄金外汇储备业务

各国中央银行为了稳定金融市场、调节国际收支、加强对外经济交往，要保留一定数量的黄金外汇储备。而中央银行购买黄金、外汇要占用大量货币资金，因此，黄金外汇储备是中央银行的一项资产业务。

除上述几项资产业务外，中央银行还有固定资产业务，在国际金融机构的资产、其他贷款等资产业务。

（三）中央银行的中间业务

中央银行的中间业务主要是指办理资金清算，也有一些中央银行从事信托代理等业务。中央银行从事的资金清算业务，包括集中办理票据交换、结清交换差额、办理异地资金转移。

1. 集中办理票据交换

集中办理票据交换是指中央银行组织办理金融机构之间票据交换工作。票据交换工作通常都是在票据交换所进行的。票据交换所是同城内各银行相互之间清算其应收应付款项的集中场所，是中央银行的业务部门之一。

2. 结清交换差额

各清算银行均在中央银行开立有往来存款账户（独立于法定存款准备金账户之外），票据交换后的最后差额即由该账户上资金的增减来结清，该账户上的金额可以视为商业银行的超额存款准备金。

3. 办理异地资金转移

中央银行不仅通过其分支机构组织同城票据交换与资金清算，还要在全国范围内办理异地资金转移，这是中央银行资金清算工作的重要一环。通过在全国范围内办理资金清算，中央银行可以对全国的经济、金融情况加强了解，从而便于按政策实施监督管理。

知识链接 6－1
中国人民银行简介及法律定位

知识链接 6－2
银行起源

说一说：简述中央银行的主要业务。

第二节 商业银行

商业银行是以吸收公众存款、发放贷款、办理结算等为主要业务，以获取利润为目标的综合性多功能的金融机构。商业银行是金融体系的主体机构，因其机构数量多、业务范围广和资产总额大，在金融机构中始终处于不可替代的重要地位。

一、商业银行的性质

商业银行的性质可以从以下三个方面理解：

（一）商业银行是企业

商业银行具备现代企业的基本特征，其经营目标和经营原则与一般企业相同，是以追求利润最大化为其经营目的。商业银行要自主经营、自负盈亏、自担风险、自我发展。

（二）商业银行是金融企业

商业银行在经营对象上不同于一般企业，一般企业经营的是普通商品，而商业银行经营的是特殊的商品，即货币和货币资金。

（三）商业银行是一种特殊的金融企业

商业银行与其他金融企业相比，还有一个显著的特点，即商业银行是唯一可以经营活期存款的金融企业，具有信用创造能力，影响着货币供应量。因而，商业银行就成为中央银行监管的主要对象。

二、商业银行的职能

商业银行是以经营存款、贷款、办理转账结算为主要业务，以盈利为主要经营目标的综合性多功能的金融机构。在现代金融体系中，商业银行的资本雄厚，业务范围不断扩大，经营项目越来越多，并向着多元化、综合性方向发展，被称为“金融百货公司”，是各国金融机构体系的主体。其职能主要有：

（一）信用中介职能

商业银行作为信用受授的中介机构，信用中介职能是其最基本的职能。商业银行一方面动员并集中社会上的各种暂时闲置的资金，形成银行负债；另一方面再将它们贷放到需要资金的部门或企业，形成银行资产，因而商业银行既是借者，也是贷者。其利润来自于借入和贷出之间的利息差。

（二）支付中介职能

支付中介职能是指商业银行受客户委托，代为保管、出纳和代理支付货币的功能。该职能的发挥是整个社会经济正常稳定运行的必要条件。银行为客户进行非现金结算，节约了现金的印制、保管、清点等流通费用，同时又加速了资金的周转，促进了社会再生产的扩大。尤其是随着网络时代的到来，商业银行还可以为客户提供形式多样的非现金结算。借助于支付中介职能，商业银行成为国民经济活动中的现金出纳中心和转账中心。

（三）信用创造职能

信用创造是商业银行通过其日常的业务活动，为社会提供更多的支付手段和交易媒介的一种功能，主要表现在商业银行以原始存款为基础，在银行体系中衍生数倍于原始存款的派生存款。在当代银行制度下，原始存款是以现金方式存入商业银行的存款，其中活期存款占了很大比重。它最终形成银行的准备金。派生存款是由银行放款、贴现和投资业务转化而来的存款。商业银行以此再发放新的贷款，进而又产生了新的派生存款。最终将在银行体系中形成数倍于原始存款的派生存款。

（四）金融服务职能

早期的商业银行是为了满足客户对货币的保管，汇兑、存款和放款等的需要而产生的。随着商品货币经济的不断发展，商业银行的经营领域迅速扩大，支付中介职能的作用越来越显著。但从本质上说，商业银行的业务都是为满足全社会对货币的各种需要而提供的多样化的服务，即金融服务。尤其是在当今的信息时代，商业银行已成为全社会的信息中心、资金调节中心和资金分配中心。它不仅可以满足客户在货币方面的需要，还能向客户提供信息咨询、决策支持等服务项目。

三、商业银行的主要业务

商业银行的业务主要有负债业务、资产业务和中间业务三大类。

（一）商业银行的负债业务

商业银行负债业务是指商业银行筹集资金，形成资金来源的业务。它是商业银行最基本的业务，也是开办资产业务的前提和基础。主要包括各项存款、各种借款和自有资本金三个方面。

1. 存款业务

存款业务是指商业银行接受客户存入的货币款项，存款人可以随时或按约定时间支取款项的一种信用业务，它是商业银行最主要的负债业务。主要的存款类型有以下三大类：

（1）个人存款业务。主要包括活期储蓄存款、定期储蓄存款、外币储蓄存款、通知存款、教育储蓄存款、个人支票等。

第一，活期储蓄。活期储蓄指不规定存期、客户可随时存取、存取金额不限的一种储蓄方式。活期储蓄是银行最基本、最常用的存款方式，客户可随时存取款，自由、灵活调动资金，是客户进行各项理财活动的基础。客户一般不能据此签发支票，支用时只能提取现金或先转入存户的活期存款账户。

活期储蓄的特点：①通存通兑：即存款人凭银行卡可在全国银行网点和自助设备上存取人民币现金，预留密码的存折可在同城银行网点存取现金。同城也可办理无卡（折）的续存业务。②资金灵活：存款人可随用随取，资金流动性强。③缴费方便：存款人可将活期存款账户设置为缴费账户，由银行自动代缴各种日常费用。

第二，定期储蓄存款。定期储蓄存款是约定存期，一次或分次存入，一次或多次取出本金或利息的一种储蓄。定期储蓄存款存期越长，利率越高。现行的定期储蓄主要有：整存整取、零存整取、存本取息、定活两便等。

定期储蓄存款的特点：①利率较高。定期存款利率高于活期存款，是一种传统的理财工具，定期存款存期越长，利率越高。②可约定转存。存款人可在存款时约定转存期限，定期存款到期后的本金和税后利息将自动按转存期限续存（存本取息、定活两便除外）。③可质押贷款。如果定期存款临近到期，但又急需资金，存款人可以办理质押贷款，以避免利息损失。④可提前支取。如果存款人急需资金，亦可办理提前支取。未到期的定期存款，全部提前支取的，按支取日挂牌公告的活期存款利率计付利息；部分提前支取的，提前支取的部分按支取日挂牌公告的活期存款利率计付利息，剩余部分到期时按开户日挂牌公告的定期储蓄存款利率计付利息（定活两便除外）。

我国目前储蓄存款实行“个人存款账户实名制”。即个人到银行等储蓄机构开户，需持本人有效身份证件办理。如委托他人代办开户，代办人还需同时出示本人身份证件。

第三，通知存款。通知存款是一种不约定存期、支取时需提前通知银行、约定支取日期和金额方能支取的存款。个人通知存款不论实际存期多长，按存款人提前通知的期限长短划分为一天通知存款和七天通知存款两个品种。一天通知存款必须提前一天通知约定支取存款，七天通知存款则必须提前七天通知约定支取存款。人民币通知存款最低起存、最低支取和最低留存金额均为5万元，外币最低起存金额为1000美元等值外币。

第四，教育储蓄。教育储蓄是指为接受非义务教育积蓄资金，分次存入，到期一次支取本息的服务。开户对象为在校小学四年级（含四年级）以上学生。教育储蓄存期分为一年、三年、六年。教育储蓄50元起存，每户本金最高限额为2万元。

教育储蓄的特点：①税收优惠：按照国家相关政策规定，教育储蓄的利息收入可凭有关证明享受免税待遇。②积少成多。适合为子女积累学费，培养理财习惯。

（2）企业单位存款，又称对公存款业务，主要包括单位活期存款、单位定期存款、单位通知存款、人民币单位协定存款等。

单位活期存款是一种随时可以存取、按结息期计算利息的存款，其存取主要通过现金或转账办理。活期存款账户分为基本存款账户、一般存款账户、临时存款账户和专用存款账户。这种存款的特点是不固定期限，客户存取方便，随时可以支取。

定期存款是银行与存款人双方在存款时事先约定期限、利率，到期后支取本息的存款。定期存款用于结算或从定期存款账户中提取现金。客户若临时需要资金可办理提前支取或部分提前支取。

协定存款是指客户通过与银行签订《协定存款合同》，约定期限、商定结算账户需要保留的基本存款额度，由银行对基本存款额度内的存款按结息日或支取日活期存款利率计息，超过基本存款额度的部分按结息日或支取日中国人民银行公布的高于活期存款利率、低于六个月定期存款利率的协定存款利率给付利息的一种存款。

单位通知存款是指存款人在存入款时不约定存期，支取时需提前通知金融机构，约定支取日期和金额方能支取的存款。

知识链接 6－3
银行的存款种类

2. 借款业务

商业银行的各种借款是指商业银行向中央银行借款或通过金融市场筹资形成的负债业务。主要有向中央银行借款、同业拆借、从国际金融市场借款和发行金融债券等。

（1）向中央银行借款。这是中央银行实现“银行的银行”的职能，以最后贷款人的身份向商业银行提供的资金融通。商业银行向中央银行借款主要是为了解决临时性或季节性的资金需求，包括再贴现、再贷款两种方式。再贴现是商业银行将贴现收进的未到期票据提交中央银行再办理贴现的行为。它是商业银行向中央银行融通资金的主要途径。再贷款是指商业银行凭借自身信用或者以票据和债券作抵押向中央银行取得的借款。

（2）同业拆借。这是指商业银行之间为了平衡其业务活动中资金来源与资金运用而发生的短期或临时性借贷行为。它是商业银行之间利用资金融通过程中的时间差、空间差、行际差来调剂资金互惠互利的一种短期借贷。

（3）金融债券。这是商业银行等金融机构为筹集长期资金或特定用途贷款的资金，向社会公众发行的一种债券凭证。由于金融债券具有期限较长、利率较高、不可提前兑付的特点，使金融债券成为商业银行吸收长期资金进行投资和贷款的有力工具。

（4）从国际金融市场借款。这是指商业银行向国际资金市场筹借境外货币。包括直接向境外银行借入资金及发行境外债券，用以解决商业银行的外汇资金需要。

我国政府对商业银行发行金融债券和向国际金融市场的借款有明确限制。我国《商业银行法》规定，商业银行发行金融债券或者到境外借款，应当依照法律、行政法规的规定报经批准。

3. 自有资本金

商业银行作为经营货币信用业务的企业，必须拥有一定数量的自有资本。商业银行的自有资本是指商业银行自身拥有的或者能够永久支配使用的资金，它是商业银行从事业务的基础，是发放长期贷款的资金来源，也是维护信用并应付可能造成损失的先决条件。

由于各国商业银行的组成方式不同，其自有资本金的来源也不尽相同。我国国有独资商业银行的自有资本金（又称国有资本金）主要来源有：一是财政拨给的信贷资金。对由国有专业银行改造的国有独资商业银行，其自有资本金主要来源于国家财政历年拨给的信贷基金。二是银行留存的净收益。商业银行在一个营业年度中，其资产收益和其他收入扣除经营成本即为盈利（亏损）。其盈利中的公积金和未分配利润也构成了商业银行的自有资本。我国其他股份制商业银行和非股份制商业银行以发行股票或由企业法人投资等方式来筹集自有资本金。

根据我国《商业银行法》规定，设立全国性商业银行的注册资本最低限额为10亿元人民币。设立城市商业银行的注册资本最低限额为1亿元人民币，设立农村商业银行的注册资本最低限额为5000万元人民币。注册资本应当是实缴资本。商业银行资本充足率不得低于8%。

（二）商业银行的资产业务

商业银行的资产业务是商业银行运用其资金从事各种信用活动以获取盈利的业务。它是商业银行获取收益的主要途径。包括现金资产、贷款业务、投资业务、票据贴现业务等。

1. 现金资产

现金资产是商业银行资产中随时可用于支付的，流动性最强、盈利能力最低的资产。包括：

（1）库存现金。库存现金是指商业银行业务库保存的现钞和硬币。库存现金主要用以应付客户提现及商业银行日常营业开支的需要。库存现金是非盈利性资产，其库存量的多少，应视经济形势、季节性规律、银行管理等多种因素而定。西方商业银行库存现金大约占全部资产的1.1%~1.2%。

（2）存款准备金。商业银行的存款准备金包括：一是法定存款准备金，是指商业银行依据法律规定，按其存款的一定比例交存中央银行的准备金。法定存款准备金是中央银行为保护存户存款的安全，防止银行出现支付危机而设立的；现在又已成为中央银行用来调节信用规模的一项重要政策工具。二是一般性存款。许多国家都规定，商业银行必须在中央银行开立普通存款账户，并经常存有一定的金额，以供支付票据交换的差额。

（3）同业存款。同业存款是指商业银行存放在代理行或有业务关系的银行的存款。目的是便利同业之间的结算和满足代理收付往来业务的需要。

（4）在途资金，也称托收未达款，是指商业银行通过对方银行从外地付款单位或个人所收取的资金。在途资金在收妥之前，是一笔临时被其他银行占用的资金，由于通常在途时间较短，收妥后即成为存放同业存款，所以将其视同现金资产。

2. 贷款业务

贷款业务又称放款业务，是指商业银行将吸收的各种资金按照一定的利率贷给客户并约期归还收取利息的业务。它是商业银行最主要的资产业务，也是商业银行利润的主要来源。贷款的规模和结构，对商业银行经营成败，具有关键性意义。商业银行的贷款种类有：

（1）按贷款保障形式可分为信用贷款、保证贷款、抵押贷款和质押贷款。信用贷款是指商业银行完全凭借客户的信誉发放的贷款；保证贷款是指银行以第三人承诺在借款人不能偿还贷款时，按约定承诺保证责任或连带责任为前提而发放的贷款；抵押贷款是商业银行以借款人提供抵押品作为保证的贷款；质押贷款是商业银行以借款人的动产或权利为质物发放的一种贷款。

（2）按贷款的申请对象分为对个人贷款和对企业单位贷款。①对个人贷款分为住房贷款（包括住房按揭贷款、二手房贷款、住房转按揭贷款、个人住房组合贷款、个人商用房贷款等）、汽车贷款、国家助学贷款、出国留学外汇贷款等；②对企业单位贷款分为流动资金贷款、固定资产贷款、外汇贷款、项目融资、银团贷款、房地产贷款等。

（3）按贷款风险程度，将贷款分为正常、关注、次级、可疑、损失五级。正常类是指借款人能够履行合同，有充分把握按时足额偿还本息；关注类指尽管借款人目前有能力偿还贷款本息，但是存在一些可能对偿还产生不利影响的因素；次级类指借款人的还款能力出现了明显的问题，依靠其正常经营收入已无法保证足额偿还本息；可疑类指借款人无法足额偿还本息，即使执行抵押或担保，也肯定要造成一部分损失；损失类指在采取所有可能的措施和一切必要的法律程序之后，本息仍然无法收回，或只能收回极少部分。后三类被称为不良贷款。这种分类是根据贷款风险对贷款质量作出评价，其核心内容是贷款归还的可能性。目的是增强金融机构信贷管理和风险控制。2001 年 12 月 26 日中国人民银行在比较研究各国信贷资产分类的基础上，结合我国国情，发布了《贷款风险分类指导原则》，决定自 2002 年 1 月 1 日起，正式在中国银行业全面推行贷款风险分类管理。

此外，我国商业银行贷款按其对象的所有制性质分为国有、集体、私营、股份制、外资企业和个体经营贷款；按贷款对象的部门性质划分为工业、农业、商业、外贸贷款；按贷款的币种划分为人民币贷款和外汇贷款。

3. 投资业务

商业银行的投资业务是商业银行购买有价证券（包括债券和股票）的一项资产业务。它是商业银行仅次于贷款业务的又一项重要资产业务，目的是获取收益、降低经营风险、增加银行资产的流动性。因此，证券投资的主要对象是信用可靠、风险较小、流动性较强的政府及其所属机构的证券，例如公债券、国库券等。此外，有些国家的法律允许商业银行以一定的比例投资于实力雄厚、信用度高的大公司债券或股票。

近年来，随着国际金融市场融资证券化趋势的不断增强，商业银行的证券投资收入不断增加，证券投资业务在商业银行业务经营中的地位也愈来愈重要。商业银行的证券投资业务在有些国家受到法律的限制。我国《商业银行法》规定，商业银行在境内不得从事信托投资和股票业务；不得投资公司债券。

4. 票据贴现业务

票据贴现是商业银行应客户要求，以现款或活期存款买进客户持有的未到期票据，并扣除贴现利息，票据到期后按票面额向票据债务人收回款项的业务。未到期票据贴现付款额的计算公式是：

$$贴现付款额 = 票据面额 \times (1 - 年贴现率 \times 未到期天数 \div 365 天)$$

票据贴现实质上是银行的一种贷款性资产业务，但不同于一般的贷款。第一，期限不同。一般的短期贷款在一年以内，而票据贴期一般在六个月以内。第二，收取利息的方式不同。一般贷款利息都是到期收取，贴现的利息则是预扣。第三，当事人不同。一般贷款的当事人是银行、借款人和担保人，票据贴现的当事人为银行、贴现申请人、付款人和背书人等。

票据贴现是西方商业银行的一项重要的贷款业务。在我国市场经济条件下，它的重要性也日益显现。

（三）商业银行的中间业务

商业银行的中间业务是商业银行在资产业务和负债业务的基础上，利用技术、信息、机构网络、资金和信誉等方面的优势，不运用或较少运用自己的资财，以中间人和代理人的身份替客户办理收付、咨询、代理、担保、租赁和其他委托事项，提供各类金融服务并收取一定费用的经营活动。主要包括结算业务、信托业务、租赁业务和代理业务等。

1. 结算业务

商业银行结算业务是商业银行最经常、最普遍的中间业务。商业银行的结算业务是指商业银行通过结算工具，为商品交易、劳务供应、资金调拨及其他款项往来而产生的货币收付关系、债权债务进行清偿的行为。结算业务按照支付方式可分为转账结算和现金结算，结算工具通常有本票、汇票、支票、信用证、银行保函和信用卡。

（1）我国的结算方式。我国目前商业银行为国内提供的结算方式主要有支票、商业汇票、银行汇票、银行本票和信用卡，同时还保留汇兑、委托收款、托收承付等传统结算方式。国际间经贸往来的结算主要采取汇款结算方式（信汇、电汇、票汇）、托收结算方式（光票托收、跟单托收）和信用证结算方式。

随着结算制度的改革和计算机技术的发展，出现了一些新的结算业务。如资金汇划、网络结算、票款代收、集团账户服务、理财服务和双赢快车等。

（2）结算业务类型。我国商业银行提供的结算业务类型分为对个人结算和对企业单位结算两种。对个人结算业务主要指个人银行结算账户（是指个人客户凭个人有效身份证件以自然人名称开立的，用于办理资金收付结算的人民币活期存款账户）可用于办理转账汇款、刷卡消费、投资、贷款等各项支付结算业务。对企业单位结算主要包括单位结算账户、国内结算业务、国际结算业务等。

2. 代理业务

代理业务是商业银行接受他人的委托，以代理人的身份代为办理委托者指定的经济事务的业务。商业银行在接受委托并办理代理事项过程中，依据双方商定的收费标准，收取一定的报酬。因此，代理业务具有代客户服务的性质，一般不要求转移财产所有权。

目前，商业银行办理的代理业务主要有：代发工资、代理融通、代理买卖证券业务、代收费、代理出国金融服务、代理承销、发行、兑付政府债券、代理会计事务、代理收付款业务、代理保险业务、代理政策性银行业务、信用签证、代理监督业务、代理清欠业务、代理医疗保险业务、代理集资业务、代理采购、仓储、运输业务、代客安排旅游、婚礼及子女教育事务、执行遗嘱等。

3. 信托业务

信托业务是指商业银行或其他金融机构接受他人的委托，按其要求代为经营、管理或代办事务，为指定的人谋取收益的经济行为。它以信用为基础，以货币资金和其他财产为信托对象，是现代银行业务的延伸和发展，也是金融业务中的一个独立分支。目前我国商业银行办理的信托业务，主要包括委托贷款等。

4. 租赁业务

租赁业务是指财产所有权与使用权分离情况下租用使用权的一种经济行为。即通过契约规定，将财产租给承租人（使用者）使用，承租人按期交纳一定租金给出租人。出租人对财产保有所有权，承租人只享有使用权。现代租赁业务按其性质可分为融资性租赁、经营性租赁和综合性租赁。

5. 银行卡业务

银行卡业务是指由商业银行向社会发行具有消费信用、转账结算、存取现金等全部或部分功能的信用支付工具的业务。我国的银行卡包括银行信用卡和借记卡（储蓄卡）。

（1）银行信用卡，包括贷记卡和准贷记卡。

贷记卡：发卡银行给予持卡人一定的信用额度，持卡人可在信用额度内先消费，后还款的信用卡，贷记卡是最符合信用卡本源意义的卡种。

准贷记卡：持卡人须先按发卡银行要求交存一定金额的备用金，当备用金账户余额不足支付时，可在发卡银行规定的信用额度内透支的信用卡。

（2）银行借记卡：是先存款后消费（或取现），没有透支功能的信用卡。借记卡也称储蓄卡，是电子卡片化的储蓄存折和存单。

银行卡的使用与推广是现代金融业最重大的业务创新之一。它使得商品经济领域中充当一般等价物的特殊商品——货币，从实物货币、代用货币、信用货币的发展过程，进入了一个更高级的电子货币时代。它突破了银行结算业务的时间和空间概念，方便了国际、国内客户与商户之间的经济往来，减少了现钞、支票和汇票的使用，为他们提供了更加方便、快捷、准确的结算服务。

银行卡按载体材料可以分为磁性卡和智能卡；按使用对象可分为单位卡和个人卡；按信誉等级可分为金卡和普通卡；按清偿方式可分为贷记卡和借记卡；按流通范围可分为国际卡和地区卡；按结算币种不同可分为人民币卡和外币卡。

6. 信息咨询业务

商业银行的信息咨询业务是指商业银行通过资金运动的记录，以及与资金运动等经济、金融相关资料的收集整理，根据特定需要，以不同形式提供给信息征询者的活动。

信息咨询业务是信息时代商业银行新的业务增长点，它充分发挥了商业银行所固有的资源优势，大大拓宽了商业银行的业务领域。主要包括评估类信息咨询、委托中介类信息咨询、综合类信息咨询和个人理财咨询等。

7. 理财业务

理财业务分为个人理财业务和企业理财业务两大类：

（1）个人理财是指个人或出于节俭，或为了预防不测，或为了增加利息收入，将自己的钱财用于交易、储蓄或者投资，充分利用金融工具进行保值增值，进行风险规避。在现代社会里，个人理财是商业银行的一项重要中间业务。主要包括保险服务、人民币理财产品、外汇理财产品、理财规划、买卖外汇、买卖投资基金、买卖国债等业务。

（2）企业理财业务主要有银团贷款安排承销、结构化融资顾问、重组并购、资产证券化、企业上市发债业务、企业理财咨询、企业财务顾问（包括大型建设项目财务顾问业务和企业并购财务顾问业务）、现金管理业务、贵金属代理交易业务等。

8. 外汇买卖业务

外汇买卖是指不同货币按照一定汇率进行的相互交换。我国商业银行的外汇买卖业务主要包括：代客外汇买卖、个人外汇买卖、代客资产管理、信用证保兑、出口退税权利质押贷款、“外保内贷”及“境外融资保函”。

9. 电子银行服务

银行通过网上银行、电话银行、手机银行等类型电子银行为客户提供业务咨询、资金管理、金融理财、收费缴费、电子商务、代理销售等服务。电子银行分为个人网上银行和企业网上银行。客户可以通过银行提供的网络平台进行各种银行业务的自行操作。

（1）个人网上银行。其主要业务有投资理财业务（如人民币黄金买卖业务、基金投资、网上保险业务等）、转账汇款业务（包括电子速汇、国际卡购汇还款、国际卡外币还款等）、缴费支付业务（包括代缴学费、委托代扣、网银年费缴费等）、账户管理业务（包括账户信息查询、余额变动提醒、个人电子对账单、银行账户查询等）等。

（2）企业网上银行。其主要业务有账户管理（包括账户明细查询、电子回单查询、电子对账单查询、电子工资单上传、客户账务提醒等）、收款业务（包括批量扣企业、批量扣个人、自动收款、集团理财等）、付款业务（包括网上汇款、代发工资、代报销、在线缴费等）、投资理财（包括集团理财、公务用卡、票据托管、电子商务、预约服务等）、信贷业务（包括网上银行信用证业务、网上委托贷款、网上还贷、贷款业务查询等）、代理行业务（包括代签银行汇票、代理汇兑等）等。

知识链接 6－4
第三方支付对银行
带来的影响

思考：商业银行该如何应对第三方支付？

知识链接 6－5
国内信用证迈入电子化时代
招行落地首笔跨行业务

四、商业银行的经营管理原则

商业银行的经营管理原则，也称商业银行经营方针，通常归纳为安全性、效益性、流动性三性原则。

（一）安全性原则

所谓安全性，是指商业银行在业务经营中尽可能地避免风险损失，保证资金安全。

商业银行的业务经营，首先必须考虑自身的安全。这是因为：第一，商业银行的资金来源主要是负债，经受不住较大风险的冲击。第二，商业银行以货币为经营对象，而影响货币变化的因素纷繁复杂，这就使银行经营具有不稳定性。第三，商业银行业务经营涉及各行各业和千家万户，其经营风险损失必将给社会经济和人民生活带来巨大影响。因此，商业银行经营的安全性，既是商业银行生存的基础，是获得利润、求得发展的前提条件，又是维持公众信心、稳定社会金融乃至稳定国民经济的保证。

（二）效益性原则

所谓效益性，是指商业银行在经营业务过程中获得利润的能力。追求盈利是商业银行经营的总目标，是商业银行承担经营风险的重要力量，也是商业银行加强经营实力、改进服务、不断开拓业务经营、巩固信誉、提高竞争力的内在动力。

追求利润是一切经济活动的共同特点，也是商业银行经营的总目标。这是因为：第一，增加盈利是银行充实资本金的一条重要渠道。盈利的增加可以使商业银行的资本规模扩大，银行有更强的能力承受资产的损失，使债权人的利益更有保障。第二，商业银行较高的盈利水平能提高客户对银行的信任程度，可以在更大范围内吸收客户资金，扩大银行业务规模。第三，较高的盈利水平，也是银行在高度竞争的市场上吸引精明强干的经营人才，增强银行的经营管理能力和提高市场竞争力的物质条件。

（三）流动性原则

所谓流动性，是指商业银行能够随时应付客户提存，满足必要贷款的能力。商业银行的流动性包括两个方面内容：一是资产的流动性，即是指银行资产不发生损失的情况下迅速变现的能力；二是负债的流动性，是指银行能以较低的成本随时获得所需要的资金。

商业银行经营的流动性原则，是由商业银行资金来源的性质和业务经营特点决定的。商业银行的资金来源，大部分是客户的存款和借入款项。存款的存取取决于存款人的意愿，随时都可能发生。银行作为债务人必须随时满足客户提存的需要；借入款项也必须按期归还或随时兑付。银行资金来源的这种流动性要求资金运用也必须与之保持相应的流动性。否则银行将会失去存款人的信任，可能出现挤兑风潮，造成银行支付的困难。

商业银行经营的三大原则是相互矛盾、相互统一的。从总体上看，安全性与流动性是成正比的，流动性较强的资产，一般来说，安全有保障，风险较小。但安全性、流动性与效益性存在着矛盾，流动性强，安全性好，盈利率一般较低；而风险大，期限长，流动性较差的资产，盈利率却比较高。因此，银行在其经营过程中，经常面临两难选择。对此，只能依据具体情况，统一协调，形成三者的理想组合。

五、商业银行的岗位设置

商业银行一般设置了综合柜员岗位、大堂经理岗位、客户经理岗位、理财规划师岗位、部门经理岗位等。

（一）综合柜员岗位

柜员岗位的主要业务包括现金业务、私人银行业务、公司银行业务等。

1. 现金业务

现金业务包括现金收付业务、自助设备的现金管理（ATM、CDM 机的加钞、取钞、清钞等）、现金错款处理、现金整点及兑换、假币的收缴及鉴定、反洗钱业务等。

2. 私人银行业务

私人银行业务是商业银行在经营中按照客户对象划分出的专门以个人或家庭为服务对象的业务范围和市场，是对居民或家庭提供的银行及其他金融产品和金融服务的总称。私人银行业务包括储蓄业务、银行卡业务、个人外汇业务、个人融资业务、个人中间业务、个人电子银行业务（包括客户服务中心，如工商银行的 95588、建设银行的 95533、中国银行的 95566、招商银行的 95555、交通银行的 95559 等、网上银行、自助银行、手机银行、网上商城等业务）、个人理财业务等。

3. 公司银行业务

公司银行业务是商业银行作为自然人以外的符合银行开户规定的单位所提供的金融服务。包括人民币结算业务、外汇结算业务、银行融资业务、公司中间业务、企业电子银行业务等。

（二）大堂经理岗位

随着人们对金融服务需求的不断提升，银行大堂经理越来越为人们所熟悉，并且成为商业银行改善金融服务、提高服务质量的一个重要环节。大堂经理岗位的主要业务包括迎送客户、业务咨询、现场管理等。

1. 迎送客户

大堂经理的职责之一是热情、文明地对进出银行网点的客户迎来送往，从客户进门时起，大堂经理应主动迎接客户，询问客户需求，对客户进行相应的业务引导。

2. 业务咨询

大堂经理应该热情、诚恳、耐心、准确地解答客户的业务咨询。

3. 现场管理

大堂经理需要维护银行网点正常的营业秩序，根据柜面客户排队现象，及时进行疏导，减少客户等候时间。同时，快速妥善地处理客户提出的批评性意见，避免客户与柜员发生直接争执，化解矛盾，减少客户投诉。

（三）客户经理岗位

客户经理制是商业银行为适应激烈竞争的市场和不断变化的客户需求所作的营销制度安排和组织架构设计。客户经理是商业银行内部集中各种不同资源，对外代表该银行向目标客户推广适用金融产品和提供优质金融服务的市场营销及经销创新的专业人员。作为营销商业银行金融产品和服务的客户经理，其主要职责是负责开发、建立和维系银行与客户的关系，专门负责与客户进行联络和沟通，及时了解客户需求的变化，为客户提供个性化的金融服务方案、营销商业银行的金融产品和服务。

（四）理财规划师岗位

随着40年中国经济的快速发展，富裕阶层正在迅速形成，因而对能够提供客观、全面理财服务的理财规划师的要求迅猛增长。

理财规划师是商业银行当中为客户提供全面理财规划的专业人士。全面理财规划主要包括现金规划、消费支出规划、教育规划、风险管理与保险规划、税收筹划、投资规划、退休养老规划、财产分配与传承规划等。理财规划的目的在于使客户在不断提高生活品质的同时，即使到年老体弱以及收入锐减的时候，也能保持自己所设定的生活水平，最终达到终生的财务安全、自主、自由和自在的过程。

理财规划师岗位是专业性极强的职业，从业人员除应具有渊博的专业知识、娴熟的投资理财技能、丰富的理财经验外，还要熟悉股票、基金、债券、外汇等金融业务领域，同时具备随时掌握国际国内金融形势的综合专业素质。

（五）部门经理岗位

部门经理是商业银行的中层管理者，是介于商业银行高层管理者和基层管理者之间的中间层次的管理人员。其主要职责是贯彻执行行级领导制定的重大决策、监督和协调基层管理者的工作。

说一说： 简述商业银行的主要业务。

第三节　政策性银行

一、政策性银行的性质和地位

政策性银行是由政府投资创办的，以贯彻国家产业政策、区域发展政策为目的，不以盈利为目标的金融机构。政策性银行与中央银行的区别在于，中央银行是全国金融体系的领导和管理机构，是负责全国金融宏观调控的国家机关，而政策性银行则是按政府意图对某一领域或某一行业实施扶持性融资的经营实体，绝非全国性的宏观调控机构。政策性银行与商业银行的区别在于其不以盈利为目的。与专业银行的区别在于，其受政府的扶持和控制，不像专业银行那样完全出自某一方面的需要独立开展业务而不必秉承政府意图。

二、政策性银行的特征

政策性银行的存在主要是为了校正市场失效和实现某些政府职能，这就决定它有不同于其他商业性金融机构的特点，主要有以下几点：

（一）由政府创立、参股或保证

政策性银行大多数是由政府直接出全资创立的，也有政府参与部分资本、联合商业银行和其他金融机构共同创立的。这类银行均由政府作为后盾，与政府有密切的关系。

（二）不以盈利为目的

政策性银行不以盈利为目的，而是贯彻和配合政府的社会经济政策或意图。

（三）具有确定的业务领域和对象

政策性银行一般都是专业性或开发性银行。它的业务活动立足于补充一般商业性金融机构的不足，与一般商业性金融机构形成“互补”关系，因而其业务领域相对狭小。它的业务领域主要是农业、进出口贸易、经济开发等。

（四）特殊的融资原则

政策性银行一般以政府的经济职能和政策为依据，这就决定了其融资原则具有明显的非商业性。其特殊性在于：①不介入商业性金融机构能够从事的项目，主要经营和承担私人部门和商业性金融机构不愿承担的项目。②主要提供中长期的廉价资金，有的甚至不能按期偿还或价格低于筹资成本，为此而发生的亏损由政府予以补贴。③对其他金融机构所从事的符合政策性目标的金融活动给予偿付保证、利息补贴或融资。

（五）不参与信用创造

政策性银行一般不办理活期存款、汇兑、结算和现金支付商业银行业务，其负债是货币体系已经创造出来的货币，而其资产一般均为专款专用。因此，政策性银行一般不具备信用创造和增加货币供给的功能。

三、政策性银行的职能

政策性银行的性质决定了它的职能。政策性银行首先具有一般金融机构的职能，即信用中介的职能。除此一般职能之外，还具有以下基本职能：

（一）补充职能

政策性金融是社会融资活动的补充形式，政策性银行是商业性金融体系的补充机构。在社会融资活动中，应以商业银行等金融机构的融资为主，政策性银行不是替代其业务活动，而是对其顾及不到的某些领域进行融通资金，起到一种拾遗补缺的作用。

（二）选择职能

政策性银行对其融资的领域或部门必须有所选择。对那些市场能够选择的，依靠市场机制的作用可得到合理的资源配置的领域，政策性银行则不加以选择；而那些市场不予选择的部门和领域，则是政策性银行选择的融资领域。因此，政策性银行的选择职能就在于要保证商业性金融机构不予或不愿选择的但又对国民经济发展关系重大的领域，有充足的发展资金。

此外，政策性银行还有倡导或传导政策意图，提供某些金融服务等职能。

四、我国政策性银行的主要业务

（一）国家开发银行的主要业务

国家开发银行成立于1994年3月，是办理国家重点建设（包括基本建设和技术改造）贷款及贴息业务的银行。国家开发银行的资金来源主要是：财政部拨付的资本金和重点建设基金；对社会发行的国家担保债券和对金融机构发行的金融债券等。

设立国家开发银行旨在建立长期稳定的资金来源，筹集和引导社会资金用于国家重点建设，增强国家对固定资产投资总量和结构的调控能力。开发银行的业务是办理政策性重点建设贷款和贴息贷款，如向京九铁路、粤港澳大湾区等国家重点基础设施建设提供长期、低息贷款。其业务范围主要包括：

（1）管理和运用国家核拨的预算内经营性建设基金和贴息资金；

（2）向金融机构发行金融债券和向社会发行财政担保建设债券；

（3）办理有关的外国政府和国际金融机构贷款的转贷，经国家批准在国外发行债券，根据国家利用外资计划筹借国际商业贷款等；

（4）向国家基础设施、基础产业和支柱产业的大中型基建和技改等政策性项目及其配套工程发放政策性贷款；

（5）办理建设项目贷款条件评审、咨询和担保等业务，为重点建设项目物色国内外合资伙伴，提供投资机会和投资信息。

目前，国家开发银行已经改制为国家开发银行有限责任公司，是全球最大的开发性金融机构。

知识链接6－6
国开行“双千亿”支持
民营、小微企业发展

(二) 中国农业发展银行的主要业务

中国农业发展银行成立于1994年11月，是一家承担国家粮棉油储备、农副产品收购、农业开发等方面政策性贷款的政策性银行。中国农业银行的注册资金由国家拨给。设立农业发展银行是为了集中力量解决农业和农村经济发展所需政策性资金，实行主要农产品收购资金的封闭运行。其业务范围主要包括：

(1) 办理粮食、棉花、油料等主要农副产品的国家专项储备贷款；

(2) 办理粮食、棉花、油料等主要农副产品的收购、调销、加工贷款；

(3) 办理国务院确定的扶贫贷款和农业综合开发贷款；

(4) 办理国家确定的小型农、林、牧、水基本建设和技术改造贷款；

(5) 办理业务范围内开户企事业单位的存款和结算；

(6) 发行金融债券；

(7) 办理境外筹资。

(三) 中国进出口银行的主要业务

中国进出口银行成立于1994年4月，是一家对进出口领域提供政策性金融支持的政策性银行。其注册资金由国家财政核拨。

设立进出口银行是为了支持出口，增加国家外汇收入，促进我国外经贸结构的调整。执行国家产业政策和外贸政策，为扩大机电产品和成套设备等资本性货物出口提供政策性金融支持。其业务范围主要包括：

(1) 办理与机电产品和大型成套设备有关的出口信贷业务，提供出口买方信贷和卖方信贷；

(2) 办理与机电产品和成套设备出口有关的政府贷款、混合贷款和出口信贷的转贷，国际银行间及银团贷款业务；

(3) 办理短期、中长期出口信用保险，进出口保险，出口信贷担保，国际保理等业务和对外担保；

(4) 经国家批准，在境外发行金融债券；

(5) 办理本行承担的各类贷款、担保、对外经济技术合作等项目的评审，为境内外客户提供有关本行筹资、信贷、担保、保险、保理等业务的咨询服务。

(四) 政策性银行的改革

2007年1月召开的全国金融工作会议决定，按照分类指导、“一行一策”的原则，推进政策性银行改革。首先推进国家开发银行改革，全面推行商业化运作，主要从事中长期业务，对政策性业务要实行公开透明的招标制。这为政策性银行的改革指明了方向。

2015年4月12日，中国政府网发布消息，国家开发银行、中国进出口银行、中国农业发展银行改革方案已获国务院批复同意。批复明确了国开行定位为开发性金融机构，国家开发银行坚持开发性金融机构定位，适应市场化、国际化新形势，充分利用服务国家战略、依托信用支持、市场运作、保本微利的优势，进一步完善开发性金融运作模式，积极发挥在稳增长、调结构等方面的重要作用，加大对重点领域和薄弱环节的支持力度；而中国进出口银行、中国农业发展银行进一步明确了政策性银行的定位，强调了政策性职能定位。其中要求中国进出口银行坚持以政策性业务为主体，合理界定业务范围，明确风险补偿机制，提升资本实力，建立资本充足率约束机制，强化内部管控和外部监管，建立规范的治理结构和决策机制。中国农业发展银行改革则坚持以政策性业务为主体，通过对政策性业务和自营性业务实施分账管理、分类核算，明确责任和风险补偿机制，确立以资本充足率为核心的约束机制，建立规范的治理结构和决策机制。

议一议：我国目前政策性银行在经济发展中的主要作用。

复习思考题

1. 简述中央银行的性质、地位和职能。
2. 简述中央银行的主要业务。
3. 简述商业银行的性质、地位和职能。
4. 简述商业银行的主要业务。
5. 分析政策性银行的性质、地位和职能。
6. 简述政策性银行的特征。

社会实践设计

讨论会

1. 主题：银行卡及银行的新业务。

2. 要求：根据自己的实践，运用所学的有关商业银行业务的基础知识，认识银行卡的优越性及它的不足，了解银行开展的各项新业务。

3. 目的：认识银行卡，会使用银行卡。

4. 建议：首先收集相关资料，然后分组组织发言提纲，最后在全班进行讨论。

第七章

保　　险

学习目标

通过本章学习，要求了解保险的主要险种、保险理赔的程序；理解保险的含义和特征；明确保险的职能作用；掌握保险合同的基本内容。

本章重点是保险的含义和特征、保险的职能作用、保险合同的基本内容。

第一节　保险概述

一、保险的概念

保险是指投保人根据合同约定，向保险人支付保险费，保险人对于合同约定的可能发生的事故因其发生所造成的财产损失承担赔偿保险金责任，或者当被保险人死亡、伤残、疾病或者达到合同约定的期限、年龄时承担给付保险金责任的商业保险行为。简单地说，保险就是运用互助共济的原理，将个体面临的风险由群体来分担。即“众人交费，统一管理，一人损失，大家分摊”。

对保险定义的理解应从四个方面着手：①从经济角度看，保险是分摊意外事故损失的一种财务安排。投保人参加保险，实质上是将他的不确定的大额损失变成确定的小额支出，即保险费。而保险人通过向所有被保险人收取保险费建立保险基金，用于补偿少数被保险人遭受的意外事故损失。因此，保险是一种有效的财务安排，并体现了一定的经济关系。②从法律角度来看，保险是一种合同行为，体现的是一种民事法律关系。根据合同约定，一方承担支付保险费义务，换取另一方为其提供的经济补偿或给付的权利，这正是体现了民事法律关系的内容——主体之间的权利和义务关系。③从社会角度看，保险是社会经济保障制度的重要组成部分，是社会生产和社会生活“精巧的稳定器”。④从风险管理角度看，保险是风险管理的一种方法。

二、保险的特征

（一）经济性

保险是一种经济保障活动。这种经济保障活动是整个国民经济活动的一个有机组成部分。此外，保险体现了一种经济关系，即商品等价交换关系。保险经营具有商品属性。

（二）互助性

保险业务通过投保人交纳保险费的形式建立保险基金，在投保人发生特定经济损失或人身伤害时给予经济补偿，少数人的损失和伤害由所有投保人共同分担，从而形成了一种经济互助关系。互助性是保险的基本特性。

（三）法律性

保险的经济保障活动是根据合同来进行的。保险人与投保人的权利和义务必须通过签订保险合同加以规定，双方存在契约化的权利对等关系。所以，从法律角度看，保险又是一种合同法律行为。

（四）科学性

保险是以科学的方法处理风险的一种措施，保险费率的厘定、保险准备金的提存等都是以科学的数理计算为依据。

三、保险的职能

保险的职能是指保险的内在的固有的功能，它是由保险的本质和内容决定的。保险的职能包括经济补偿和分散风险职能，其中经济补偿职能是保险最基本的职能。

（一）经济补偿职能

经济补偿是指保险人在特定风险损害发生时，在保险的有效期和保险合同约定的责任范围以及保险金额内，按其实际损失数额向被保险人提供补偿与给付保险金的职能。保险的经济补偿职能，只是把社会已有的财富进行再分配，而不能增加社会财富。因此从社会角度而言，个别遭受风险损失的投保人的所得，正是没有遭受损失的多数投保人的所失，它是由全体投保人给予的补偿。这种补偿既包括财产损失的补偿，又包括了责任损失的赔偿。

（二）分散风险职能

分散风险就是通过保险活动将遭受风险事故的被保险人所需要的补偿金由众多的投保人分摊的职能，即转移风险、分摊损失的职能。从这个意义上说，保险是一种互助行为。分散风险包括从时间上分散和从空间上分散。在时间上分散包括在先投保者与后投保者之间分散以及在分期交付保险费的情况下将风险分散在各期。在空间上分散包括将甲投保人所投保的风险在乙、丙、丁等广大投保人之间分散，在不同险种但属同类风险中分散，在不同地域但属同一保险总公司的投保人之间分散，通过再保险业务将风险在保险公司之间分散。

（三）融资职能

保险人收取的保险费一般不会马上用于赔付或给付，因为这两者之间存在时间差。对人身保险中的长期业务而言，其间相差几年甚至数十年。这就使得保险人能够把暂时闲置的保险基金以直接或间接的方式投入社会再生产过程，从而扩大社会再生产的规模，这就是保险的融资职能。现代保险业在管理后备基金的过程中，逐渐发展起运用基金的金融中介职能，使保险业成为名副其实的非银行金融机构。

另外，保险还有防灾防损等职能。

四、保险的作用

保险的作用是保险职能在具体实践中表现的效果，是保险职能的具体体现。在我国社会主义市场经济条件下，保险主要有以下作用：

（一）有利于企业生产的正常进行

企业作为具有独立经济利益的商品生产经营者，要保证生产经营活动的正常进行，就必须保证其投入的资金能够顺利地循环和周转。但在实际的生产经营活动中，由于自然灾害和意外事故的客观存在，使得企业财产时刻面临受损的风险。一旦灾害事故发生，企业财产难免遭受一定的损失。如果不能及时予以补偿，企业资金的循环和周转必然受阻，从而使得生产经营活动难以为继。通过保险，可使企业的损失及时得到补偿，保证企业资金的循环和周转正常进行，帮助受灾单位恢复正常生产经营。保险对企业再生产的正常进行，发挥着重要作用。

（二）有利于人们生活的安定

由于自然灾害和意外事故的客观存在，家庭和个人在生活过程中也有遭受因灾害事故造成财产损失或人身伤亡的可能，从而使正常的生活秩序受到破坏。通过保险，可以使人们的生活得到安稳的保证。当被保险人遭受各种天灾人祸时，保险公司通过对社会成员的各种人身意外伤害保险，及时提供赔偿或给付保险金，就可以帮助被保险人重建家园，安定被保险人的生活。由此可见，保险可以解除人们的后顾之忧，帮助人们解决因灾害事故而遇到的经济困难，有利于生活的安定。

（三）有利于促进社会再生产的发展

保险基金可以为生产建设服务，促进社会再生产的发展。一方面，通过保险对遭受经济损失的企业进行经济补偿，可以使企业及时恢复生产，保证生产经营活动连续、正常地进行，企业只有在保持原有生产规模的基础上，才可能进行扩大再生产，由此可体现出保险对发展社会再生产的促进作用。另一方面，保险基金在用于支付保险赔款的过程中，总会有一部分处于暂时闲置状态，保险企业可以运用这部分保险基金进行投资，直接参与社会再生产。

（四）有利于促进个人或家庭消费的均衡

保险具有促进个人或家庭消费的均衡的作用。根据统计资料，一个人的一生在其青壮年时收入最高，而人的一生都需要消费，为了保证年老时不会因收入减少而影响个人和家庭的消费，就必须参加养老保险和其他人寿保险，即在青壮年时将其收入的一部分缴纳保险费，在年老或伤残、疾病时从保险公司领取保险金或获得保险赔偿，就可以实现个人与家庭消费的均衡。

（五）有利于促进国际贸易的发展，有利于平衡国际收支

保险在现代对外经济贸易和国际交往中，是不可缺少的环节。在现代国际贸易中，不论是进口贸易还是出口贸易，都必须办理保险，保险费已成为国际贸易商品价格不可缺少的组成部分。由于保险承担了国际贸易往来中由自然灾害和意外事故所带来的损失风险，因而可以减少进出口商的后顾之忧，有利于促进国际贸易的发展。保险业的经济补偿和发展，特别是海外保险业务和涉外保险业务的发展，不仅可以有力促进对外经济贸易，使国际经济交往

得到保障，而且可以带来巨额无形贸易净收入。目前，许多国家的外汇保费收入已构成一种重要的非贸易外汇收入，成为国家积累外汇资金的重要来源。

（六）有利于促进风险管理，防灾防损

保险公司作为社会上专门同风险打交道的经济企业，具有风险管理的专业知识、大量的风险损失资料，积累有丰富的防灾防损、处理风险经验，为社会风险管理提供了有力的数据支持。同时，保险公司大力宣传培养投保人的风险防范意识，帮助投保人识别和控制风险，指导其加强风险管理；进行安全检查，督促投保人及时采取措施消除隐患；提取防灾资金，资助防灾设施的添置和灾害防治的研究。通过保险应对灾害损失，不仅可以根据保险合同约定对损失进行合理补充，而且可以提高事故处理效率，减少当事人可能出现的事故纠纷。

知识链接7－1

防患于未然——在损失发生之前投保

想一想：为什么应该在发生保险事故前投保？

第二节　保险合同

一、保险合同的概念

保险合同是投保人与保险人约定保险权利义务关系的协议。投保人是指与保险人订立保险合同，并按照保险合同负有支付保险费义务的人。保险人是指与投保人订立保险合同，并承担赔偿或者给付保险金责任的保险公司。保险合同定义明确了合同的性质是协商产生的协议，明确了当事人主体是投保人和保险人，明确了合同内容是保险权利义务关系。

保险合同是商业保险所必须采取的形式。投保人和保险人作为依据保险合同建立保险关系的双方当事人，具有平等的法律地位，任何一方不得将自己的意志强加给对方。

二、保险合同的要素

保险合同的要素是指保险合同的构成要素，包括保险合同的主体、客体和内容三方面。

（一）保险合同的主体

保险合同的主体为保险合同的当事人和关系人。保险合同的当事人为投保人和保险人，保险合同的关系人为被保险人、保单所有人和受益人。

1. 保险合同的当事人

（1）保险人，亦称承保人，是指与投保人订立保险合同，向投保人收取保险费，并承担赔偿或者给付保险金责任的保险公司。各国法律都要求保险人具有法人资格，在依法经过审批、取得营业许可证后，在规定的经营范围内从事保险活动。

（2）投保人，亦称要保人，是指与保险人订立保险合同，并按照保险合同负有支付保险费义务的人。投保人可以是法人，也可以是自然人，投保人通常必须具备权利能力和行为能力，必须对保险标的具有可保利益。

2. 保险合同的关系人

（1）被保险人，是指其财产或者人身受保险合同保障，享有保险金请求权的人，投保人可以是被保险人。被保险人可以是法人，也可以是自然人。被保险人必须在保险合同中列明。

（2）保单所有人，是指拥有保单各种权利的人。该称谓主要用于人寿保险合同。在人寿保险中，保单所有人、被保险人和受益人可以为同一人，也可以不为同一人。保单所有人的权利通常包括变更受益人、领取退保金、领取保单红利、申请保单贷款。

（3）受益人，是指人身保险合同中由被保险人或者投保人指定的享有保险金请求权的人，投保人、被保险人可以为受益人。被保险人或者投保人可以指定一人或者数人为受益人。受益人不同于继承人，因为受益人不负有用其所领取的保险金偿还被保险人生前债务的义务。

（二）保险合同的客体

保险合同的客体是可保利益（又称保险利益）。保险利益是指投保人对保险标的具有的法律上承认的利益。保险标的是指作为保险对象的财产及其有关利益或者人的寿命和身体。在保险法律关系中，保险合同保障的是投保人对保险标的具有的利益，而并非保险标的本身。保险人只有当被保险人遭受合同约定的利益损失时才承担赔偿或给付保险金责任。保险标的是保险利益存在的物质基础，保险利益是保险标的需求并获得保险保障的经济内涵。

（三）保险合同的内容

保险合同的内容是双方当事人的权利、义务的具体化，通常由双方当事人依法约定，并以条文形式表达。保险合同的内容就是保险合同的条款和形式。

1. 保险合同的条款

保险合同的条款是规定保险人与被保险人之间的基本权利和义务的合同条文，是保险公司履行保险责任的依据。保险条款形式多样，主要有基本条款、附加条款和保证条款。保险条款内容应具体，文字要准确。

基本条款包括：①保险人的名称和住所；②投保人、被保险人的名称和住所，以及人身保险的受益人的名称和住所；③保险标的；④保险责任和责任免除；⑤保险期间和保险责任开始时间；⑥保险金额；⑦保险费以及支付办法；⑧保险金赔偿或者给付办法；⑨违约责任和争议处理；⑩订立合同的年、月、日。

保险标的是指作为保险对象的财产及其有关利益或者人的寿命和身体，即保险合同中载明的特定的投保对象。这是确定保险关系和保险责任的依据。

保险责任是指保险合同中约定的保险人所承担的风险项目，也叫保险合同的责任条款，这些条款要明确载明当保险事故发生时，保险人应负的经济赔偿或给付保险金的责任。

保险金额是指当事人约定的在保险事故发生后，由保险人负责赔款或给付保险金的最高限额。

保险期限是指保险合同的成立和终止时间。

保险费是投保人为请求保险人对保险标的及利益承担保险风险而支付的与保险责任大小

相适应的金额。保险费通常是按保险机构根据每一险种的损失概率计算出的保险费率乘以保险金额而求得。支付保险费是投保人（或被保人）为获得保险保障而必须履行的义务，也是保险合同生效的重要条件。

2. 保险合同的形式

保险合同的形式主要有：①投保单；②保险单；③暂保单；④保险凭证。

投保单，即投保人向保险人申请订立保险合同的书面要约。投保单通常有统一的格式。投保人必须在投保单中如实告知投保风险的重要事项，这些重要事项对于保险人决定是否承担保险非常关键。

保险单，即投保人与保险人之间保险合同行为的一种正式书面形式。保险单必须明确、完整地记录保险合同双方的权利和义务，其内容是双方履约的依据。

暂保单，又称临时保单，是正式保险单签发之前的临时合同。暂保单不是订立保险合同的必要程序。暂保单的法律效力与正式保单完全相同，但有效期短，当正式保单交付后，暂保单即自动失效。

保险凭证，也称小保单，是保险人向投保人签发的证明保险合同已经成立的书面凭证，是简化了的保险单。保险凭证的法律效力与保险单相同，只是内容比较简单。

三、保险合同的特点

（一）保险合同是双务合同

双务合同，是指合同的双方当事人均承担义务的合同。投保人的主要义务是缴纳保险费，保险人的主要义务是承担赔偿或给付保险金。在保险合同中，投保人一方缴纳保费的义务是确定的，但保险人一方履行赔偿或给付保险金义务却是不确定的，它取决于保险事故是否发生，这是保险合同双务性的特殊之处。

（二）保险合同是特殊的有偿合同

有偿合同，是指合同当事人要为其享有的权利付出相应代价的合同。保险合同的有偿是对价有偿，在保险合同中，投保人以缴纳保费而换取保险公司承担某种约定的风险为对价，保险公司以履行赔偿或给付保险金义务而换取投保人缴纳保费为对价。所以说，保险合同是特殊的有偿合同。

（三）保险合同是附和合同

附和合同，是指合同内容不是由当事人双方共同拟定的，而是由一方当事人事先拟定，另一方当事人只是做出是否同意的意思表示。保险合同的基本条款是由国家保险监管部门制定或由保险公司事先拟定，投保人只是表示同意与否；投保人不能设计自己所需要的保险单，或修改其中的内容，即使投保人提出特殊要求，也只能采用保险公司事先拟好的附加条款作为对原有条款的补充，或者另附批单，这与一般的协商性合同显然有区别。

（四）保险合同是最大诚信合同

最大诚信合同，是指订立合同的双方当事人都必须有诚意，必须遵循诚实信用的原则。诚实是对保险合同双方当事人的要求，信用是指保险合同当事人必须严格履行合同义务。投保人在投保时要将所保标的的风险情况如实告知保险人，对付现程度增加的情况及时通知保险人，并对保险标的的相关事项履行保证义务；保险人也应如实向投保人解释合同条款内容，在合同约定的风险事故发生后及时向被保险人履行赔偿或给付保险金义务。

（五）保险合同是射幸合同

射幸合同，是指当事人在签订合同时不能确定各自的利益或结果的协议。保险合同在订立时，投保方交付保险费是确定的，而保险人是否履行赔偿或给付保险金的责任取决于偶然的、不确定的自然灾害、意外事故的发生。这是保险风险的不确定性在合同中的体现。

四、保险合同的基本原则

（一）保险利益原则

保险利益原则的基本含义是投保人或被保险人对保险标的必须具有保险利益。对保险标的不具有利害关系的人不具有投保人或被保险人的资格。

保险利益即保险标的具有的法律上承认的利益。如果保险标的发生灭失或损毁能够导致被保险人的利益损失，则一般认为被保险人或投保人对保险标的具有保险利益。否则，一般认为被保险人或投保人对保险标的不具有保险利益。

保险利益原则是投保人向保险人投保，与保险人订立保险合同并享受保险合同所赋予的权利的前提条件。无论财产保险还是人身保险，投保人仅当其对保险标的具有保险利益时才投保，并与保险人订立保险合同，并在保险合同规定的保险责任范围内享有保险赔偿与给付的权利。对保险标的没有保险利益的人不能向保险人投保，即使是已经订立的保险合同也属于无效合同。在保险合同规定的保险期限内，如果投保人或被保险人失去对保险标的的可保利益，他也就同时失去了在保险合同规定的保险责任范围内享有保险赔偿与给付的权利。

（二）最大诚信原则

最大诚信原则的基本含义是诚实和恪守信用。诚实和恪守信用是世界各国法律对民事主体行为尤其是商业行为的基本要求。

最大诚信原则，是指保险合同双方当事人在签订和履行合同的过程中，务必做到最大限度的诚实和恪守信用，不得隐瞒与保险标的有关的重要事实，以及逃避和减少按合同规定对另一方应承担的责任。

（三）损失补偿原则

损失补偿原则的含义是在保险标的发生保险责任范围内的损失后，通过保险赔偿只能使被保险人在经济上恢复到受损失前的同等状态，而不能使其获得额外利益。

损失补偿是保险的基本职能，也是保险活动的出发点和归宿点。所以损失补偿原则是保险最基本的原则，它体现了保险的宗旨，既使被保险人的损失可以通过保险赔偿而得到补偿，同时又可以避免被保险人通过保险赔偿而不正当得利。

损失补偿原则的派生原则即分摊原则和代位原则。在重复保险的条件下，为了避免被保险人因保险事故获得超额赔偿，因此采用顺序、限责和分摊等原则。代位原则是指因第三者对保险标的的损害造成保险事故时，保险人向被保险人赔偿保险金以后，在赔偿金额范围内取代被保险人的地位行使对第三者请求赔偿的权利。

（四）近因原则

近因是指在导致保险标的损失的多个原因中，处于支配地位的原因，即对保险标的损失起主导作用、决定作用的原因。

近因原则是指在多个原因导致保险标的损失的条件下，只有导致保险标的损失的近因在保险责任范围内，保险人才对保险标的损失负赔偿责任。如果导致保险标的损失的近因在保险责任范围之外，保险人对保险标的的损失不负赔偿责任。近因原则是各国保险的通用原则。

议一议：查找资料，讨论保险损失补偿原则的派生原则的意义。

知识链接7-2
案例点评

五、保险合同的效力

保险合同的效力，是指依法成立的保险合同对投保人和保险人的约束力。投保人和保险人应当依照保险合同的约定行使权利和履行义务。根据《中华人民共和国保险法》规定，投保人和被保险人以及保险人的权利和义务如下：

（一）投保人和被保险人的权利和义务

（1）投保人有交纳保险费的义务；（2）投保人和被保险人有减灾防损义务；（3）投保人和被保险人有危险增加的通知义务；（4）投保人和被保险人有保险事故发生的通知义务；（5）投保人和被保险人对保险人有单证提示和协助义务。

（二）保险人的权利和义务

（1）保险人有收取保险费的权利；（2）保险人对多收的保险费有退还的义务；（3）保险人在保险事故发生后，对被保险人和受益人有保险给付义务；（4）保险人对造成保险事故发生的第三人有保险代位权。

知识链接7-3
怎样填写投保单

思考：为什么填写投保单时应该做到内容真实并且要亲自签名？

第三节　保险的主要险种

一、人身保险

人身保险是以人的寿命和身体为保险标的的一种保险。按保险范围分类，可分为人寿保险、意外伤害保险和健康保险。

（一）人寿保险

1. 人寿保险的特征

人寿保险是以被保险人的寿命为保险标的，以生存和死亡为给付保险金条件的人身保险。由于人寿保险的保险标的的特殊性，使其具有其他保险种类不具备的特点：

（1）人寿保险合同为给付性合同。人寿保险标的是人的寿命，而生命无法以货币衡量其价值高低。正因为如此，人寿保险金额的确定不能以生命价值作为客观依据。在实务当中，人寿保险的保险金必需通过投保人和保险人双方约定来确定。

人寿保险属于给付性合同，决定了它不适用补偿原则以及派生出的代位追偿原则。

（2）保险期限具有长期性。与财产保险不同，人寿保险具有长期性。人寿保险之所以适于长期签约，一方面由于人类对自身保障的需求具有长期性；另一方面由于死亡风险相对稳定，人类的死亡率尽管受到年龄、性别、职业、个人嗜好等诸多因素的影响，但根据许多专业机构对死亡率的研究结果，死亡风险不会像财产风险那样易于波动，稳定性好，巨灾可能性较小。

（3）保单具有储蓄性。根据人类生命的特点，死亡率随着年龄的增加而增加。而人寿保险通常采用分期缴费的方式，这样，在缴费期内，投保人早期缴纳的保费会高于当年死亡成本（即当年实际需要支付的并取决于当年死亡率大小的保费），多余的保费就会在保险公司预定利率的作用下累积起来。这样，寿险保单在提供保险保障的同时，又提供储蓄性收益。

2. 人寿保险的种类（见图 7－1）

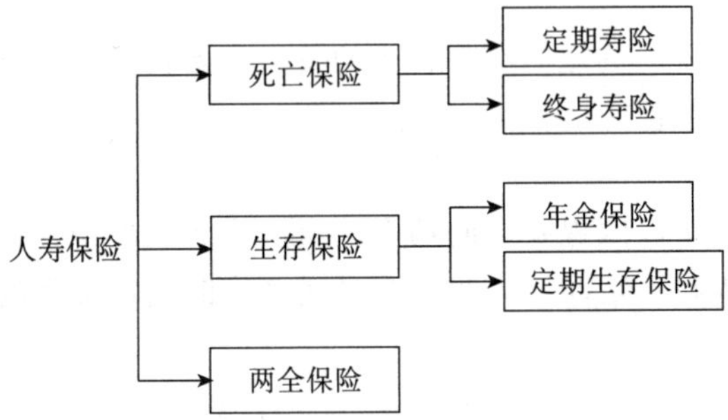

图 7－1　人寿保险的种类

（1）定期寿险，是指按照保险合同约定，以死亡为给付保险金条件，且保险期间为固定年限的人寿保险。

（2）终身寿险，是指按照保险合同约定，以死亡为给付保险金条件，且保险期间为终身的人寿保险。

（3）两全保险，是指按照保险合同约定，在保险期间内以死亡或生存为给付保险金条件的人寿保险。

（4）年金保险，是指按照保险合同约定，以生存为给付保险金条件，按约定分期给付生存保险金，且分期给付生存保险金的间隔不超过一年（含一年）的人寿保险。

（二）意外伤害保险

1. 意外伤害保险的特点

意外伤害保险是指被保险人在保险期内，因遭受外来的、突然的意外事故，导致其身体蒙受伤害而造成伤残、死亡、支出医疗费、暂时丧失劳动能力时，保险人按照合同规定给付保险金的保险。意外伤害保险的特点是：

（1）被保险人遭受意外伤害的概率取决于其职业、工种或所从事的活动；

（2）意外伤害保险的承保条件一般较宽，高龄可以投保，对被保险人也不进行体格检查；

（3）意外伤害保险的保险期限一般较短，通常为一年，三到五年的情形极少。

2. 意外伤害保险的保险责任的三个要件

意外伤害保险的保险责任有三个要件：

（1）被保险人在保险期间内遭受意外伤害；

（2）被保险人在责任期限内死亡和残疾；

（3）被保险人所受意外伤害事件是其死亡和残疾的近因。

意外伤害保险的给付方式为定额给付方式，保险人在保险事故发生后按保险合同约定的保险金额给付死亡保险金或残疾保险金。

（三）健康保险

健康保险是以人的身体为保险对象，以被保险人在保险期限内因患病、生育所导致医疗费用支出和工作能力丧失、收入减少，及因疾病、生育致残和死亡为保险事故的保险。健康保险的种类主要是：

1. 疾病保险

疾病保险是指以保险合同约定的疾病的发生为给付保险金条件的保险。

2. 医疗保险

医疗保险是指以保险合同约定的医疗行为的发生为给付保险金条件，为被保险人接受诊疗期间的医疗费用支出提供保障的保险。

3. 失能收入损失保险

失能收入损失保险是指以因保险合同约定的疾病或者意外伤害导致工作能力丧失为给付保险金条件，为被保险人在一定时期内收入减少或者中断提供保障的保险。

4. 护理保险

护理保险是指以因保险合同约定的日常生活能力障碍引发护理需要为给付保险金条件，为被保险人的护理支出提供保障的保险。

二、财产保险

（一）财产保险的特征

财产保险是保险人对被保险人的财产及其相关利益，因在发生保险责任范围内的灾害事故而遭受损失时给予补偿的保险。财产保险包括企业财产保险、家庭财产保险、运输工具保险、工程保险、货物运输保险等。财产保险有如下特征：

（1）财产保险以财产及相关利益作为保险标的；

（2）财产保险的保险标的必须是可以货币衡量价值的财产和相关利益；

（3）财产保险对于保险标的的保障功能表现为经济补偿。

（二）财产保险的种类

1. 企业财产保险

企业财产保险是我国财产保险的主要险种。目前在我国，企业财产保险的主要险种是财产保险基本险和财产保险综合险，适用于工商企业、建筑企业、交通运输企业、饮食服务行业、国家机关、社会团体等。

2. 家庭财产保险

家庭财产保险是以我国城乡居民家庭和个人的财产为保险对象的险种。其特点在于投保人是以家庭和个人为单位，业务分散，额小量大，风险结构主要以火灾、盗窃等风险为主。家庭财产保险分为普通家庭财产保险、家庭财产两全保险和附加盗窃险。

（1）普通家庭财产保险。普通家庭财产保险的适用范围是城乡居民、单位职工、家庭手工业者等个人及家庭成员的自有财产，以及代他人保管或与他人共有的财产。城乡个体工商业户和合作经营组织的财产及私人企业的财产不适用普通家庭财产保险。

（2）家庭财产两全保险。家庭财产两全保险兼有经济补偿和到期还本双重性质。保险公司用被保险人所交保险储金的利息收入作为保险费，在保险期满时将原交保险储金全部如数退还被保险人。

（3）附加盗窃险。盗窃险的保险责任范围是：保险房屋及其附属设备、室内装修材料以及存放于保险地址室内的保险财产。

3. 机动车辆保险

机动车辆保险是指以机动车辆本身及机动车辆的第三者责任为保险标的的一种运输工具保险。该险种承保机动车辆因遭受自然灾害和意外事故造成的损失及第三者损害赔偿责任。机动车辆保险的承保车辆包括汽车、电车、电瓶车、摩托车、拖拉机、各种专用机械车和特种车等。机动车辆保险的险种分为基本险、附加险和机动车交通事故责任强制保险。

（1）机动车辆保险基本险，分为车辆损失险和第三者责任险。①车辆损失险是指保险车辆遭受保险责任范围内的自然灾害和意外事故，造成车辆本身损失，保险人按照保险合同规定给予赔偿的保险。②第三者责任险是指保险车辆因意外事故，致使他人遭受人身伤亡或财产的直接损失，保险人按照合同的规定进行赔偿的保险。

（2）附加险，是指在投保了车辆损失险的基础上，可以投保全车盗抢险、玻璃单独破碎险、自燃损失险等险种，在投保了第三者责任险的基础上，可以投保车上责任险，无过失损失险等附加险种。

（3）机动车交通事故责任强制保险。2006 年 7 月 1 日我国实施了《机动车交通事故责任强制保险条例》（简称“交强险”），这是我国首个由国家法律规定实行的强制保险制度。该条例规定：机动车交通事故责任强制保险是由保险公司对被保险机动车发生道路交通事故造成受害人（不包括本车人员和被保险人）的人身伤亡、财产损失，在责任限额内予以赔偿的强制性责任保险。

三、责任保险

责任保险是一种以被保险人对第三者依法应负的赔偿责任为保险标的的保险。责任保险包括产品责任保险、雇主责任保险、职业责任保险和公众责任保险等。

（一）产品责任保险

产品责任保险是指以产品生产者和销售者的产品责任为承保风险的责任保险。产品责任保险承保两项责任：

（1）在保险有效期内，被保险人生产、销售的产品和商品在承保区域内发生事故，造成用户、消费者和其他任何人的人身伤害和财产损失，依法应当由被保险人负责时，保险人在保单规定的赔偿限额内予以赔偿。

（2）被保险人为产品责任所支付的诉讼、抗辩费用及其他经保险人事先同意支付的费用，保险人予以赔偿。

（二）雇主责任保险

雇主责任保险是指雇主对其雇员在受雇期间内因发生意外事故和职业病而造成人身伤残和死亡时依法应承担的经济赔偿责任。雇主责任保险的保险责任包括：

（1）被保险人雇请的人员在保单有效期内，在受雇过程中，在保单列明的地点从事保单列明的被保险人的业务活动时，遭受意外而受伤、致残、伤亡和患有与业务有关的职业疾病所致伤残和死亡的赔偿责任；

（2）本保险人的有关诉讼费用。

（三）职业责任保险

职业责任保险是以各种专业技术人员的职业责任为承保风险的责任保险，它承保各种技术人员因工作疏忽和过失造成他们的当事人和其他人的人身伤害和财产损失，依法应由提供服务的专业技术人员承担的赔偿责任。职业责任保险主要以内外科医生及牙科医生，药剂师、会计师、律师、保险代理人及经纪人为被保险人。职业责任保险的保险责任包括专业技术人员由于职业上的疏忽行为、错误和失误造成的损失。

（四）公众责任保险

公众责任保险是指以损害公众利益的民事赔偿责任为保险标的的责任保险。它承保被保险人在保单有效期间从事所保业务活动，因意外事故对第三者造成的人身伤害和财产的损害或灭失引起的法律赔偿责任。

四、信用保险概念

信用保险是指权利人向保险人投保债务人的信用风险的一种保险，是一项企业用于风险管理的保险产品。其主要功能是保障企业应收账款的安全。其原理是把债务人的保证责任转移给保险人，当债务人不能履行其义务时，由保险人承担赔偿责任。信用保险的投保人为企业而非个人。

（一）分类

信用保险分为以下三种：

1. 商业信用保险

商业信用保险主要是针对企业在商品交易过程中所产生的风险。

在商品交换过程中，交易的一方以信用关系规定的将来偿还的方式获得另一方财物或服务，但不能履行给付承诺而给对方造成损失的可能性随时存在。信用保险是一项能避免信用风险、维持企业正常经营的有效措施。

2. 出口信用保险

出口信用保险也叫出口信贷保险，是各国政府为提高本国产品的国际竞争力，推动本国的出口贸易，保障出口商的收汇安全和银行的信贷安全，促进经济发展，以国家财政为后盾，为企业在出口贸易、对外投资和对外工程承包等经济活动中提供风险保障的一项政策性支持措施，属于非营利性的保险业务，是政府对市场经济的一种间接调控手段和补充，是世界贸易组织（WTO）补贴和反补贴协议原则上允许的支持出口的政策手段。

3. 投资保险

投资保险又称政治风险保险，承保投资者的投资和已赚取的收益因承保的政治风险而遭受的损失。

投资保险的投保人和被保险人是海外投资者。

开展投资保险的主要目的是为了鼓励资本输出。作为一种新型的保险业务，投资保险自20世纪60年代在欧美国家出现以来，现已成为海外投资者进行投资活动的前提条件。

（二）信用保险的限制

信用保险的一般条件除与其他财产保险一样之外，还有以下限制：

（1）放款赊销，以对经常有清偿能力而且信用好的人或企业为限；

（2）被保险人应视为共保人，或规定损失超过一定百分比时，始由保险人就约定保险金额内负责。

除上述险种外，随着经济和社会发展，新的险种还在不断增加，如计算机综合保险、信用卡盗窃保险、一揽子合同保险、原子能保险和动物保险等。

第四节 保险理赔

一、保险理赔的含义

保险理赔是指在保险合同所规定的事故发生后，当保险人接到被保险人在规定的时间内提交的申请赔款报告时，按约履行经济补偿或给付义务。保险理赔是直接体现保险职能和履行保险义务的工作，而履行保险义务又是保险信用的具体体现，所以做好理赔工作，对于提高保险企业的信誉和经营效益，具有重要意义。

《中华人民共和国保险法》第二十二、二十三条规定，保险事故发生后，依照保险合同请求保险人赔偿或者给付保险金时，投保人、被保险人或者受益人应当向保险人提供其所能提供的与确认保险事故的性质、原因、损失程度等有关的证明和资料。

保险人依照保险合同的约定，认为有关的证明和资料不完整的，应当通知投保人、被保险人或者受益人补充提供有关的证明和资料。

二、保险理赔依据、理赔原则、理赔方式、理赔时效

（一）理赔依据

理赔是保险公司履行合同义务的行为，它的依据是保险合同及保险相关法律。同业规定和国际惯例，其他任何理由或解释均不能作为理赔的依据。

保险理赔是保险法律制度中十分重要的一环，是保险人履行其义务的主要形式。为了使被保险人尽快获得经济补偿，保险人应积极主动地作好理赔工作。理赔遵循以保险合同为依据、遵守国际惯例和有关国际公约、及时和合理作出赔偿。根据《中华人民共和国海商法》规定，“保险事故发生后，保险人向被保险人支付保险赔偿前，可以要求被保险人提供与确

认保险事故性质和损失程度有关的证明和资料”。

（二）理赔原则

1. 重合同，守信用原则

保险合同所规定的权利和义务关系，受法律保护，因此，保险公司必须重合同、守信用，正确维护保户的权益。

2. 实事求是原则

在处理赔案过程中，要实事求是地进行处理，根据具体情况，正确确定保险责任、给付标准、给付金额。

3. 主动，迅速，准确，合理原则

要让保户感觉到保得放心，赔得心服。

4. 近因原则

近因原则是指造成保险标的损失的最直接、最有效的原因，这是保险理赔过程中必须遵循的原则，按照这一原则，当被保险人的损失是直接由于保险责任范围内的事故造成的，保险人才予以赔偿。也就是说，保险事故的发生与损失事实的形成，两者之间必须有直接因果关系的存在，才能构成保险赔偿的条件。

灵活运用保险近因原则是消费者维权的手段。

（三）理赔方式

保险公司在出险后依据保险合同约定向保户理赔有两种方式：赔偿和给付。

1. 人身保险理赔方式

人身保险是以给付的方式支付保险金的。人身保险是以人的生命或身体作为保险标的，因人的生命和身体是不能用金钱衡量的，故在出险时，保险公司只能在保单约定的额度内对被保险人或受益人给付保险金。

2. 财产保险理赔方式

赔偿与财产保险对应，指保险公司根据保险财产出险时的受损情况，在保险额的基础上对被保险人的损失进行的赔偿。保险赔偿是补偿性质的，即它只对实际损失的部分进行赔偿，最多与受损财产的价值相当，永远不会多于其价值。

（四）理赔时效

保险索赔必须在索赔时效内提出，超过时效，被保险人或受益人不向保险人提出索赔，不提供必要单证和不领取保险金，则视为放弃权利。险种不同，时效也不同。人寿保险的索赔时效一般为5年；其他保险的索赔时效一般为2年。

索赔时效应当从被保险人或受益人知道保险事故发生之日算起。保险事故发生后，投保人、保险人或受益人首先要立即止险报案，然后提出索赔请求。

三、保险理赔的程序

保险理赔要按一定的程序进行，一般包括以下几个环节：

1. 受理案件

受理案件是保险金理赔工作的第一步，具体工作包括：

（1）出险登记。保险人接到出险通知后，应及时填写“出险登记簿”，对通知事项予以记载。记载的内容一般包括报案时间、被保险人姓名、保单号码、事故发生日期、事故发生原因、事故发生地点等。

（2）立案。保险人及时查阅与核对有关保险单副本，看保险事故是否发生在保险有效期内，若是的话，立案编号。

2. 审核各项单证

保险关系人索赔时，有义务向保险人提供保险单、保险费收据、保险事故证明以及损害结果证明等资料。除此之外，对所有权证明，账册、商业票据、运输单证、身份证、户口簿等，也必须予以审核。

3. 调查取证

保险人确定有理赔责任后，即需根据投保人或被保险人的通知或其所提供的单证文件等，进行调查取证，了解事实真相，以确定赔偿给付金额。

人身保险的给付案件，不必件件调查，只要单证齐全，事实清楚，责任明确，一般无须调查即可结案。但对下述案件则必须进行调查：以死亡和残废为给付条件的保险，医疗保险，有保险欺诈或犯罪可能的案件，预计给付金额相当巨大的案件。

财产保险发生事故但未必一定构成补偿的条件，所以一般均需要调查，而且应尽可能详细周密。

4. 责任审核

理赔人员通过对各项单证审查和必要的调查核实，确定保险人应负的责任。

5. 计算给付金额

人身保险是定额保险，保险金额事先确定，在一般情况下，给付数额就是按保险条款规定给付的保险金。财产保险则应在保险金额限度内，依损失合同有关规定计算补偿金额。

6. 审批

计算出补偿给付数额之后，应按规定权限报批，各保险公司都建立了理赔权限及赔案审批制度。数额较小的市地一级分公司有权审批，数额较大的则需报总公司批准。

7. 给付

按《中华人民共和国保险法》规定，对属于保险责任的，在与被保险人达成有关赔偿或给付保险金额协议后，10 日内履行赔偿或者给付保险金义务。给付方法以一次给付为原则，以分期给付为例外；给付种类以现金给付为原则，实务或劳务给付为例外。

8. 注销保险单

保险事故发生后，保险人已履行完赔偿给付责任时，应将保险单收回注销。

说一说：你和你的家人参加了哪些保险？

知识链接 7－4

莫让索赔过了“保值期”

思考： 刘女士虽然顺利获得了理赔，但什么是索赔时效？过了索赔时效再申请索赔就不能获得理赔了吗？

知识链接7-5
同样的事故不同的赔偿

思考：为什么保险公司对待同样的事故有不同的赔偿给付？

知识链接7-6
汽车保险理赔时的基本常识

思考：汽车发生交通事故后车主如何进行理赔？

复习思考题

1. 简述保险的概念和特征。
2. 简述保险的职能作用。
3. 简述保险合同的构成要素。
4. 简述保险合同的基本内容及效力。
5. 请简单列举你所掌握的主要保险种类。

社会实践设计

讨论会

1. 主题：充分运用我国现有的保险业务，最大限度地减少自己的风险。
2. 要求：运用所学的有关保险知识，进行分析和思考，从而提出自己的观点。
3. 目的：建立保险观念。
4. 建议：首先收集相关资料，然后分组组织发言提纲，最后在全班进行讨论。

第八章

金融市场

学习目标

通过本章学习，要求了解金融市场的分类，金融工具的概念和特征，了解债券、股票、基金的基本常识，了解外汇市场、黄金市场的基本内容；理解金融市场的构成要素；掌握金融市场在市场经济中的功能，主要的金融工具，以及货币市场和资本市场的主要内容。

本章重点是金融市场在市场经济中的功能，金融工具的主要内容，以及货币市场和资本市场的主要内容。

第一节　金融市场概述

一、金融市场的概念

（一）金融市场的含义

对金融市场的理解有广义和狭义之分。广义的金融市场是指所有的资金融通的场所，包括货币资金的借贷、金融工具的发行与交易，以及外汇资金买卖的市场。狭义的金融市场是指资金供应者和资金需求者双方通过一定的金融工具进行交易，进而实现资金融通的场所，特指有价证券发行和流通的场所。本书所指的金融市场是指狭义的金融市场。

根据资金从供应方流动到需求方的不同方式加以区分，融资活动可以分为直接融资和间接融资两种。直接融资是指资金供应方通过直接与资金需求方签署协议，或在金融市场上购买需求方发行的股票、债券等有价证券，将货币资金提供给需求方使用。常见的直接融资方式有：股票市场融资、债券市场融资、风险投资融资、商业信用融资、民间借贷等。间接融资是指资金供应方通过存款等形式，或者购买银行、信托和保险等金融机构发行的有价证券，将其暂时闲置资金先行提供给金融机构，再由这些金融机构以贷款、贴现或购买有价证券的方式把资金提供给需求方，从而实现资金融通的过程。常见的间接融资方式有：银行信用融资、消费信用融资、租赁融资等。在现代市场经济中，直接融资与间接融资是并行发展的，它们之间相互促进。在整个金融体系中，直接融资和间接融资之间的比例关系，既反映了一个国家的金融结构，也反映了这两种金融组织方式对一个国家实体经济的支持和贡献程度。

（二）金融市场的特点

金融市场是现代社会统一市场体系中的重要组成部分。金融市场与商品市场一样，具有竞争、供求、价格等市场机制，但金融市场和商品市场相比较，又有自己的特殊性。

1. 交易对象的特殊性

商品市场交易的对象是千差万别的商品，而金融市场交易的对象则是同质的金融商品或货币资金。

2. 交易方式的特殊性

商品市场以直接买卖为主，交易行为结束，买卖关系即终止。金融市场以借贷方式为主，其交易工具可以是货币，也可以是票据、股票、债券等金融工具，借贷关系随着交易的成功而形成。

3. 交易价格的特殊性

商品交易市场上，商品的价格是商品价值的货币表现，其价格基础是商品的内在价值，同时受供求关系的影响；而金融市场上的金融商品的价格表现为资金借贷的利率，其价格直接由供求关系决定。

4. 交易目的的特殊性

商品交易的一般动机是出售者要实现自己商品的价值，购买者要获得商品的使用价值。在金融市场上金融商品的交易是使用权的交易，金融商品的出卖者是为了获得在一定时间内让渡资金使用权的报酬，即利息，而购买者的目的是要购买一定时间内的资金使用权。

5. 交易场所的特殊性

商品市场一般都有固定的交易场所，是有形市场；而金融市场既可以是有固定交易场所的有形市场，也可以是没有固定场所的无形市场。

二、金融市场的构成要素

金融市场的主体、金融市场的客体和金融市场交易的组织形式是构成现代金融市场的三个最主要的要素。

（一）金融市场的主体

金融市场的主体是指金融市场交易活动的参与者。包括个人、企业、各级政府和金融机构等，在开放的金融市场上，还应包括外国投资者。

1. 各级政府

各级政府包括中央政府和各级地方政府，它们在金融市场上是主要的资金需求者。中央政府主要是通过发行各种期限的公债筹集资金，以弥补财政赤字或用于公用事业及经济建设。政府也会以资金供给者身份出现在市场中，把资金贷给企业以支持该行业发展，需要强调的是，政府在金融市场上最主要的任务是金融监管和宏观调控。

2. 金融机构

金融机构是金融市场运行的主导力量，它们既是金融市场上的资金供应者，又是资金的需求者。它们以吸收存款或出售证券方式从市场上筹集资金，再以贷款或投资的方式向市场提供资金。金融机构还在金融市场上创造和提供金融工具，并充当金融市场的交易媒介。

3. 中央银行

中央银行参与金融市场不是单纯的资金供求者，主要是以管理者的身份出现在金融市场上。中央银行作为政府的银行、银行的银行，有贯彻执行国家货币政策和负责管理金融市场的义务。如代理发行公债和国库券，实施公开市场业务，对商业银行办理再贴现业务，管理外汇和汇率等。

4. 企业

企业是金融市场运行的基础。企业生产经营所需的短期资金要通过短期借款和票据贴现的形式筹集，长期资金则主要通过发行债券和股票的办法来解决。同时，企业在生产经营过程中暂时闲置的货币资金，则要到资金市场寻求投资机会和对象，所以金融市场是满足企业需求及投资的场所。

5. 个人

居民个人是金融市场上重要的资金供给者，或者说是金融工具的主要认购或投资者。居民个人的储蓄存款，是银行的主要资金来源；居民个人对有价证券的投资，也在很大程度上影响证券市场的直接融资规模。居民个人也是资金的需求者，如购房贷款，私营企业主贷款，或为短期的资金需要而出售证券。

（二）金融市场的客体

金融市场的客体是指金融市场上可供交易的对象，是金融市场工具。金融市场工具主要包括两大类：一类是金融市场参加者为筹资、投资而创造的工具；另一类是金融市场参加者为保值、投机等目的创造的工具。它们主要包括国库券、公债、股票、金融债券、企业债券、存折、可转让大额存单、保险单、票据等。

（三）金融市场的组织形式

金融市场的组织形式是指把参与代表货币资金的金融工具联系起来组成买方和卖方进行交易的方式。主要有交易所交易方式和场外交易方式两种。

1. 交易所方式

交易所交易是最典型、最规范、最重要的金融市场的组织形式。证券交易所就是证券买卖双方通过公开竞价的方式确定交易价格而成交的证券交易的场所，是一个有组织、有固定场所的集中进行交易的市场。

2. 场外交易方式

场外交易方式是指在证券交易所之外进行的证券交易活动。它是通过作为交易中介的证券交易公司来买卖金融工具，买卖的价格由证券交易公司根据市场行情和供求关系自行确定。它具有以下特点：第一，无集中交易场所，交易通过通讯网络进行；第二，以买卖未在交易所登记上市的证券为主；第三，证券交易可以通过交易商或经纪人，也可以由客户直接进行；第四，证券交易由双方协商议定价格。由于场外交易方式没有一个集中交易的场所，是在证券交易公司柜台上通过电传、电话、电脑等通讯手段来进行分散的交易，它的交易方法和程序较交易所方式简单。因此，在许多国家的证券市场上，有相当数量的证券交易不是在交易所完成的，而是在场外市场上进行。

三、金融市场的功能

（一）融通资金

融通资金是金融市场最基本的功能。金融市场可以为资金供求者创造直接见面的机会，可以创造出众多可供人们选择的金融工具，从而实现资金余缺的调剂。各种金融工具的自由买卖和灵活多样的金融交易活动，增强了金融工具的流动性和安全性，使资金供给者能够适时地调整资金的保存方式，达到盈利的目的。同时，资金需求者也能从众多的筹资方式中选择出适当的方式，及时有效地筹集到所需要的资金。

（二）分散风险

金融市场具有较大的风险，同时又具备分散风险的功能。如果投资者把资金直接投入某一个企业，可能会因企业的亏损或破产而使资金丧失殆尽。相比之下，如果投资者用资金购买证券进行间接投资，即使出现风险情况，也可以适时地将证券转让出去，减少或避免风险损失。同时，投资者根据分散投资原理，可以分别对不同地区、不同行业、不同种类的证券进行间接投资，以起到分散投资风险的目的。

（三）传递信息

金融市场历来被人们称为国民经济的“晴雨表”，是人们公认的国民经济信号系统。在金融市场上，资金供求状况决定其利率水平，而短期利率的升降，是反映资金供求变化状况的最灵敏的标志，它有助于金融市场的参与者及时了解金融状况，及时调整自己的资产负债结构，也给金融当局适时采取措施提供参考。证券上市企业的经营状况及社会公众对某产业的前景判断，可以很快从证券价格的涨跌中反映出来。因此，金融市场上利率和证券价格的变动，就成为经济发展的重要经济信息。

（四）宏观调控

金融市场的宏观调控是通过证券的价格机制、资金供求机制及政策法规，引导资金的流向、流量结构，调整产业结构和经济结构；通过发展外汇市场、资本市场引导国际资本流动，平衡国际收支；还可以通过中央银行的公开市场业务、再贴现存款准备率等货币政策工具来调节货币流通，保障国民经济快速、稳定、健康地发展。

四、金融市场的分类

（一）按金融交易的期限划分为短期金融市场（货币市场）和长期金融市场（资本市场）

短期金融市场，又称为货币市场，是指专门融通一年以下（含一年）短期资金的场所，有银行间同业拆借市场、商业票据市场、短期国库券市场、大额可转让存单市场等。这些金融资产主要解决资金短缺方的短期性、临时性的资金需求。长期金融市场，又称为资本市场，是指专门融通期限在一年以上或者没有到期期限的场所，有股票市场、中长期国债市场，中长期银行贷款市场等。这些金融资产大多会参加社会再生产过程，满足政府和企业部门对资本的中长期需求。

（二）按发行流通的性质划分为发行市场（一级市场）和流通市场（二级市场）

发行市场，又称为一级市场或初级市场，是指票据、股票、债权等金融资产的最初发行场所。发行市场的主要功能是筹资，发行人通过新证券的公开或定向发行获得资金，购买方则获得相应的金融资产（股票或债券）。流通市场，又称为二级市场，是指已发行金融资产的流通场所，金融资产的持有者可以在这个市场中将持有的证券出售，以达到变现的目的。二级市场的一个重要功能是为已发行的金融资产提供流动性，以有利于金融资产的价值实现，从而便于发行人在一级市场销售证券；另一个重要功能是通过二级市场发现资产价格，从而给一级市场销售金融资产提供价格参照。

（三）按组织的方式划分为交易所市场和场外交易市场

二级市场有交易所市场和场外交易市场两种组织形态。交易所市场，通常是指证券交易所、期货交易所、期权交易所等金融市场是高度组织化的金融市场。交易所为买卖双方提供竞价、撮合及结算服务，市场参与者以交易所为交易对手进行交易，交易所确保交易双方履约，最大限度地减少交易后的违约风险，或交易对手风险。场外交易市场，又称为柜台市场，通常是指组织上比较松散，可能有统一的交易时间，没有固定交易场所的市场，参与者通过电话、电报、网络等手段进行沟通和交易，如银行信贷市场、拆借市场、外汇市场、黄金市场等。

在我国，中国外汇交易中心暨全国银行间同业拆借中心及金融机构柜台交易等市场一般归为场外市场。从交易金额来看，场外市场交易量远远大于交易所市场的交易量，交易结构和交易方式也比交易所市场丰富；但与交易所市场相比，场外市场的交易双方需要进行直接交易，存在一定的交易风险。

（四）按交割的方式划分为现货市场和衍生品市场

按交易是即期交割还是未来交割，可将金融市场分为现货市场和衍生品市场。现货市场，实际上就是即期交易的市场，是指市场上的买卖双方成交后须在当天或市场规定的最后交割期限内办理交割手续的交易行为，它是金融市场上最普遍的一种交易方式。相对于远期交易来说，即期交易衍生品市场，是指交易衍生工具的市场。衍生工具通常是指从标的资产或基础资产派生出来的新型金融工具，一般表现为一些合约，以相应的现货资产作为标的物，其价格由其基础资产的价格决定，成交时不需要立即交割，而可在未来时点交割。常见的衍生工具包括远期、期货、期权、互换等。

（五）按金融资产的种类划分为证券市场和非证券金融市场

证券市场，是指以股票、债券、证券投资基金等有价证券为对象的发行和交易关系的总和，主要包括股票市场、债券市场、证券投资基金市场、证券衍生品市场等。证券市场是市场经济发展到一定阶段的产物，是为解决资本供求矛盾和流动性而产生的市场。证券市场以证券发行与交易的方式实现筹资与投资的对接。非证券金融市场，是指以有价证券以外的金融资产为对象的发行和交易关系的总和，包括股权投资市场、信托市场，融资租赁市场、外汇市场、黄金市场、保险市场、银行理财产品市场、长期贷款市场等。

（六）按金融业务的活动范围划分为国际金融市场和国内金融市场

国际金融市场，是指涉及多个国家的居民、企业、金融机构之间的各种国际金融业务活动的市场，一般还可以进一步分为全球性金融市场和区域性金融市场。国际金融市场通常使用不同货币进行活动，主要受国际惯例和交易双方共同认可的法律制约。国内金融市场，是指在本国居民、企业、金融机构之间进行金融交易的场所，也可以进一步分为全国性金融市场和地区性金融市场。国内金融市场进行的金融交易通常使用本国货币，受本国法律制度约束。

五、我国金融市场的发展历程

（一）新中国金融市场的发展

1. 1949—1978 年，建立计划经济时期“大一统”的金融体系

中华人民共和国成立初期金融市场混乱、货币种类繁杂、通货膨胀严重。为了平抑物价，稳定经济和金融秩序，新中国建立了统一的人民币制度，成立了新的金融机构体系。此后，我国实行中国人民银行统揽一切金融活动的“大一统”的金融体系。“大”是指中国人民银行分支机构覆盖全国；“一”是指中国人民银行是该时期唯一的银行，它集中央银行和商业银行双重职能于一身，集现金中心、结算中心和信贷中心于一体；“统”是指全国实行“统存统贷”的信贷资金管理体制。

2. 1979—1983 年，建立多元混合型金融体系

这一时期，银行等金融机构迅速发展，但中国人民银行仍然身兼二职，既承担中央银行职能，又办理信贷储蓄业务，没有真正成为专门的金融管理机构。

3. 1984—1993 年，逐步形成以中央银行为中心，国家专业银行为主体，多种金融机构分工协作的金融体系

从 1984 年 1 月 1 日起，中国人民银行开始专门行使中央银行职能，原有的商业银行业务由新成立的中国工商银行办理。此后我国又相继成立了交通银行、招商银行等十几家股份制商业银行。至此，我国建立了以中国人民银行为中心，国家专业银行为主体，多种金融机构分工协作的金融体系。同时，我国资本市场初步建立，上海证券交易所和深圳证券交易所开业，股票市场正式运作。

4. 1994—2003 年，逐步改革和完善的市场化金融体系

中国人民银行逐渐成为真正的中央银行，调控货币供应量，保持币值稳定；专业银行转变为商业银行；组建政策性银行，实行政策性业务与商业性业务分开；建立以市场为基础的、有管理的浮动汇率制度和统一规范的外汇市场。

5. 2004 至今，建立多种所有制和多种经营形式的现代金融体系，形成健全的基本金融制度

我国正在深化金融体制改革，增强金融服务实体经济的能力，提高直接融资比重，促进多层次资本市场健康发展。

（二）我国金融市场的现状

我国已经形成了一个由货币市场、债券市场、股票市场、外汇市场、黄金市场、商品期货市场和金融衍生品市场等构成的金融市场体系。它具有多层次的交易场所，多样化的交易品种以及多元化的交易机制。

1. 利率的市场化

利率市场化推动银行内部、金融部门乃至整个社会结构将发生变化。银行经营方向从依赖利差向财富管理转型，同时，银行和其他金融机构关系发生微妙变化。从金融部门整体发展看，融资结构从间接融资向直接融资转变，更多企业将通过在资本市场发行债券、股票等进行融资。

2. 金融企业的国际化

我国金融业国际化的一个重要标志是外国企业可以在我国市场购买股票或者债券进行融

资，人民币也可以在国内外市场上使用。与此同时，外资进入中国金融市场的门槛逐渐放宽，外资在我国金融企业的持股比例也逐渐放宽。

3. 金融的互联网化

由于互联网平台的出现和迅猛发展，金融活动被整合到一个互联网平台上。在互联网金融模式下，资金供求双方都可以通过网络平台自行完成信息甄别、匹配、定价和交易。一方面，金融机构可以避免开设营业网点的资金投入和运营成本；另一方面，资金需求者可以在开放透明的平台上快速找到适合自己的金融产品，削弱了信息不对称程度，更省时省力。互联网金融业务主要由计算机处理，操作流程完全标准化，客户不需要排队等候，业务处理速度更快，用户体验更好。同时，互联网金融的客户以小微企业为主，覆盖了部分传统金融业的金融服务盲区，有利于提升资源配置效率，促进实体经济发展。

第二节 金融工具

一、金融工具的概念

（一）金融工具的含义

金融工具是指以书面形式发行和流通，用以证明债权债务关系或资金所有权关系的合法凭证。它是在各种信用形式发展的基础上产生的，是信用活动的媒介体。

（二）金融工具的特征

金融工具一般具有偿还性、流动性、风险性和收益性四个特征。

（1）偿还性，是指各种金融工具（除股票外）一般都载明到期偿还的义务和期限。金融工具的偿还期限可以有零和无限期这两个极端。如活期存款的偿还期可以看作是零，而股票或永久性债券的偿还期则是无限的。

（2）流动性，是指金融工具迅速变卖为货币而不致遭受损失的能力。一般说来，流动性与偿还期成反比，偿还期越长，流动性越小；流动性与债务人的信誉成正比，债务人信誉越高，流动性越强。政府发行的国库券和银行的活期存款，变现最易，因而流动性最强。

（3）风险性，是指购买金融工具的本息是否会遭受损失的风险。本息受损的风险有信用风险和市场风险两种。信用风险，指债务人不履行合约，不按期归还本金的风险。这类风险与债务人的信誉、经营状况有关，也与金融工具种类有关。市场风险是指由于金融工具市场价格下跌所带来的风险。某些金融工具，如股票、债券，它们的市价是经常变化的，市价下跌，就意味着投资者金融资产贬值。

（4）收益性，是指持有金融工具所取得的收益与本金的比率。收益率有三种计算方法：名义收益率、即期收益率与平均收益率。名义收益率是金融工具票面收益与票面额的比率。即期收益率是年收益额对该金融工具当期市场价格的比率。平均收益率，是将即期收益与资金损益共同考虑的收益率。

二、金融工具的分类

（一）按金融工具的期限分类，可将金融工具分为货币市场的金融工具和资本市场的金融工具

货币市场的金融工具也就是短期金融工具，主要有商业票据、短期公债、银行票据、可转让大额定期存单、回购协议等。这类金融工具期限短、风险小、流动性强，一般看作为准货币。资本市场的金融工具也就是长期金融工具，主要包括股票、公司债券及中长期公债等。它们期限长，因而风险较大，流动性较弱。

（二）按照发行者是否为金融机构作为划分标准，可将金融工具划分为直接金融工具和间接金融工具

政府债券、公司债券、公司股票等是由非金融机构的融资者发行的，目的主要是为自己取得资金，属于直接金融工具。可转让大额定期存单、银行债券、人寿保险单等是由金融机构发行的，目的是集聚可用于贷放的资金，属于间接金融工具。

（三）按投资人是否掌握所投资产的所有权为标准划分，可将金融工具分为债务凭证与所有权凭证

所有权凭证只有股票这一种，其他所有金融工具都是债务凭证。债务凭证表明投入的资金取得了债权，所以有权据以到期讨还本金；而所有权凭证表明资金的投入并非取得债权而是所有权，因而无权据以索要本金，只可以在必要时通过转让所有权，即以出售证券的方式收回本金。

三、主要的金融工具

（一）票据

票据是具有一定书面格式，载明一定金额、日期，到期由付款人对持票人（或指定人）无条件支付一定金额的债务凭证。在发达的商品经济社会，凡因商品交易和资金借贷而形成的债权债务关系，都可以使用一定形式的票据来进行交付或清算。票据记载的事项，必须符合法律规定，明确票据权利和票据责任。票据的签发、取得、转让，应当遵循诚实信用的原则，具有真实的交易关系和债权债务关系。票据可分为汇票、本票、支票三大类：

（1）汇票。汇票是出票人签发的，委托付款人在见票时或在指定日期无条件支付确定的金额给收款人或持票人的票据。按出票人不同，汇票又可分为银行汇票和商业汇票。银行汇票是银行承办汇兑业务时发出的票据，交由汇款人寄给异地收款，凭以到指定银行账号兑取汇款。凡单位和个人向异地支付各种款项都可使用银行汇票，它具有票随人到、使用灵活、兑现性强等特点。商业汇票是债权人签发的，要求债务人按约定的期限向指定的收款人或持票人支付一定金额的无条件的支付命令书。由于商业汇票是由债权人签发的，必须经过付款人签字承兑才具法律效力。

（2）本票。本票是出票人签发的，承诺自己在见票时，无条件支付确定的金额给收款人或持票人的票据。按出票人不同，它分为银行本票和商业本票。我国目前主要使用的是银行本票。银行本票能适应各种商品和劳务的交易以及各种债权债务的结算，也可以背书转让，所以成为十分有用的金融工具。

（3）支票。支票是出票人签发的，委托办理支票存款业务的银行在见票时无条件支付

确定的金额给收款人的票据。支票主要分为现金支票、转账支票和普通支票。

（二）股票

股票是股份有限公司发行的用以证明股东的身份和权益、获取红利和股息的法律凭证。股票的持有人就是股份公司的股东，可以按其投入的资本额享有所有者的法定权利。股票又是一种永不返还投资资金的投资证券，股份公司发行股票筹集的资本是作为股份公司的自有资本，是不偿还的，股东也不能退股，但可以到证券市场上通过转让将股票换成现款，收回投资。股票是收益与风险共存的有价证券，股票股息收入是随着公司的盈利状况而发生变化的。

股票的种类很多，按股东权益分类，主要分为普通股票和优先股票等。普通股票是指对公司财产权利都平等的股份，是股份公司资本构成中最基本的股份，是公司资本的主体。普通股的股利每年随企业利润额大小而变动，且其发放顺序排在公司盈利分配的最后；在公司破产清算分配剩余财产时，必须排在公司的债权人、优先股股东之后；普通股股东一般都拥有参与公司经营管理和决策的权利。

优先股是指依照公司法，在普通种类股份之外规定的其他种类股份，其股份持有人优先于普通股股东分配公司利润和剩余财产，但参与公司决策管理等权利受到限制。“优先”主要体现在：一是通常具有固定的股息（类似债券），并在派发普通股股息之前派发；二是破产清算时，在债权人之后，优先股股东对公司剩余财产的权利先于普通股股东。“受限”主要体现在优先股股东对公司日常经营管理事务没有表决权，仅在与之利益密切相关的特定事项上享有表决权，因此优先股股东对公司经营的影响力小于普通股股东。

在我国，按投资主体的不同性质，股票可以划分为国家股、法人股、社会公众股和外资股等不同类型。国家股是指有权代表国家投资的部门或机构以国有资产向公司投资形成的股份，包括公司现有国有资产折算成的股份。国家股从资金来源上看，主要有三个方面：第一是现有国有企业改组为股份公司时所拥有的净资产；第二是现阶段有权代表国家投资的政府部门向新组建的股份公司的投资；第三是经授权代表国家投资的投资公司、资产经营公司、经济实体性总公司等机构向新组建股份公司的投资。国有资产管理部门是国有股权行政管理的专职机构。法人股是指企业法人或具有法人资格的事业单位和社会团体以其依法可支配的资产投入公司形成的股份。法人股股票以法人记名。社会公众股是指社会公众依法以其拥有的财产投入公司时形成的可上市流通的股份。外资股是指股份公司向外国和我国香港、澳门、台湾地区投资者发行的股票。外资股按上市地域，可以分为境内上市外资股和境外上市外资股。

按上市地点和投资者不同分类，分为A股、B股、H股、N股、S股。A股的正式名称是人民币普通股票。它是由我国境内的公司发行，供境内机构、组织或个人以人民币认购和交易的普通股股票。B股的正式名称是人民币特种股票。它是以人民币标明面值，以外币认购和买卖，在境内证券交易所上市交易的普通股股票。H股指注册地在境内、上市地在香港的外资股。在纽约上市的外资股称为N股，S股在我国指尚未进行股权分置改革或者已进入改革程序但尚未实施股权分置改革方案的股票。

知识链接8－1

我国最早的股票

思考：债券与股票有何区别？

知识链接8－2
股票市场的几种股票类型

谈一谈：你对股票的认识。

（三）债券

债券是指社会各类经济主体为筹集资金向债券投资者出具的、承诺按一定利率定期支付利息并到期偿还本金的债权债务凭证。债券是一种有价证券，它的面值通常是债券投资者投入资金的表现，而按期取得的利息是债券投资者收益的表现。债券是一种虚拟资本，它可以独立于实际资本之外，单独流转。债券是债权债务关系的证明，债券持有人的身份是债权人。

债券通常以一定格式的票面形式来表现，主要包括四个基本要素：第一是票面价值，这是债券票面标明的货币价值，是债券发行人承诺在债券到期日偿还给债券持有人的金额。第二是到期期限，它是指债券从发行之日起至偿清本息之日止的时间，也是债券发行人承诺履行合同义务的全部时间。第三是票面利率，它是指债券年利息与票面价值的比率，通常用百分数表示。第四是债券发行者名称，它明确了债务人的身份，为债权人到期追索本金和利息提供依据。

按照发行主体的不同，债券可以划分为政府债券、公司债券、金融债券等类型。政府债券是指政府财政部门及其代理机构为筹集资金，以政府名义发行并承诺到期还本付息的债务凭证。政府债券主要用于解决由政府投资的公共设施或重点建设项目的资金需要和弥补国家财政赤字。因此，具有安全性高、流通性强、收益稳定的特点。政府债券的发行规模、期限结构、未清偿余额，都关系着一国政治、经济发展的全局。我国政府债券体系不仅包括中央政府债券（国库券）和地方政府债券，还包括政府保证债券，这种债券是由一些与政府有直接关系的公司或金融机构发行，由政府提供担保的。公司债券是指公司按照法定程序发行，约定在一定期限还本付息的有价证券。公司发行债券的目的主要是为了满足经营需要，期限较长，大多10年~30年。公司债券风险相对较大，但利率高于一般政府债券和金融债券。金融债券是指银行或非银行金融机构依照法定程序发行并约定到期还本付息的有价证券。金融机构一般有雄厚的资金实力，信用度也较高，因此金融债券往往也有良好的信誉。金融机构发行债券的主要目的是筹资用于特殊用途或者改变自身的资产负债结构。

按照期限的不同，债券可以划分为短期债券、中期债券和长期债券。一般说来，偿还期限在1年以下的是短期债券；偿还期限在10年以上的是长期债券；偿还期限在1年或1年以上、10年以下（包括10年）的是中期债券。我国国债的期限划分与上述标准相同，但我国企业债券的期限划分与上述标准有所不同。在我国，短期债券主要指短期国债和短期公司债券。

知识链接 8－3
债券与股票的区别

（四）证券投资基金

证券投资基金是指通过公开向投资者发售资金份额募集资金，形成独立基金财产，由专业投资机构（基金管理人）进行基金投资与管理，由基金托管人进行资产托管，以资产组合方式进行证券投资，由基金份额持有人按照所持份额共享投资收益、共担投资风险的一种集合投资方式。基金份额，又称为基金单位，是指基金发起人向不特定的投资者发行的，表示持有人对基金享有资产所有权、收益分配权和其他相关权利，并承担相应义务的凭证，它就是投资人购买基金时得到或持有的数量单位。证券投资基金有以下几个特点：①筹集众多投资人的资金，通过专业机构理财；②组合投资使风险分散；③投资者按所持基金份额利益共享、风险共担；④基金财产独立于基金管理人、基金托管人的固有财产，保障投资者利益。

按照运作方式的不同，基金可以划分为封闭式基金、开放式基金。采用封闭式运作方式的基金是指基金份额总额在基金合同期限内固定不变，基金份额持有人不得申请赎回的基金。在封闭期内投资者是不能追加认购或者赎回基金的，只能通过证券公司在二级市场上进行基金份额的交易。采用开放式运作方式的基金是指基金份额总额不固定，基金份额可以在基金合同约定的时间和场所申购或者赎回的基金。比较封闭式基金和开放式基金会发现明显的区别。首先，两者期限不同，封闭式基金有固定的存续期，通常在 5 年以上，一般为 10 年或 15 年；而开放式基金没有固定期限。其次，两者对发行规模的限制也不同，封闭式基金的基金规模是固定的，在封闭期限内未经法定程序不能增加发行；而开放式基金没有发行规模限制。再次，两者的价格形成方式不同，封闭式基金的买卖价格受市场供求关系的影响，常出现溢价或折价现象，而开放式基金的申购赎回以每一基金份额净资产值为基础，不受市场供求关系影响。最后，两者的投资策略不同，封闭式基金份额固定，发行规模也固定，更适合长期投资；而开放式基金流动性强，不可预测因素更多，更适合有赎回需要的投资者。

知识链接 8－4
证券投资基金与股票、债券的区别

知识链接 8－5
2018 年度全国基本养老保险基金的财务数据

（五）可转让大额定期存单

可转让大额定期存单是银行发给存款人按一定期限和约定利率计息，到期前可以流通转让的证券化的存款凭证。它有如下特点：发行人通常是资力雄厚的大银行；面额大，并且面额固定；不记名可转让流通，但不能提前支取；利率较高，比同期银行存款利率高。

可转让大额定期存单是银行定期存款的一种，但与定期存款又有区别：定期存款是记名不可转让的，存单则通常是不记名可转让的；定期存款金额不固定，大小不等，可有零数，存单金额则都是整数，按标准单位发行；定期存款利息一般是固定的，可提前支取，存单不得提前支取，但可在市场转让。存单与商业票据也不同，后者不是存款，不缴纳存款准备金，存单则要缴纳准备金；存单的发行人是银行，信誉高，商业票据的发行人主要是企业，信誉相对差些。

（六）金融衍生工具

金融衍生工具，又称为金融衍生产品，是与基础金融产品相对应的一个概念，它是指建立在基础产品或基础变量之上，其价格取决于基础金融产品价格（或数值）变动的派生金融产品。这里的基础产品既包括债券、股票、银行定期存款单等现货金融产品，也包括各类资产价格、价格指数、利率、汇率、费率、通货膨胀率以及信用等级等金融变量。

按照交易方式和特点的不同，金融衍生工具可以划分为：金融远期合约、金融期货合同、金融期权合同、金融互换合同。金融远期合约是指交易双方在场外通过协商，按约定价格在约定的未来日期买卖某种标的金融资产（或金融变量）的合约。它的内容主要包括将来交割的资产、交割的日期、交割的价格和数量。金融期货是指交易双方在集中的交易场所以公开竞价的方式进行标准化金融期货合约的交易，主要包括货币期货、利率期货、股票指数期贸和股票期货。金融期权是指合约买方向卖方支付一定费用，在约定日期内（或约定日期）享有按事先确定的价格向合约卖方买卖某种金融工具的权利的合约。金融互换是指两个或两个以上的当事人按共同商定的条件，在约定的时间内定期交换现金流的金融交易，可分为货币互换、利率互换、股权互换、信用违约互换等。

按照基础金融工具的不同，金融衍生工具可以划分为股权类产品的衍生工具、货币衍生工具、利率衍生工具、信用衍生工具。股权类产品的衍生工具是指以股票或股票指数为基础工具的金融衍生工具，主要包括股票期货、股票期权、股票指数期货、股票指数期权以及上述合约的混合交易合约。货币衍生工具是指以各种货币作为基础工具的金融衍生工具，主要包括远期外汇合约、货币期货、货币期权、货币互换以及上述合约的混合交易合约。利率衍生工具是指以利率或利率的载体为基础工具的金融衍生工具，主要包括远期利率协议、利率期货、利率期权、利率互换以及上述合约的混合交易合约。信用衍生工具是指以基础产品蕴含的信用风险或违约风险为基础变量的金融衍生工具，主要包括信用互换、信用联结票据以及信用风险缓释合约、信用风险缓释凭证等信用风险缓释工具。

第三节 货币市场

一、货币市场的概念

(一) 货币市场的含义

货币市场是融通一年以下短期资金的金融市场。在这个市场上流动的金融工具，其偿还期短、变现力强、风险小，因此，与货币的功能差别不大，往往被当作货币的替代品，故被称为货币市场。

(二) 货币市场的特征

1. 流动性大，变现能力强

货币市场交易的证券期限在一年以内，这些短期金融工具具有期限短、风险小、流动性强、交易频繁、买卖方便，变现能力强的特点。

2. 融资工具质量高，风险性小

货币市场发行人的资信程度质量较高。有资格的货币市场发行人主要是政府、金融机构和少数资信程度很高的大公司，因此违约的情况极少发生。

3. 便于中央银行调节货币供应量

货币市场一个最突出的特点，表现为中央银行的直接参加。货币市场作为中央银行控制国家整个金融体系的中心机制，是中央银行及商业银行及其他金融机构的资金连接渠道，是国家利用货币政策调节全国金融活动的杠杆支点。中央银行通过直接买卖货币市场工具，调节和控制货币供应量，影响利率水平，提供金融信息服务。

二、货币市场的主要内容

按交易内容不同，货币市场可分为商业票据市场、银行同业拆借市场、短期债券市场、可转让大额定期存单市场和短期信贷市场等等。

(一) 票据市场

票据市场是指以票据作为工具，通过票据的承兑和贴现进行融资活动的货币市场。根据发行主体不同，票据可以划分为中央银行票据、银行票据和商业票据。中央银行票据是指中央银行为调节商业银行超额准备金而向商业银行发行的短期债务凭证，是调节货币供应量和短期利率的重要工具。银行票据是指由银行签发或由银行承担付款的票据。商业票据是指由金融公司或某些信用较高的企业开出的无担保短期票据。商业票据的可靠程度依赖于发行企业的信用程度，可以背书转让，可以承兑，也可以贴现。商业票据的期限通常在 1 年以下，利率高于同期银行存款利率。因此，随着经济发展，企业短期资金需求增加，商业票据市场在蓬勃发展。根据上海票据交易所发布的数据，2019 年 11 月商业汇票业务发生额合计已达到 65204. 79 亿元，较上年同期增长 2380. 94 亿元。其中承兑业务合计 16814. 43 亿元，贴现业务合计 10231. 17 亿元，转贴现业务合计 26932. 32 亿元。[①]

---

① 上海票据交易所中心网站，http：//www. shcpe. com. cn/info_ 18_ itemid_ 1805. html。

1. 票据承兑市场

票据承兑市场是指接受承兑信用，创造承兑汇票的市场，包括出票、承兑两个环节。票据承兑是出票人开具由银行或者企业自身承兑的商业汇票给收款人的行为，其本质是经营信用。因此，商业票据经承兑后，就等于向贴现市场提供符合条件的信用工具。票据承兑满足了企业之间的短期资金支付需求，减少了对营运资金的占用，相对于贷款融资更有效地降低财务费用，加快了企业的周转速度和商品流通效率，尤其适合满足中小企业的融资需求。

2. 票据贴现市场

票据贴现市场是以未到期的商业票据为信用工具开展贴现业务的市场。票据贴现是指客户持未到期的商业票据，向商业银行兑取现款以获得短期融资的行为。贴现反映了商业银行与企业之间的资金融通关系。贴现是与商业信用紧密联系在一起的。贴现的利率一般低于同期的流动性贷款，能够为企业提供便捷的融资渠道和低成本资金。贴现业务具体分为贴现、转贴现和再贴现三种。

（1）票据转贴现市场。票据转贴现是指卖出方将未到期的已贴现票据向买入方转让的交易行为。目前，上海票据交易所可以从事票据转贴现交易的市场主体主要包括政策性银行、商业银行及其授权的分支机构，农村信用社、企业集团财务公司、信托公司、证券公司、基金管理公司、期货公司、保险公司等经金融监督管理部门许可的金融机构；也包括接受客户的委托或授权金融机构等作为资产管理人开展资产管理业务的投资者。转贴现交易采用询价交易和点击成交的交易方式。询价交易方式是指交易双方自行协商确定交易价格以及其他交易要素的交易方式，包括报价/询价、格式化交谈和确认成交三个步骤。点击成交是指交易成员向全市场匿名或具名发送包含全部交易要素或除票据清单之外的全部交易要素的点击成交报价，对手方直接点击成交（卖出报价）或提交符合要求的票据后点击成交（买入报价）的交易方式。[1]

（2）票据再贴现市场。票据再贴现是指商业银行持未到期的已贴现商业票据向中国人民银行再办理贴现的融资行为。目前，上海票据交易所开展再贴现质押式回购业务。再贴现质押式回购是指将再贴现申请机构将商业汇票出质给人民银行融入资金的同时，双方约定在未来某一日期由再贴现申请机构按约定金额向人民银行返还资金、人民银行向再贴现申请机构返还原出质商业汇票的行为。再贴现质押式回购的回购金额不得超过质押票据的票面总额。再贴现质押式回购最短期限为1天，最长期限为半年。再贴现质押式回购采用金融机构提出申请，人民银行再贴现窗口审批的方式进行。再贴现申请提交后，申请机构不能主动撤回，只能由人民银行再贴现窗口予以退回。人民银行再贴现窗口审批通过后，即达成再贴现业务并完成票据质押登记。

知识链接8-6
上海票据交易所介绍

① 上海票据交易中心网站，http://www.shcpe.com.cn/info_38_itemid_514.html。

知识链接 8－7
上海票据交易所推“标准化票据”

（二）银行同业拆借市场

银行同业拆借市场是金融机构内进行资金头寸融通的市场。一般来讲，能够进入该市场的必须是金融机构。拆借的目的是为了弥补资金头寸的暂时不足和灵活调度资金。资金拆借的利息称为拆息，一般采用市场利率，由融资双方根据资金供求关系自由议定。同业拆借一般没有固定场所，主要通过电讯手段成交。期限短则半天一天，长则一周一月。

2019 年，我国银行间人民币市场以拆借、现券和回购方式合计成交 1185.01 万亿元，日均成交 4.74 万亿元，日均成交比上年增长 17.9%。12 月份同业拆借加权平均利率为 2.09%，分别比上月和上年同期低 0.2 个和 0.48 个百分点。为了规范中国货币市场基准利率的形成机制、信息发布机制和监督管理机制，推进利率市场化改革，中国人民银行在 2007 年开始运行上海银行间同业拆借利率。上海银行间同业拆借利率是由信用等级较高的银行自主报出的人民币同业拆出利率计算确定的算术平均利率。目前，它已经成为认可度高、应用广泛的货币市场基准利率之一。

（三）短期债券市场

短期债券市场是一年以内债券发行和买卖的市场。在短期债券市场上交易的主要对象是国库券、短期公司债券和短期金融债券等短期金融工具。其特点是：期限短，交易对象要求具有较强的安全性和流动性，要符合有关金融法规的规定。

1. 国库券市场

在国际市场上，国库券主要指短期国债，但我国的国库券大多数是中长期债券。国库券市场是国库券发行和流通的场所。发行国库券主要有记账式和储蓄式两种方式。记账式是由财政部面向全社会各类投资者，通过无纸化方式发行的、以电子记账方式记录债权并且可以上市和流通转让的债券。它的特点是可以记名、挂失，可以无券形式发行，可以防止证券的遗失、被窃与伪造，可以上市转让，上市后价格随行就市。储蓄式是由财政部发行，有固定票面利率的国债。它在商业银行柜台发行，不能上市流通，但信用级别最高，而且免缴利息税。

国库券作为财政和金融政策的一种工具，具有调节社会资金的运行方向和提高社会资金运行效率的功能。国库券风险小、同质性强、规模大，是其他金融资产定价的基准和众多衍生金融工具的基础资产，国库券市场的稳定对保持金融体系的稳定具有重大意义。国库券的利率水平能够反映市场参与者对利率变化的预期和长期利率趋势，为货币政策的实施提供信息，使货币政策的意图能够有效传导。国库券市场拓宽了居民的投资渠道，为投资者提供了更多选择途径。

知识链接 8－8
影响国库券销售价格的主要因素

2. 短期公司债券市场

短期公司债券是西方国家流行的一种短期债券，发行主体一般是公司。其主要特点：一是对发行者资信的考核相当严格，只有经金融机构审批合格的，具有较高资信度的公司和企业才能发行；二是期限较短，一般为3~6个月，最长不超过9个月；三是利率不得高于银行相同期限的优惠放款利率。

公司债券交易包括：现券交易、回购交易、远期交易和期货交易。现券交易，又称为即期交易，是指证券买卖双方在成交后就办理交收手续，买入者付出资金并得到证券，卖出者交付证券并得到资金，即二级市场的债券交易。回购交易是指债券买卖双方在成交的同时，约定在未来某一时间以某一约定价格双方再进行反向交易的行为。远期交易是指双方约定在未来某一时刻（或时间段内）按照现在确定的价格买卖债券的行为。期货交易是指在交易所进行的标准化的远期交易，即以公开竞价的方式进行期货合约的交易。

3. 短期金融债券市场

短期金融债券是由银行和其他金融机构发行的债券。通常发行金融债券的都是一些大的金融机构，信用度较高，债券的利率也通常高于银行同期存款利率。因而，金融债券的市场占有率高，交易量大，是流动性很强的债券之一。短期金融债券发行对象主要是城乡居民个人。

（四）可转让大额定期存单市场

可转让大额定期存单市场，简称CD市场，是可转让大额定期存单的发行与转让市场。发行存单时首先要对短期资金市场进行分析，然后方可确定存单利率或发行价格，选择正确的发行方式。存单转让市场是买卖已发行存单的市场，通常由票据经销商组成。在一级市场上购买存单的投资者，由于急需资金，可在二级市场上将存单卖掉，而买者通常是经销商或其他投资者，经销商可将这些存单持至到期日，兑取本息，也可以到二级市场上根据价格变化再次出售，从而形成转让市场。

（五）银行短期信贷市场

银行短期信贷市场主要是指银行提供一年以内短期性的，以帮助工商企业解决短期流动资金需要的场所。

第四节　资本市场

一、资本市场的概念

（一）资本市场的含义

资本市场是指融通一年以上中长期资金的市场。在这个市场上流通的金融工具因偿还期长、流动性小、风险大，往往被利用来筹措固定资产投资资本，故称此为资本市场。

（二）资本市场的特点

（1）流动性小，资金周转期长。资本市场交易的证券期限至少在一年以上，最长可达几十年，股票甚至没有期限，具有流动性小、风险大、资金周转期长的特点。

（2）具有较高的风险性。资本市场客体主要是股票和债券等长期金融工具，它们或因发行者资信程度较低而具有较大的违约风险和经营风险，或因市场变化而承受较大的利率变动风险和价格变动风险。

（3）便于政府和企业筹集中长期资金，调节资金供求。资本市场一方面为政府和企业筹措资金提供场所，另一方面为投资机构和个人提供运用资金的场所，同时也便于政府及管理机构控制金融活动，调节资金供求。

二、资本市场的主要内容

资本市场分为中长期借贷市场和证券市场。

（一）中长期借贷市场

中长期借贷市场是指银行与非银行金融机构办理一年期以上的中长期信贷业务的市场。中长期借贷市场有以下特点：第一，贷款期限长，中期贷款期限在一年以上五年以下，长期贷款期限在五年以上；第二，主要用于基本建设、技术改造等固定资产投资项目；第三，贷款有一定风险；第四，市场比较稳定。包括中长期抵押贷款和中长期信用贷款。

（二）证券市场

证券市场是股票、债券、证券投资基金等有价证券进行交易的市场。由发行市场和流通市场组成。按纵向结构关系，证券市场由证券发行市场和流通市场组成；按横向结构关系，证券市场由股票市场、债券市场、基金市场、金融衍生工具市场组成。债券市场通过债券信用的方式融通资金，通过债券的买卖活动引导资金流向，有效合理地配置社会资源，支持和推动基金发展，因而是资本市场的核心和基础，是金融市场的重要组成部分。

1. 证券市场交易层次（纵向结构）组成

（1）证券发行市场。证券发行市场是指将新的股票、债券、基金等从发行主体手中转移到认购者手里的市场。新公司成立发行股票，老公司增资补充发行股票，政府及工商企业发行债券等，均构成发行市场活动的内容。新证券的发行或是由发行者自行组织，或是通过证券发行的中介机构，如投资公司、信托公司、专门的证券商等提供发行服务。

新证券的发行，有直接发行与间接发行两种方式：

①直接发行方式。证券直接发行，是指发行人直接对特定的投资人销售证券。直接发行范围小，一般以少数与发行人或经办人有密切关系的投资人为发行对象。直接发行方式不必利用中介机构的承销服务，手续简单，费用低廉，但是由于自身条件的限制，要承受较大的发行风险。

②间接发行方式。证券间接发行，是指发行人委托中介机构间接地向投资人推销证券。在间接发行中，发行人必须遵守有关事实全部公开的原则，向有关管理部门和市场公布各种财务报表及资料，以供投资人决策时参考。间接发行大体分为两种情况：一是代销，中介机构只负责按发行人的条件推销证券，在约定期限内如推销不完，剩余证券退还给发行人。在代销方式中，中介机构只是充当代理人的角色，证券销售的风险由发行人承担。二是包销，由中介机构与发行人签订合同，中介机构以自己的资金将证券发行总额一次全部购入，然后再根据情况在市场上出售，从中赚取买卖差价。在包销方式中，中介机构需要承担全部的证券发行风险。

（2）证券流通市场。证券流通市场是买卖已上市的证券的市场。当股东想转让股票或债券持有人想将未到期债券提前变现时，均需要在流通市场上寻找买主。流通市场体现了各类金融资本的流动能力，因而也叫作资金流动市场。证券流通市场的主要场所是证券交易所，证券交易所是提供证券集中竞价交易的场所。我国目前的交易所有上海证券交易所和深圳证券交易所。

①证券交易程序。证券交易所交易的基本程序，包括开户、委托、竞价成交、交割、过户几个程序：

开户。开户是指证券的买方或卖方在有交易所会员资格的证券商那里开立账户，包括开设证券账户和资金账户。在证券商处开立专门账户后才有资格委托其买卖证券。证券商对申请开户人的要求是：有资信证明，或交纳保证金等。

委托。开户后，证券商的客户就可以委托证券商买卖证券。委托方式有递单委托、电话委托、电脑委托和远程终端委托等。委托时一般要说明买卖哪种证券，什么价格，多少数量，在什么时间。其中，客户在委托价格时有几种：定价委托——指定最低卖价或最高买价；限价委托——在限定的价格幅度内买卖；市价委托——授权证券商选择有利的价格买卖，客户不对价格提出具体的限制要求。

竞价成交。竞价成交是指在对同一种证券有不止一个买方或卖方时，买方交易员和卖方交易员分别从当时成交价逐步向上或向下报价，当任一买方交易员与任一卖方交易员的报价相等时，则这笔买卖即拍板成交。证券经纪人接受委托后，立即前往交易所开展竞价执行委托。交易所内证券行情不是事先规定的，而是完全取决于证券供求关系，通过竞价形成现实的价格。竞价成交要遵循价格优先、时间优先的基本原则。

交割过户。交割，是指买方付款取货与卖方交货收款的手续。过户手续仅对股票购买人而言。成交后，买方证券商以付现或转账方式支付款项，卖方证券商则转交证券。证券移交既可以是实际交付证券，也可以是采取账户过账形式转移，后一种方式较为普遍。交割完毕后，证券商通知委托人，同时收付佣金和税金等。

②证券交易价格。在交易所里，最常见的有下列市场价格的表示方法：开盘价格，又称开市价，是证券在交易所营业日开始时的第一笔交易的成交价格。收盘价格，又称收市价，是证券在交易所营业日结束前最后一笔交易的成交价格。最高价格，简称最高价，是证券交易所中一定时期，通常是一营业日内的最高成交价格。最低价格，简称最低价，是证券在交易所中一定时期，通常是一营业日内的最低成交价格。

（3）股票价格指数。在股票市场上，人们常用股票价格指数来分析股票行情。股票价格指数，是由证券交易所或金融服务机构编制的表明股票行市变动的一种供参考的指示数字，是某时点上多种股票的平均价格与某一基期的平均价格相比所出现的价格相对变化的指标。目前，在西方国家，股票市场已经成为一般市场的代表，它集中反映了市场趋势和面临的问题。因此，有的国家就利用股票价格指数作为经济活动的领先指标，而证券经纪人也常常利用股票价格指数作为他们进行买卖股票的根据。

目前世界上影响比较大的股票价格指数有：道·琼斯股票价格平均指数、标准普尔股票综合指数、纽约证券交易所股票价格指数、香港恒生指数、英国伦敦《金融时报》指数、日本的日经平均股价指数。

目前，我国的股票价格指数主要有上海证券交易所综合指数（简称上证综指）、深圳证券交易所成份股指数（简称深成指）等。

上证综指是由上海证券交易所编制，反映上海证券交易所上市股票价格变动的股票指数，1990 年 12 月 19 日正式开始发布。该股票指数的样本为所有在上海证券交易所挂牌上市的股票，其中新上市的股票在挂牌的第二天纳入股票指数的计算范围。上证指数在《中国证券报》等专业性报纸每日公布。上海证券交易所股票指数的发布几乎是和股市行情的变化相同步的，它是我国股民和证券从业人员研判股票价格变化趋势必不可少的参考依据。深成指是由深圳证券交易所编制，反映深圳证券交易所一定数量有代表性上市股票价格变动的指数。1994 年 7 月 20 日为基期。该股票指数的计算方法基本与上证综指相同，其样本为一定数量有代表性的在深圳证券交易所挂牌上市的股票，权数为股票的可流通股数。

知识链接 8－9
世界上几种著名的股票指数

2. 股票市场交易对象（横向结构）组成

（1）股票市场。股票市场是进行股票交易的场所。我国股票市场从无到有，从小到大，多层次股票市场体系已经初步形成。截至 2018 年末，沪深内地上市公司达到 3583 家，总市值达 48.59 万亿元。[1] 我国股票市场分为场内市场和场外市场，场内市场包括沪深主板市场、科创板市场、创业板市场、全国中小企业股份转让系统（新三板），场外市场包括区域性股权交易市场和交易柜台市场。

①主板市场。主板市场是指一个国家或地区证券发行、上市及交易的主要场所。主板市场对发行人要求标准比较高，从营业期限、股本大小、盈利水平到最低市值等方面都有具体规定。主板市场是一个国家资本市场中最重要的组成部分，很大程度上能够反映该国家的经济发展状况，被称为“宏观经济晴雨表”。我国的主板市场是上海证券交易所和深圳证券交易所。上海证券交易所于 1990 年正式营业，深圳证券交易所于 1991 年正式营业。2004 年，深圳证券交易所在主板市场内设立中小企业板块，为主业突出、具有成长性和科技含量的中小企业提供直接融资平台。

②科创板市场。科创板市场是独立于现有主板市场的新设板块。2019 年，上海证券交易所科创板开板。科创板主要服务于三类企业：一是符合国家战略突破关键核心技术、市场认可度高的科技创新企业；二是属于新一代信息技术、高端装备、新材料、新能源、节能环保、生物医药等高新技术产业和战略性新兴产业；三是互联网、大大数据、云计算、人工智能和和制造业深度融合的科技创新企业。

知识链接 8－10
科创板上市条件

---

① 中国证券业协会编：《金融市场基础知识》，中国财政经济出版社，2019 年版。

③创业板市场。创业板市场又称为二板市场，是为具有高成长性的中小企业和高科技企业融资服务的资本市场。创业板市场具有前瞻性、高风险、监管严、高技术产业导向等特点。在创业板市场上市的企业规模较小，上市条件相对较低。

④“新三板”市场。全国中小企业股份转让系统，又称为“新三板”，成立于2012年，是经国务院批准设立的全国性的证券交易场所，主要为创新型、创业型、成长型中小微企业发展服务。全国中小企业股份转让系统设立创新层和基础层，符合不同标准的挂牌公司分别纳入其中。

⑤区域性股权市场。区域性股权市场是为所在省级行政区域内的中小微企业证券非公开发行、转让及相关活动提供设施与服务的场所。除区域性股权市场外，地方其他各类交易场所不得组织证券发行和转让活动。区域性股权市场是地方人民政府扶持中小微企业政策措施的综合运用平台，在区域性股权市场发行或转让证券的，限于股票、可转换为股票的公司债券以及国务院有关部门按程序认可的其他证券。

⑥券商柜台市场。券商柜台市场是指证券公司为与特定交易对手方在集中交易场所之外进行交易以及提供服务的场所或平台。证券公司可以采取协议、报价、做市、拍卖竞价、标购竞价等方式发行、销售与转让私募产品，不得采用集合竞价方式，法律行政法规有明确规定的除外。投资者在柜台市场交易私募产品，证券公司应当为其开立产品账户。

⑦机构间私募产品报价与服务系统。机构间私募产品报价与服务系统是指为报价系统参与人提供私募产品报价、发行、转让及相关服务的专业化电子平台。2013年，中证机构间报价系统股份有限公司（简称“中证报价”）成立，它是经中国证监会批准并由中国证券业协会按照市场化原则管理的金融机构。

⑧私募基金市场。私募基金市场是私募投资基金交易的场所。私募基金是指在中华人民共和国境内，以非公开方式向投资者募集资金设立的投资基金。私募基金的投资包括买卖股票、股权、债券、期货、期权、基金份额及投资合同规定的其他投资标的。私募基金主要有四种：私募证券基金、创业投资基金、私募股权基金、其他类私募基金。私募基金不能进行公开发售和宣传推广，投资金额要求高，投资者的资格和人数受到严格限制。

（2）债券市场。我国债券交易市场分为场内市场和场外市场。场内市场包括上海证券交易所和深圳证券交易所。交易所市场实行的是集中撮合竞价与经纪商制度，采用电脑集合竞价、连续竞价和大宗交易的方式。投资者委托交易所会员在交易所市场进行交易，债券持有人可卖出债券的数量，是根据其在交易所指定的登记结算机构库存债券数量为基础。场外市场包括银行间市场和银行柜台市场，银行间市场的参与者限定为机构，属于场外债券批发市场；银行柜台市场的参与者限定为个人，属于场外债券零售市场。

我国债券市场发行的债券包括利率债和信用债。利率债是指直接以政府信用为基础或是以政府提供偿债支持为基础而发行的债券。广义的利率债除了国债、地方政府债，还包括中央银行发行的票据、国家开发银行等政策性银行发行的金融债、铁路总公司等政府支持机构发行的债券。信用债是指以企业的商业信用为基础而发行的债券。近年来，我国债券市场不断发展壮大。2018年，债券市场共发行各类债券43.6万亿元，较上年增长6.8%。[①] 同时，债券市场制度建设持续强化，包括债券市场发行机制创新，债券市场交易机制创新，加强债

① 中国证券业协会编：《金融市场基础知识》，中国财政经济出版社，2019年版。

券市场管理与信用监督。

（3）基金市场。基金市场是进行基金交易的场所。基金交易是以基金证券为对象进行的流通转让活动。对于封闭式基金来说，在基金管理公司成立后即可申请其基金证券在证券交易所上市。对于开放式基金来说，其成立一定时期后，基金管理公司会自行或者委托证券公司或银行进行基金证券的柜台转让。

对封闭式基金来说，投资者必须开立深、沪证券账户或深、沪基金账户。基金账户只能用于基金、国债及其他债券的认购和交易。交易遵从“价格优先、时间优先”原则。价格优先是指较高价格买进申报优先于较低价格买进申报，较低价格的卖出申报优先于较高价格的卖出申报；时间优先是指买卖方向相同、申报价格相同的，先申报者优先于后申报者，先后顺序按照交易主机接受申报的时间确定。封闭式基金的报价单位为每份基金价格，买入与卖出封闭式基金份额申报数量应当为 100 份或其整数倍，单笔最大数量应低于 100 万份。

对于开放式基金来说，采取申购和赎回制度。申购是指投资者在开放式基金合同生效后，申请购买基金份额；赎回是指基金份额持有人要求基金管理人回购其持有的基金份额。不论申购还是赎回都通过基金管理人的直销中心或基金销售机构的代销网点办理。申购和赎回都遵循“未知价”交易原则，即投资者申购和赎回时不能及时获知成交价格，只能以当日交易时间结束后基金管理人公布的基金份额净值为基准进行计算。

（4）期货市场。期货交易是指交易双方在集中的交易所以公开竞价方式进行的期货合约的交易。期货合约是指由期货交易所统一制定的，规定在将来某一特定的时间和地点交割一定数量和质量商品的标准化合约。金融期货是期货的一种，是以金融商品合约为交易对象的期货。期货交易不同于现货交易，第一，交易对象不同。金融现货交易的对象是某一具体形态的金融工具，如股票、债券或其他金融工具。而金融期货交易的对象是金融期货合约。这一合约是由期货交易所设计的一种对指定金融工具的种类、规格、数量、交割月份、交割地点都做出统一规定的标准化书面协议。第二，交易目的不同。金融现货交易的目的是为了获得价值或收益权，为生产或经营筹集必要的资金或为暂时闲置的货币资金寻找生息获利的投资机会。金融期货交易主要是为了套期保值，即为不愿承担价格风险的生产经营者提供稳定成本，保住利润的条件，从而保证生产经营活动的正常进行。第三，交易方式不同。金融现货交易一般要求在成交后的几个交易日内完成资金与金融工具的全额交割。期货交易则实行保证金交易和逐日盯市制度，交易者并不需要在成交时拥有或借入全部资金或基础金融工具。第四，结算方式不同。金融现货交易通常以基础金融工具与货币的转手而结束交易活动。而在金融期货交易中，仅有少数的合约到期进行实物交收，绝大多数的期货合约是通过做相反交易实现对冲而平仓的。

我国的金融期货交易市场分场内交易市场和场外交易市场两种。2006 年，中国金融期货交易所正式成立，成为我国首家金融衍生品交易所。2010 年，中国金融期货交易所推出了沪深 300 股指期货合约，标志着我国金融衍生品市场进入稳步发展阶段。目前，我国金融期货交易所已经上市交易沪深 300 股指期货、中证 500 股指期货、上证 50 股指期货、沪深 300 股指期权，以及 2 年期、5 年期、10 年期国债期货。2015 年，上海证券交易所正式上市交易了上证 50ETF 期权，这是我国内地交易市场首个金融期权品种。上证 50ETF 期权是以上证 50 交易型开发式指数证券投资基金为标的的。

场外交易市场主要有两种，银行间与银行柜台衍生工具市场，证券公司机构间与证券公司柜台衍生工具市场。银行间衍生工具市场主要集中在中国外汇交易中心/全国银行间同业拆借中心，证券公司机构间衍生工具市场，又称为机构间私募产品报价与服务系统，是经证监会批准设立的为机构投资者提供私募产品报价、发行、转让和相关服务的专业电子化平台。报价系统参与人来自中国证券业协会、中国期货业协会、中国证券投资基金业协会、中国上市公司协会或中国证券业协会认可的其他自律组织会员，包含证券公司、私募基金、公募基金、银行、信托、保险、支付公司、投资咨询公司、地方股权交易中心及其他机构。

知识链接 8－11
期货交易的知识

说一说：你或你的家人参与债券、股票、基金交易的感受。

第五节　黄金外汇市场

一、外汇市场

（一）外汇市场的含义

外汇市场是指进行外汇交易所形成的市场。具体包括本国货币与外国货币之间以及不同的外国货币相互之间的买卖。

外汇按不同的标准可以分为不同的市场：按外汇交易的期限，外汇市场可以分为即期外汇市场和远期外汇市场。即期外汇交易又称为现汇交易，是交易成交后当天或第二个营业日内清算交割的一种外汇业务。远期外汇交易是指双方预先订立合同，规定所买卖的外币币种、数额、汇率和交割日，到约定时间再进行交割的一种外汇业务活动。远期业务与即期业务之根本区别在于远期买卖的货币实际支付是在将来某特定日期进行。远期外汇交易是在进出口贸易中产生的，是商人为避免因汇率变动而遭受风险所采取的一种措施。

外汇市场的主要参与者有各国的中央银行、外汇银行、外汇经纪人和进出口商，以及其他外汇供求者。中央银行不仅是外汇市场的参与者，而且也是外汇市场的干预者、监督者，其外汇买卖的目的主要在于维持官方认为有利的汇价和转移外汇储备风险。

（二）人民币汇率制度

汇率代表一个国家的货币对另一个国家的货币的价值。人民币汇率代表的就是人民币对另一种货币的价值。1994年，我国对外汇管理体制进行重大改革。人民币官方汇率与外汇调剂市场汇率的并轨，开始实行以市场供求为基础的、单一的、有管理的浮动汇率制；建立全国统一的银行间外汇市场，形成市场汇率；中央银行设定一定的汇率浮动范围，通过调控市场来保持人民币汇率稳定。2005年，我国对人民币汇率形成机制进行改革。人民币汇率不再盯住单一美元，而是选择若干种主要货币赋予相应的权重，组成一个货币篮子，以此为参考计算人民币多边汇率指数的变化，对人民币汇率进行管理和调节，使其在合理均衡水平上基本稳定。目前，人民币汇率是由中国人民银行管理的国家外汇管理局逐日公布，它采用国际通用的直接标价法，即以固定单位的外币数折合若干数额的人民币。

（三）我国外汇市场的现状

人民币汇率制度的不断完善促进了我国外汇市场的发展。我国已经初步形成外汇零售和银行间批发市场相结合，竞价和询价交易方式相补充，覆盖即期、远期和掉期等外汇交易工具的外汇市场。总体来说，我国外汇市场是稳定、平衡、理性、有序的。人民币汇率在合理均衡上保持基本稳定；外汇市场供求呈现基本平衡；外汇市场主体的跨境投融资和结售汇行为更加理性；外汇市场更加健康有序。

知识链接 8－12
国家外汇管理局的十大基本职能

知识链接 8－13
2019 年，我国外汇收支状况主要
呈现以下特点

二、黄金市场

黄金市场是集中进行买卖黄金的场所，是金融市场体系的重要组成部分。

黄金市场的参与者，有采金国的采金企业、一般企业和集团、个人、外汇银行、中央银行以及各种投机者。黄金按不同的标准可分为不同的市场。按交易方式划分，有现货市场和期货市场。现货市场和期货市场的交易都很少直接采用实物交割，而是采用账面拨付的办法，把寄存于某金库的黄金更换标签，改变其所有者，这样既节省了搬运费用，又避免了运送风险。

按管制方式不同，黄金市场又可分为自由黄金市场和管制的黄金市场。自由黄金市场的黄金可自由进出口，居民和非居民可以自由买卖黄金。管制的黄金市场的黄金进出口受到限制，只准非居民自由买卖黄金，居民则不允许买卖。还有一类黄金市场禁止黄金进出口，只准居民自由买卖，非居民则被禁止。

中国黄金市场初步形成以上海黄金交易所黄金现货为主体，上海期货交易所黄金期货、商业银行柜台黄金产品共同组成的多元市场体系，同时涵盖竞价、定价、询价、报价、金币、租借、黄金 ETF 等市场板块。2018 年上海黄金交易所黄金交易量居全球交易所市场第二位。我国黄金市场有以下特点：①市场架构较完整，初步形成包含一级市场、二级市场、衍生品市场的多层次体系，满足各类投资者的多样化市场需求。②参与主体多样化。商业银行、期货、证券、信托和各类专业投资公司以及用金企业都是参与主体。③与实体经济联系紧密。我国是全球最大的黄金生产国、消费国和进口国，建设一个市场化、统一高效的交易平台能更好地服务于实体经济。

知识链接 8－14
上海黄金交易所介绍

思考：曾经作为货币材料的黄金和作为一般商品的黄金有什么区别？

复习思考题

1. 什么是金融市场？其特点有哪些？
2. 简述金融市场的作用。
3. 简述金融工具的含义和特征。
4. 在金融市场中，任何个人和单位都能参与金融交易吗？

社会实践要求

调查分析

1. 主题：作为一个理性的投资者，应如何安排自己的收入结余，以寻求收益和风险之间的最佳组合。

2. 要求：运用所学的金融和财政知识及自己在日常生活的所见所闻，访问自己的父母及亲朋，作出分析和判断。

3. 目的：做一个理性的投资者。

4. 建议：根据自己的投资偏好收集有关资料，分组准备发言提纲，教师组织全班讨论。

第九章

国际金融

学习目标

通过本章学习，要求了解我国国际收支情况，外汇的种类；理解国际收支平衡表的主要内容以及我国的外汇管理；明确国际信用、国际金融机构的主要内容；掌握汇率的概念、汇率的标价方法。

本章重点是国际收支平衡表的主要内容，汇率的概念、汇率的标价方法。

第一节 国际收支

一、国际收支的概念

国与国之间的经济往来必然会产生国际收支，国际收支有狭义和广义概念之分。

狭义的国际收支是指一国居民在一定时期（通常为一年或一季度、一月）内与非居民之间经济交往所发生的外汇收支总和。它仅仅包括各种收支中必须立即结算和支付的款项，强调的是以支付为基础。

广义的国际收支是指一国（或地区）居民在一定时期（通常为一年或一季度、一月）内与非居民之间的全部经济交易的系统记录。包括一个国家一定时期内全部国际经济交易，而无论是否涉及外汇收支。强调的是以交易为基础，是该国对外政治、经济、文化交往的缩影。

国际货币基金组织（简称 IMF）为便于各成员国通报国际交易数据，要求采用广义的国际收支概念。

理解国际收支这一概念，应注重以下几个方面：

第一，国际收支是一个流量概念。是针对一定时期内的发生额，可以是一年，也可以是一个季度，一个月，各国通常以一年为报告期。

第二，国际收支所反映的内容是经济交易。所谓经济交易是指经济价值从一个经济单位向另一个经济单位的转移。根据转移的内容和方向，经济交易可划分为以下几类：商品、劳务与商品、劳务之间的交换，即易货贸易；金融资产与商品、劳务之间的交换，即商品、劳务的买卖；金融资产与金融资产的交换；商品、劳务由一方向另一方的无偿转移；金融资产由一方向另一方的无偿转移。

第三，国际收支记载的经济交易是一国居民与非居民之间发生的。只有居民与非居民之间的经济交易才是国际经济交易，才是国际收支所反映的内容。居民指一国经济领土内具有经济利益的经济单位，也就是在该国经济领土上从事经济活动或交易时间达到一年以上的政府、企业或事业单位及个人，否则就是该国的非居民。一国的经济领土，包括政府所管辖的地理领土、该国的天空、水域和国际水域下的大陆架，以及该国在世界其他地方的飞地，如大使馆、领事馆等；不包括坐落在一国地理边界内的外国政府或国际机构使用的领土飞地。依照这一标准，一国的大使馆等驻外机构是所在国的非居民，而国际性组织（联合国、世贸组织、国际货币基金组织、世界银行等）则是任何国家的非居民。

二、国际收支平衡表

（一）国际收支平衡表的概念

国际收支平衡表是系统记录一国一定时期内对外国的全部经济交易的统计报表。具体体现出一国的各种国际收支项目及金额的实际动态，集中反映了一个国家的国际收支状况。

（二）国际收支平衡表的记账原则

国际收支平衡表按复式簿记原理编制，采用借贷记账法，按“有借必有贷，借贷必相等”的原则来记录国际经济交易。每笔交易需要用借方和贷方两个方向同时反映，且借方金额与贷方金额相等。借方记录资产的增加或负债的减少，贷方记录资产的减少或负债的增加。具体的表示方法：凡是引起本国外汇收入的项目记入贷方，用“+”号表示（通常省略）；凡是引起本国外汇支出的项目记入借方，用“-”号表示。当收入大于支出而出现盈余时，就是国际收支顺差；当支出大于收入而出现亏空时，就是国际收支逆差。

记录时间采用国际上通用的权责发生制，即不管有无实际收付，只要债权债务发生变动即刻记账。记录时间以所有权的变更日期为准。

（三）国际收支平衡表的内容

各个国家所编制的国际收支平衡表，其项目内容各具特点。下面以国际货币基金组织编制的《国际收支手册和国际投资头寸手册》第六版为依据，介绍国际收支平衡表的基本内容。

1. 经常账户（或往来项目）

经常账户反映一国经常发生的收支项目，是一国国际收支平衡表中最基本、最重要的项目。它包括以下项目：

（1）货物和服务。货物是指通过海关的进出口货物，其反映的是对外贸易收支，也称有形收支。借方记录进口总额，贷方记录出口总额，商品进出口额均按离岸价格计算，即只包括装船前费用，而国际运费和保险费都列入服务开支。服务包括运输、保险、邮电、旅行、银行、工程承包、计算机与信息服务、咨询、设计、专利权使用等内容，其所发生的外汇收支，也称无形贸易收支。

（2）收益。记录因生产因素在国际间流动引起的报酬收支，包括职工报酬和投资收益两项。职工报酬主要登录在国外工作期限不超过一年的季节工、边境工人和在外国领事馆及国际组织驻本国机构工作人员的外汇工薪收支，投资收益主要登录由于借贷、货币或商品直接投资、证券投资而产生的利息、利润、股利等外汇收支。

（3）经常转移。记录本国与外国之间单向价值转移的项目，包括各政府间的无偿转移（如债务豁免、经济和军事援助、战争赔款、捐款等）；私人无偿转移（如侨民汇款、赠予、退休金、抚恤金、资助性汇款、罚款和商业损失赔偿等）。

2. 资本和金融账户

资本和金融账户是指对资产所有权在国际间流动行为进行记录的账户，它包括资本账户和金融账户两大部分。

（1）资本账户，包括资本转移和非生产、非金融资产的收买或放弃。资本转移包括涉及固定资产所有权转移，同固定资产买进卖出联系在一起或以其为条件的资金转移以及债权人不索取任何回报而取消的债务；非生产、非金融资产的收买或放弃是指各种无形资产如专利、版权、商标、经销权以及租赁和其他可转让合同的交易。

（2）金融账户，是指一国或地区的国外资产和负债。这里的资产必须是法律上实际存在的债权。根据投资类型或功能，金融账户可以分为直接投资、证券投资、其他投资、储备资产四类。①直接投资反映某一经济体的居民单位（直接投资者）对另一经济体的居民单位（直接投资企业）的永久权益。②证券投资是指跨国界的股本证券和债务证券的投资，包括股票、参股证明、中长期债券、货币市场工具等。③其他投资包括长短期的贸易信贷、贷款、存款以及应收应付款项。④储备资产包括货币黄金、特别提款权、在基金组织的储备头寸、外汇资产以及其他债权。

3. 净误差与遗漏（平衡项目）

国际收支账户运用的是复式记账法，因此所有账户的借方总额和贷方总额应相等。由于不同账户的统计资料来源不一，记录时间不同以及一些人为因素等原因，会造成结账时出现净的借方或贷方余额，这时就需要人为设立一个抵销账户，数目与上述余额相等而方向相反。错误和遗漏账户就是这样一种账户。简单地说，由于从事国际交往的行为主体成千上万，统计时难免发生差错，因而，一切统计上的误差均归入错误和遗漏账户。

三、我国的国际收支

中华人民共和国成立后相当长的时期内，我国都未编制国际收支平衡表，只编制外汇收支计划。外汇收支计划是国民经济发展计划的一个组成部分。我国的外汇收支计划，包括贸易收支计划、非贸易收支计划和利用外资还本付息计划三个部分。

我国实行改革开放政策后，对外交往日益增多。国际收支在我国经济中的作用越来越大，我国的国际收支对世界各国的影响也越来越大。因此，为了全面反映我国外汇收支的情况和我国在国际社会中的地位，随着 1980 年我国在国际货币基金组织中的席位和合法权益得到恢复，我国国家外汇管理局从 1981 年开始编制并公布我国的国际收支平衡表。

根据国家外汇管理局的有关规定，我国从 2014 年 9 月 26 日起国际收支平衡表依据《国际收支和国际投资头寸手册》（第六版）的要求进行编制。主要项目有四项：经常项目、资本和金融项目、储备资产、净误差与遗漏。最主要的变化是将“储备资产”并入“金融账户”的子账户。其中“金融账户”的列示结构及编制方法由原来的“贷方”和“借方”调整为“资产”和“负债”。具体内容见表 9－1。

表9－1　　2019年前三季度中国国际收支平衡表（概览表）

项目	行次	亿元	亿美元	亿SDR
1. 经常账户	1	9421	1374	994
贷方	2	148907	21726	15705
借方	3	－139485	－20351	－14711
1. A货物和服务	4	9499	1381	1000
贷方	5	134588	19634	14194
借方	6	－125089	－18253	－13194
1. A. a货物	7	23330	3399	2458
贷方	8	122369	17850	12904
借方	9	－99039	－14451	－10446
1. A. b服务	10	－13831	－2018	－1459
贷方	11	12219	1784	1289
借方	12	－26050	－3802	－2748
1. B初次收入	13	－600	－83	－62
贷方	14	12990	1898	1371
借方	15	－13590	－1981	－1433
1. C二次收入	16	522	76	55
贷方	17	1328	194	140
借方	18	－806	－118	－85
2. 资本和金融账户	19	2230	332	238
2.1资本账户	20	－23	－3	－2
贷方	21	11	2	1
借方	22	－33	－5	－4
2.2金融账户	23	2253	335	241
资产	24	－9559	－1390	－1006
负债	25	11811	1725	1247
2.2.1非储备性质的金融账户	26	1331	205	145
2.2.1.1直接投资	27	2023	301	216
资产	28	－4758	－695	－502
负债	29	6781	995	718
2.2.1.2证券投资	30	2955	430	311
资产	31	－4337	－632	－457
负债	32	7291	1062	768
2.2.1.3金融衍生工具	33	－68	－10	－7
资产	34	179	26	19
负债	35	－247	－36	－26
2.2.1.4其他投资	36	－3579	－517	－375

续表

项目	行次	亿元	亿美元	亿 SDR
资产	37	-1564	-220	-161
负债	38	-2015	-297	-214
2.2.2 储备资产	39	922	130	95
3. 净误差与遗漏	40	-11651	-1706	-1232

资料来源：国家外汇管理局

注：

（1）根据《国际收支和国际投资头寸手册》（第六版）编制，资本和金融账户中包含储备资产。

（2）"贷方"按正值列示，"借方"按负值列示，差额等于"贷方"加上"借方"。本表除标注"贷方"和"借方"的项目外，其他项目均指差额。

（3）季度人民币计值的国际收支平衡表数据，由当季以美元计值的国际收支平衡表，通过当季人民币对美元季平均汇率中间价折算得到，季度累计的人民币计值的国际收支平衡表由单季人民币计值数据累加得到。

（4）季度SDR计值的国际收支平衡表数据，由当季以美元计值的国际收支平衡表，通过当季SDR对美元季平均汇率折算得到，季度累计的SDR计值的国际收支平衡表由单季SDR计值数据累加得到。

（5）本表计数采用四舍五入原则。

（6）细项数据请参见国家外汇管理局国际互联网站"统计数据"栏目。

思考：什么是顺差？什么是逆差？根据表9－1的资料，请详细解析说明我国2019年前三季度国际收支状况。

第二节　外　　汇

一、外汇

（一）外汇的含义

外汇是指以外币表示的可以用作国际清偿的支付手段和资产。具体包括：①外国货币，如纸币、铸币等；②外币支付凭证，如票据、银行存款凭证、邮政储蓄凭证等；③外币有价证券，如政府债券、公司债券、股票等；④其他外汇资产。

但是，并不是所有的外国货币都能成为外汇的。一种外币成为外汇有三个前提条件：第一，自由兑换性，即这种外币能自由地兑换成其他国家的货币，或可以自由地对第三国进行支付；第二，普遍接受性，即这种外币在国际经济往来中被各国普遍接受和使用；第三，可偿性，即这种外币资产是可以保证得到偿付的。只有满足这三个条件的外币及其所表示的资产才是外汇。

（二）外汇的种类

1. 按能否自由兑换划分，外汇主要分为自由外汇和记账外汇

（1）自由外汇。自由外汇是指毋需经货币发行国外汇管理机关批准，在国际金融市场上可以自由转换为其他国家货币的外汇。它能在国际交往中作为支付手段被广泛地使用和流

通。如美元、英镑、欧元、加拿大元、日元、澳大利亚元、港币、新加坡元、新西兰元等货币（见表9-2），以及这些货币所表示的支票、汇票、旅行支票等，属于自由外汇。

表9-2　一些国家或地区的货币名称、货币符号及货币代码符号

国家或地区	货币名称	货币符号	货币代码符号
中国	人民币	¥	CNY
美国	美元	$	USD
日本	日元	J¥	JPY
欧盟	欧元	€	EUR
英国	英镑	£	GBP
中国香港	港元	HK$	HKD
澳大利亚	澳大利亚元	A$	AUD
加拿大	加拿大元	C$	CAD
新加坡	新加坡元	S$	SGD
俄罗斯	俄罗斯卢布	₽	RUB
韩国	韩国元	₩	KRW
新西兰	新西兰元	NZ$	NZD
挪威	挪威克朗	N. Kr.	NOK
瑞典	瑞典克朗	S. Kr.	SEK
丹麦	丹麦克朗	D. Kr.	DKK
泰国	泰铢	฿	THP

（2）记账外汇。记账外汇是指两国政府签订的支付协议中所使用的外汇。在一定条件下可作为两国交往中使用的记账工具。记账外汇，不经货币发行国家管理当局批准，不能自由兑换为其他国家的货币，也不能对第三国支付，只能根据有关两国的协定，在相互贸易中使用。如我国与苏联的贸易与非贸易往来采用的就是记账外汇，原规定记账外汇为卢布，后改为瑞士法郎。运用记账外汇从事经济活动的两国，在年底集中冲销债权债务后，其差额可用现汇支付或转入下一年度继续使用。

2. 按来源和用途不同划分，外汇可分为贸易外汇和非贸易外汇

（1）贸易外汇。贸易外汇是指由于国际间商品的输入或输出所形成的支出或收入的外汇。一个国家的商品输出会收入外汇，商品输入需支付外汇。贸易外汇除了直接从事商品的进出口所产生的外汇收付以外，还包括来料加工、补偿贸易、租赁等业务经营中的外汇收付。贸易外汇往往是一个国家外汇收入的主要来源，也是一个国家外汇支出的主要部分。

（2）非贸易外汇。非贸易外汇是指各国之间除了贸易之外的其他各种经济往来过程中发生收支的外汇。如劳务的进出口（运输、保险、金融、旅游等）、侨民的汇兑、投资利润的分享（利息、股息、红利分配等）及其他方面（国外借款等）。

3. 按外汇交割的期限划分，外汇可分为即期外汇和远期外汇

（1）即期外汇。即期外汇又称现汇，是指在外汇买卖成交以后，于当日或两个营业日内办理交割的外汇。其特点是成交后马上交割。

(2) 远期外汇。远期外汇又称期汇，是指外汇市场买卖双方按商定的汇价订立买卖合同，到约定的日期进行交割的外汇。其特点是先成交，在未来的日子里按合同中规定的金额、期限和汇率办理交割。

二、汇率

(一) 汇率的含义

外汇汇率又称外汇汇价，是不同货币之间兑换的比率或比价，也可以说是以一种货币表示的另一种货币的价格。

在外汇市场上，汇率是以五位数字来显示的，如欧元 EUR 0.9705，日元 JPY 119.95，英镑 GBP 1.5237，瑞郎 CHF 1.5003。

汇率的最小变化单位为一点，即最后一位数的一个数字变化，如欧元 EUR 0.0001，日元 JPY 0.01，英镑 GBP 0.0001，瑞郎 CHF 0.0001。

按国际惯例，通常用三个英文字母来表示货币的名称，以上中文名称后的英文即为该货币的英文代码，常见的如表 9-2 所示。

外汇是可以在国际上自由兑换、自由买卖的资产，也是一种特殊商品。汇率就是这种特殊商品的“特殊价格”。一般商品的价格是用货币表示的，但人们不能反过来用商品表现货币的价格。在国际汇兑中，不同的货币之间却可以相互表示对方的价格，因此，外汇汇率也就具有双向表示的特点：既可用本币来表示外币价格，又可用外币表示本币价格。至于是用本币表示外币，还是用外币表示本币，则取决于一国所采用的不同标价方法。

(二) 汇率的标价方法

由于两种不同的货币可以互相表示，也就有两种基本的汇率标价方法：一是直接标价法；二是间接标价法。20 世纪五六十年代以来，西方各国的跨国银行又普遍采用了美元标价方法。

1. 直接标价法

直接标价法是指以一定单位的外国货币为标准来计算折合多少单位的本国货币。这种标价法的特点是，外币数额固定不变，折合本币的数额根据外国货币与本国货币币值对比的变化而变化，如果一定数额的外币折合本币数额增加，即外币升值、本币贬值；反之，如果一定数额的外币折合本币数额减少，即外币贬值、本币升值。例如，2019 年 12 月 30 日公布的外汇牌价中，每 100 美元价值人民币 698.04 元，这一标价方法就是直接标价法。

2. 间接标价法

间接标价法是指以一定单位的本国货币标准来计算折合若干单位的外国货币。这种标价法的特点是以本币为计价标准，固定不变，折合外币的数额根据本币与外币币值对比的变化而变化。如果一定数额的本币折合外币的数额增加，即本币升值、外币贬值；反之，如果一定数额的本币折合外币数额减少，则为本币贬值、外币升值。例如，2020 年 1 月 23 日外汇市场上汇价 100 元人民币折合 14.42 美元，这一标价方法就是间接标价法。

除美国和英国采用间接标价法外，世界上大多数国家采用直接标价法。

3. 美元标价法

美元标价法是指以一定单位的美元为标准，折合成若干数额的其他国家货币，即用其他国家货币表示的美元的价格。例如，从加拿大蒙特利尔向日本银行询问日元汇率，东京外汇银行不是直接报加拿大元对日元的汇率，而是报美元对日元的汇率。

目前世界各主要外汇市场银行之间的报价通常采用这种标价方法。非美元货币之间的汇率则通过各自对美元的汇率套算。这种标价方法的特点是：美元的单位始终不变，美元与其他货币的比值是通过其他货币数量的变化体现出来的。

（三）人民币汇率

人民币汇率是我国人民币对外币的比价。长期以来我国人民币汇率是由政府授权的国家外汇管理局统一制定、调整和管理。

人民币汇率采用直接标价法，多数情况下以100单位外币为标准折合人民币若干元，个别单位价值较低的货币例外，如日元以100000为单位。

现行的人民币汇率主要是对发达国家货币之间的管理浮动汇率，其中以人民币对美元的汇率为基础汇率，人民币与其他货币之间的汇率通过各自与美元的汇率套算出来。

人民币汇率每天通过中国经营外汇业务的银行挂牌公布，具体分为买入价、卖出价和中间价。银行买入外汇用买入价，卖出外汇用卖出价，买卖价差约为0.5%。此外，还公布人民币对外币现钞价，而且也分买入价和卖出价，主要用于外币现钞的兑换。由于外币现钞买卖过程中包含有运送、保管、保险等费用，所以现钞买入价一般低于外汇买入价。

（四）汇率的种类

汇率的种类极其繁多，按不同的标准可以划分为：

1. 基本汇率和套算汇率

基本汇率是指一国货币对关键货币的汇率。关键货币应具备在国际交往中使用最多，在外汇储备中占比重最大，可自由兑换并在国际上被普遍接受的特点。第二次世界大战以来美元具有上述特点，故大多数国家把美元当作关键货币，把本币对美元的汇率称为其基本汇率。套算汇率是根据基本汇率套算出本币与其他国货币之间的汇率。

2. 固定汇率和浮动汇率

固定汇率是指两国货币汇率基本固定的，其波动幅度限制在一定范围内的汇率。它是由政府用行政或法律手段选择一个基本参照物，并确定、公布和维持本国货币与该单位参照物之间的固定比价。充当参照物的东西可以是黄金，也可以是某一种外国货币或某一组货币。浮动汇率是指汇率水平完全由外汇市场上的供求决定，政府不加任何干预的汇率制度。在当今世界上，由于政府力量的强大和对经济生活日益加深的干预，各国政府同样也或多或少地对汇率水平进行干预和指导。我们将这种有干预有指导的浮动汇率称之为管理浮动汇率。

3. 买入汇率、卖出汇率、中间汇率及现钞汇率

买入汇率是银行向客户买入外汇所使用的汇率。卖出汇率是银行向客户卖出外汇时使用的汇率。买卖汇率之间的差幅一般为1‰～5‰，是银行买卖外汇的收益。中间汇率是买入与卖出汇率的平均数。报刊杂志报道汇率、银行年终决算制作报表时常用中间汇率。现钞汇率是银行买入外币现钞的价格，银行收兑进的外币现钞最终要运送出境外，这就要花费包装费、运费和保险费，此外还要考虑利息费用。因此，银行的现钞买入价低于外汇买入价，外币现钞卖出价与外汇卖出价相同。

4. 即期汇率与远期汇率

即期汇率是在外汇交易协议达成后，在当日或两个营业日内进行外汇交割所使用的汇

率。远期汇率是指外汇交易双方达成外汇买卖协议后，约定在将来某一时间进行外汇实际交割所使用的汇率。

远期汇率与即期汇率有一定差价，称为升水或贴水。升水指远期汇率高于即期汇率；贴水指远期汇率低于即期汇率；当远期汇率等于即期汇率时，称为平价。

5. 官方汇率与市场汇率

官方汇率是由一国外汇管理当局所规定的汇率。它又可分为单一汇率和复汇率，其中复汇率往往是对贸易和非贸易规定的不同的汇率，分别称为贸易汇率和金融汇率。市场汇率是由市场供求状况自发决定或形成的汇率。

此外，按外汇买卖的不同对象划分，有同业汇率和商人汇率；按外汇银行营业时间划分，有开盘汇率和收盘汇率；按汇兑的不同方式划分，有电汇汇率、信汇汇率和票汇汇率等。

（五）影响汇率变动的主要因素

1. 国际收支状况

一国的国际收支状况直接决定着该国的外汇供求状况，从而引起汇率变动。当一个国家的国际收支出现顺差时，外汇收入大于外汇支出，外汇储备增加，使外汇的供给大于需求，会引起外汇汇率下降和本币汇率上升；当一个国家的国际收支出现逆差时，外汇支出大于外汇收入，外汇储备减少，使外汇的需求大于供给，会引起外汇汇率上升和本币汇率下降。

2. 通货膨胀程度

在其他经济条件不变的情况下，若一国发生通货膨胀，该国单位货币所代表的价值量减少，对内贬值，物价上涨。国内物价上涨使出口商品的成本增加，以外币表示的国际市场价格上涨，这就限制了出口，外汇供应减少，而进口商品的价格没有上涨或上涨幅度小，这就有利于扩大进口，对外汇的需求增加，从而导致外币汇率上升和本币汇率下跌。

3. 相对利率

如果一个国家利率提高，必然引起国外资本的流入增加，使该国的外汇供应增加，对本国的货币需求增加，促使本国货币汇率上升和外汇汇率下降。如果降低利率，资本流出增加，使该国的外汇供应减少，对本币的需求减少，而对外汇的需求增加，导致本国货币汇率的下降和外汇汇率的上升。

以上是影响汇率变动的主要因素。影响汇率波动的因素还有很多，例如，关税政策、对外贸易政策、外汇管制措施、外汇投机活动、政治形势等。

三、我国的外汇管理

外汇管理，又称外汇管制，是一国政府为了维护本国经济的发展、金融稳定和对外交往的正常进行，而对外汇的收、支、存、兑所采取的限制性的政策措施。

我国是实行严格外汇管理的国家，外汇管理一直坚持的基本方针是“集中管理，统一经营”。随着改革的深入，1994 年外汇管理体制发生了重大变革，1996 年 1 月国务院通过并颁布了《中华人民共和国外汇管理条例》，1997 年 1 月通过了《国务院关于修改〈中华人民共和国外汇管理条例〉的决定》，2008 年 8 月国务院第 20 次常务会议修订通过了最新的《中华人民共和国外汇管理条例》，对我国的外汇管理作出了详尽的规定。概括起来我国现行外汇管理的主要内容有以下几个方面：

（一）实行外汇收入结汇制

境内中资企事业单位、机关和社会团体必须将规定范围内的外汇收入及时调回境内，按照银行挂牌汇率，全部卖给外汇指定银行。

（二）实行银行售汇制，允许人民币在经常项目下可自由兑换

境内单位和个人所需外汇，可按规定持有效凭证用人民币到外汇指定银行去购买外汇。一般贸易用汇，只要有进口合同和境外金融机构的支付通知，就可以到外汇指定银行购汇；许可证和登记制的贸易进口，只要持相应的合同和凭证，就可以办理购汇；对非贸易项下的经营性支付，凭支付协议或合同和境外机构的支付通知书办理购汇。但对向外投资、贷款、捐赠用汇仍实行审批制。驻华机构和来华人员的合法人民币收入，需要汇出境外的，可以持有关证明材料和凭证到外汇指定银行兑付。

采取结售汇制以后，取消了经常账户正常对外支付用汇的计划审批制度，国家对经常性国际支付和转移不予限制。企业用汇条件变得宽松了。

携带、申报外币现钞出入境的限额，由国务院外汇管理部门规定。

（三）实行有管理的浮动汇率制

建立银行间外汇交易市场，改进汇率形成机制，实行以市场供求为基础的、单一的有管理的浮动汇率制。改革后，1994 年 4 月在上海建立了中国外汇交易市场，其功能主要是为中国人民银行根据银行间外汇市场形成的价格，公布人民币对主要外币的汇率。自 2005 年 7 月 21 日起，我国开始实行以市场供求为基础、参考一篮子货币进行调节、有管理的浮动汇率制度。人民币汇率不再盯住单一美元，形成更富弹性的人民币汇率机制。

2008 年 8 月 1 日，国务院颁布了再次修订的《中华人民共和国外汇管理条例》。新条例强调“均衡管理”代替“宽进严出”的外汇管理思路，发挥市场在汇率形成中的基础性作用。明确规定“人民币汇率实行以市场供求为基础的、有管理的浮动汇率制度”。

（四）取消外国货币在我国境内计价、结算和流通

自 1994 年 1 月 1 日起，取消任何形式的境内外币计价结算，境内禁止外币流通，禁止指定外汇银行以外的外汇买卖。停止发行外汇券，已发行流通的外汇兑换券，停止流通，可向银行兑换，退出流通。

（五）取消外汇收支的指令性计划

国家主要运用经济、法律手段实现对外汇和国际收支的宏观调控。同时建立国际收支统计申报制度，加强外汇收支和国际收支平衡状况及变化趋势的分析、预测，逐步完善国际收支宏观调控体系。

（六）强化外汇指定银行的依法经营和服务职能

外汇指定银行所需人民币资金原则上应由各银行用自有资金解决。国家对外汇指定银行的结算周转外汇实行比例管理，其具体比例由中国人民银行根据其资产和外汇结算工作量大小核定。各银行持有超过其高限比例的结算周转外汇，必须售给其他外汇指定银行或中国人民银行；相反，当其持有结算周转外汇降到低限比例以下时，应及时从其他外汇指定银行或中国人民银行购入补足。以实现合理高效用汇，避免外汇风险。

（七）严格外债管理

建立偿债基金，确保国家对外信誉。对外汇资金的借用和偿还，国家继续实行计划管理、金融条件审批和外债登记制度。

（八）外商投资企业外汇管理体制仍维持原定办法

这些企业的外汇收入允许在外汇指定银行或境内外资银行开立现汇账户并在允许的范围内进行支付。超出现汇账户余额的合理用汇，经批准后可向外汇指定银行购买。

（九）国家实行国际收支统计申报制度

国务院外汇管理部门应当对国际收支进行统计、监测，定期公布国际收支状况。

经营外汇业务的金融机构应当按照国务院外汇管理部门的规定为客户开立外汇账户，并通过外汇账户办理外汇业务。

经营外汇业务的金融机构应当依法向外汇管理机关报送客户的外汇收支及账户变动情况。

（十）属于个人所有的外汇，可以自行持有，也可以存入银行或者卖给外汇指定银行

个人因私用汇，在规定限额以内购汇。超过规定限额的个人因私用汇，应当向外汇管理机关提出申请，外汇管理机关认为其申请属实的，可以购汇。

个人移居境外后，其境内资产产生的收益，可以持规定的证明材料和有效凭证向外汇指定银行购汇汇出或者携带出境。

（十一）2015 年 8 月我国汇制又一次进行重大改革

2015 年 12 月，外汇交易中心发布人民币汇率指数，央行强调要加大参考一篮子货币的力度，以保持人民币对一篮子货币汇率的基本稳定。此后，为应对外汇市场中存在的顺周期行为，避免市场出现恐慌，央行于 2017 年 2 月和 2018 年 8 月两次在中间价报价中引入逆周期因子，并对国际资本流动加强了宏观审慎管理。

（十二）违反外汇管理的法律责任

违反外汇管理的各种行为，一般包括逃汇行为、套汇行为、扰乱金融行为、违反外债管理行为、违反外汇账户管理行为、违反外汇核销管理行为以及违反外汇经营管理行为等，我国的相关法律法规都对这些违反外汇管理的行为予以了定义，并规定了相应的民事、刑事、行政责任。

知识链接 9－1
解读外汇牌价

说一说：你所了解的我国外汇牌价。

第三节　国际信用

国际信用是国与国之间相互提供的信用，它是国际间相互联系的一个重要方面。在现代社会里，国家要发展就必须要利用他国的先进技术设备和资金，尤其是在科技飞速发展的今天，生产国际化和资本国际化日益发展的情况下，这种国与国之间的信用活动就显得更为重

要。国际信用包括国际商业信用、国际银行信用、国际金融机构信用、国际政府间信用和国际直接信用等。

一、国际商业信用

国际商业信用是指发生在国际商品交易过程中，交易双方以延期支付方式提供的信用。在国际贸易活动中出口商与进口商相互提供商品形态的信用，如当出口商将货物装运出口，进口商收到货物单据后，允许进口商经过相当时间才支付货款，这就是出口商对进口商提供的商业信用。它反映了出口商与进口商之间因赊购商品而形成的债务关系。对出口商来说，提供商业信用的过程，同时也就是他的商品资本实现为货币资本的过程。如果进口商在收到货物单据以前就付出全部或部分货款，那就是进口商对出口商提供了信用。其主要形式有：

（一）延期付款

延期付款是出口厂商和进口厂商议定在货物出口以后一定时间内支付款项。延期付款一般发生在关系密切的进出口商之间或出口商得到出口国银行出口信贷支持的时候，其做法一般是进口商支付合同金额的一定比例，如15%，其余85%的货款则延期支付。

（二）国际租赁

国际租赁是一国的出租人与另一国的承租人订立的租赁契约，以收取一定的租金为代价，把机器设备租给承租人在一定期限内使用的一种信用形式，国际租赁对承租人具有节约投资资金，加快投资步伐，提高设备使用效益等诸多好处。因此，国际租赁已成为我国设备更新改造，利用外资的重要途径之一。

（三）补偿贸易和来料加工

补偿贸易是出口方企业以向进口方企业提供资金技术设备、各种服务、人员培训等作为贷款，进口方企业待工程项目投产后以项目生产的产品或双方商定的其他办法偿还贷款本息。1978年我国开始以补偿贸易作为利用外资的方式之一，此后补偿贸易得到了迅速发展。

来料加工是指出口商提供原材料、机器设备的零部件或部分生产设备等，由进口国企业加工生产产品，其成品全部归出口国所有，进口国企业赚取加工费。

二、国际银行信用

国际银行信用是指由银行以货币形态提供给出口商或进口商的信用。国际银行信用反映的是银行向出口商或进口商提供贷款所发生的债务关系。它是在商业信用的基础上发展起来的。例如对出口商提供以准备出口或发往国外的货物为保证的贷款，出口商向进口商签发的汇票，或凭出口商对进口商的债权给予贷款，都属于国际银行信用。由于银行能把社会上暂时闲置的游资集中起来，形成巨额的借贷资本，因此银行信用的范围不像商业信用那样要受出口商品的方向和数量的限制。它可以随意提供给任何一个出口商或进口商。银行信用不论在借贷的数量上，还是在借贷的期限上，都要远远超过商业信用，因而它能在更大程度上适应国际贸易发展的需要。国际银行信用具有资金供应充足，借款手续简便，资金使用自由，不受贷方限制，期限短、利率高、贷款条件苛刻等特点。

（一）国际商业银行贷款

国际商业银行贷款按参与贷款银行的多少分为双边银行贷款和国际银团贷款两种。双边银行贷款又称独家银行贷款，是指一家贷款银行向外国借款人提供的贷款。国际银团贷款是由一家或几家大银行牵头，联合多家银行对借款人提供的国际性贷款。国际银团贷款是国际金融市场上长期巨额融资的主要方式，其贷款期限一般在五年以上。

（二）项目贷款

项目贷款又称项目融资贷款，是国际上为某些大型工程项目等筹措资金的一种新型融资方式。项目贷款的融资额特别大，有时多达几亿、几十亿美元。主要用于能源、交通、农林业、制造业及勘探开发等项目。项目贷款人最初只有国际金融机构，如世界银行、亚洲开发银行等，后来国际大商业银行也参与其中，使项目贷款成为国际商业银行的业务之一。

（三）出口信贷

出口信贷，是一种出口国银行给予本国出口商或外国进口商低于市场利率的贷款，其目的在于鼓励出口并解决进口借款的支付问题。根据直接贷款的对象不同，出口信贷分为卖方信贷和买方信贷。卖方信贷是指出口方所在地银行向出口商提供的信贷，出口商对国外进口商提供延期付款的便利。买方信贷是指出口国银行直接向进口商或进口方银行提供贷款。

三、国际间的政府信用

国际间政府信用是指一国政府向另一国政府提供的优惠性贷款，也称为政府信贷或政府贷款。

国家以政府的名义提供政府信用主要使用政府财政预算收入的资金，通过列入政府财政预算支出，计划向借款国政府提供贷款。所以政府信用一般是由各国的中央政府通过完备的立法手续批准后加以实施。政府之间提供这种形式的信用是为了表示政治上的友好和经济上支援，同时也有利于贷款国推销本国的商品和劳务，发展对外贸易，扩大国际影响，因而政府信用通常是在政治关系良好的基础上配合外交活动的一种重要经济手段。政府信用一般是由西方发达国家向发展中国家提供的。它具有利率低、附加费用少，带有很大的赠予成分；信用期长；附有限制性采购条款；政府贷款多数是与项目相联系的等特点。如根据双边援助计划，受援国的项目大多只能用来向贷款国购买货物或劳务，而且贷款一般不提供自由外汇，不提供全部项目投资。政府贷款主要是由经济发达国家向发展中国家提供。

四、国际金融机构信用

国际金融机构信用是指国际金融机构为其成员国提供的条件优惠的贷款。它在开发落后地区提供发展基金，帮助借款国摆脱经济困境，扩大国际经济贸易和加强合作等方面发挥积极作用。主要的国际金融机构有：国际货币基金组织、世界银行集团、亚洲开发银行、非洲开发银行等。

五、国际直接信用

国际直接信用是指一国的政府、公司或企业，在国际金融市场上直接融通货币资金的信用形式。

（一）发行国际债券

国际债券是由一国政府或企业在国外以外国货币或境外货币为面值发行的债券。国际债券的发行和交易所形成的市场叫国际债券市场，它是国际资本市场的重要组成部分。

（二）发行国际股票

国际股票发行是指一国的股份公司在国外某一国家或同时在几个国家发行该公司的股票，并在发行地证券交易所上市以筹集股份资金的行为。20世纪80年代以后，随着国际金融市场的证券化、股票市场国际化得到迅速发展，许多国家取消了对外国公司的股票在本国证券交易所上市的限制。同时，现代通信卫星和电脑交易网络在股市的普及应用，为跨国股票发行和交易创造了技术条件。

（三）国际直接投资

国际直接投资是指一国的厂商以其资本直接向另一国企业投资，成为企业的所有者或享有企业部分所有权而发生的国际资本流动。

国际直接信用与其他形式不同，它不是债权融资，而是一种股权融资；它不仅代表资本在国际间流动，还包括了专有技术、技术专利、商誉、销售渠道以及企业经营管理等经济要素的流动；它没有还本付息的压力。

知识链接 9－2
利用外资逆势上场
新一批跨国公司地区总部落户上海

想一想：我国在利用外资方面采取了哪些形式？

第四节　国际金融机构

国际金融机构是指从事国际性金融管理及国际间融资业务的超国家性质的组织机构。它的成员通常由参加政府或政府机构组成，是一种政府间的金融合作组织。

世界上最早出现的国际金融机构，是1930年在瑞士巴塞尔成立的国际清算银行。第二次世界大战后相继建立了一系列的国际金融机构，如国际货币基金组织（1945年）及世界银行（1945年）、国际金融公司（1956年）、国际开发协会（1960年）。

国际金融机构大致可划分为两类，即全球性国际金融机构和区域性国际金融机构。

一、全球性国际金融机构

全球性国际金融机构，如国际货币基金组织、世界银行、国际开发协会、国际金融公司等，其成员来自世界的大多数国家。

（一）国际货币基金组织

国际货币基金组织（简称IMF），是一个政府间国际金融组织，是最重要的、具有企业经营性质的全球性国际金融机构之一。根据1944年7月在美国布雷顿森林举行的联合国货币金融会议的决定，于1945年12月27日成立了国际货币基金组织，1947年3月1日开始办理业务，是联合国的专门机构之一，总部设在华盛顿。国际货币基金组织的宗旨是加强各国及地区在货币金融领域的合作，稳定货币汇率，促进国际贸易，通过贷款帮助成员解决国际收支不平衡的困难。其业务的资金来源主要由会员认缴的基金份额、借入资金和信托基金构成。主要业务是以发放贷款方式向会员融资，贷款对象仅限于会员政府。

目前，世界上大多数国家都参加了这一组织。中国是创始国之一，1980 年 4 月中华人民共和国恢复了在国际货币基金组织的合法席位。截至 2019 年，国际货币基金组织共有成员 189 个。

（二）世界银行

世界银行，即国际复兴开发银行，也是第一世界银行，于 1945 年 12 月成立，是最重要的全球性国际金融机构之一。其成员须具有国际货币基金组织成员的资格。其主要任务是向发展中国家提供开发性贷款，资助其兴办特定的长期建设项目，促进资源开发与经济增长。资金来源主要是会员缴纳的股金、借款、利润收入、债权出让等。该行下设两个附属机构——国际开发协会和国际金融公司，三者一起成为世界银行集团，总部设在华盛顿。

我国是世界银行的创始国之一，并于 1980 年 5 月恢复了在该行的合法席位。

（三）国际开发协会

国际开发协会，1960 年 9 月 24 日正式成立，总部设在华盛顿。国际开发协会并不是一个独立于国际复兴开发银行的机构，而是其附属机构，但在法律上和财务上各自独立。它们实际上是一套人马，两块牌子，所以又称“第二世界银行”。其宗旨是对落后国家给予条件较宽、期限较长、负担较轻、并可用部分当地货币偿还的贷款。资金来源主要是会员认缴的资本、补充资金、特别基金捐款及世界银行拨款。

（四）国际金融公司

国际金融公司，它主要是对会员私营企业提供长期贷款，提供信贷对象是亚、非、拉发展中国家，资金投向主要是制造业、加工业、开采业、建材业、纺织业及公用事业和旅游业等。资金来源主要是会员缴纳股金、借款和业务净受益三个方面。

二、区域性国际金融机构

区域性国际金融机构，如：国际清算银行、欧洲投资银行、亚洲开发银行、阿拉伯非洲经济开发银行等，其成员由一定区域内的国家组成。

（一）国际清算银行

国际清算银行，是西方主要发达国家中央银行和若干大商业银行合办的国际金融机构，成立于 1930 年 5 月，总部设在瑞士巴塞尔。建行的目的是在国际清算中更多地充当受托人或代理人，为各国中央银行提供清算和其他业务服务，并成为国际金融问题的研究中心及国际金融领域合作的论坛。目前，世界上多数国家的中央银行都与该行建立了业务联系。中国人民银行于 1996 年成为该行的正式成员。

（二）亚洲基础设施投资银行

亚洲基础设施投资银行（简称亚投行，AIIB）是一个政府间性质的亚洲区域多边开发机构，重点支持基础设施建设，成立宗旨是促进亚洲区域的建设互联互通化和经济一体化的进程，及加强中国及其他亚洲国家和地区的合作。总部设在北京。亚投行法定资本 100 亿美元。

2015 年 12 月 25 日，包括缅甸、新加坡、文莱、澳大利亚、中国、蒙古、奥地利、英国、新西兰、卢森堡、韩国、格鲁吉亚、荷兰、德国、挪威、巴基斯坦、约旦等在内的 17

个意向创始成员国（股份总和占比 50.1%）批准《亚洲基础设施投资银行协定》（以下简称《协定》）并提交批准书，从而达到《协定》规定的生效条件。亚洲基础设施投资银行正式成立。

截至 2019 年 7 月 13 日，亚洲基础设施投资银行（亚投行）理事会批准贝宁、吉布提、卢旺达加入亚投行，至此，亚投行成员总数达到 100 个。

亚洲基础设施投资银行主要业务是援助亚太地区国家的基础设施建设。在全面投运营后，亚洲基础设施投资银行运用一系列支持方式为亚洲各国的基础设施项目提供融资支持，包括贷款、股权投资以及提供担保等，以振兴包括交通、能源、电信、农业和城市发展在内的各个行业投资。

知识链接 9－3

亚洲基础设施投资银行成立的背景

（三）金砖国家新开发银行

金砖国家新开发银行，（简称 NDB），又名金砖银行。2014 年 7 月 15 日金砖国家发表《福塔莱萨宣言》宣布，金砖国家新开发银行初始资本为 1000 亿美元，由 5 个创始成员出资，其中，中国提供 410 亿美元，俄罗斯、巴西和印度分别提供 180 亿美元，南非提供其余的 50 亿美元。2015 年 7 月 21 日，金砖国家新开发银行开业。总部设在中国上海。

金砖国家新开发银行是在 2012 年提出的，目的是为避免在下一轮金融危机中受到货币不稳定的影响，金砖国家计划构筑一个共同的金融安全网，借助这个资金池兑换一部分外汇用来应急。宗旨是银行应为金砖国家及其他新兴经济体和发展中国家的基础设施建设和可持续发展项目动员资源，作为现有多边和区域金融机构的补充，促进全球增长与发展。为履行其宗旨，银行应通过贷款、担保、股权投资和其他金融工具为公共或者私人项目提供支持。银行还应与国际组织和其他金融实体开展合作，并为银行支持的项目提供技术援助。

（四）亚洲开发银行

亚洲开发银行，是西方国家与亚太地区发展中国家合办的政府间的国际金融机构。该行成立于 1966 年，总行设在菲律宾的马尼拉，我国于 1986 年加入该行。亚洲开发银行的宗旨是：通过发放贷款、进行投资和提供技术援助，促进本地区的经济发展和合作。

（五）非洲开发银行

非洲开发银行，是由非洲国家政府合办的互助性国际金融组织，成立于 1963 年 9 月，行址设在象牙海岸首都阿比让，也吸收非洲以外的国家为成员。其宗旨是促进成员的经济和社会发展。业务活动主要由普通业务贷款和特殊业务贷款两种。

复习思考题

1. 请列举 20 世纪 90 年代以来的重大国际金融事件。
2. 简述国际收支平衡表的主要内容。

3. 请说明基本汇率和套算汇率的关系。

4. 什么是汇率？其标价方法有哪些？

5. 简述人民币汇率的主要内容。

社会实践要求

讨论会

1. 主题：我国人民币在国际市场上是否可作为外汇使用，为什么？

2. 要求：通过对外汇含义的确切理解及我国人民币在国际金融市场上的地位，提出自己的看法。

3. 目的：明确人民币在国际上的地位。

4. 建议：在教师指导下收集材料，分组准备发言提纲，组织全班讨论，最后由教师作总结。

第十章 财政政策与货币政策

学习目标

通过本章学习，要求了解财政政策的构成要素、财政政策目标与货币政策目标、财政政策与货币政策类型；理解财政政策工具与货币政策工具对宏观经济的调控作用；明确财政政策与货币政策协调配合的必要性、财政政策与货币政策协调配合的基本模式及选择运用；掌握财政政策与货币政策对宏观经济和微观经济的影响。

本章重点是财政政策与货币政策的协调配合。

第一节 财政政策

一、财政政策的含义

财政政策是指国家为了达到一定目的或目标而制定的指导财政分配活动，处理财政分配关系的基本准则和措施的总和。财政政策是国家经济政策的重要组成部分，是政府进行反经济周期调节、熨平经济波动的重要工具，也是财政有效履行配置资源、公平分配和调控经济等职能的主要手段。

财政政策应贯穿于整个财政工作，涵盖从收入到支出，从预算到国家债务的各个方面。财政政策是一套组合拳，是由支出政策、税收政策、预算平衡政策、国债政策共同组成的。在市场经济体制下充分发挥财政政策的力量，就必须做到各方面互相配合，互相协调，共同保证经济的稳定、持续、协调发展。

二、财政政策的构成要素

财政政策包括财政政策主体、财政政策目标和财政政策工具三大要素：

（一）财政政策主体

财政政策主体是指财政政策的制定者和执行者。政策主体的行为是否规范，对于政策功能的发挥和政策效应的大小都具有重要的影响。改革开放前，我国实行统收统支体制，这种体制使中央政府处于财政政策制定者的地位，地方政府处于财政政策执行者的地位。改革开放以后，经济体制发生了根本性变化，地方政府有了较大的自主权，它不仅是财政政策的执行者，同时也是一个地区的财政政策的制定者。

（二）财政政策目标

财政政策目标是指通过财政政策的实施所要达到的目的或产生的效果，它是财政政策的核心内容。任何目标的设立都是为了达到一定的目的，而目的又可以分为直接目的和最终目的。有时，直接目的和最终目的会有冲突。在设立财政政策的目标时，必须充分考虑这点，财政政策的目标之间有可能存在冲突。其次，财政政策的作用不是无限的，在使用范围和使用强度上都存在范围，超出范围的财政政策目标必然无法实现。再次，政策发挥作用需要时间支持，基本财政政策需要在较长时期内持续稳定，又被称为长期性财政政策；而一般性财政政策只需要在特定时期内发挥作用，所以又被称为中短期财政政策。显然不同财政政策目标匹配不同类型的财政政策。最后，政策目标还受社会、政治、经济、文化等环境因素的限制，以及民众的偏好与政府的行为的影响。根据我国社会经济的发展需要以及财政的基本特点，我国财政政策的目标，可以归结为下面几个方面：

1. 物价稳定

物价稳定是世界各国财政政策追求的重要目标。物价稳定是指一般物价水平在短期内没有显著的或急剧的波动。在市场经济条件下，商品价格是由市场上的供求关系决定的。如果个别商品的价格上下波动较大，有可能是由这些商品的供求因素所致，并不能反映整个宏观经济出了什么问题。但如果整个物价水平发生了很大的变动，则就表明宏观经济的运行出现了问题。通常，物价水平上升过快，通货膨胀率较高，意味着经济过热，即总需求大于总供给；而物价水平大幅度回落，出现通货紧缩，意味着经济衰退，即总供给大于总需求。因此，可以形象地说，物价水平的变动状况是宏观经济运行的“晴雨表”。政府将物价相对稳定作为财政政策的一个重要目标，并不是要简单地干预市场上的物价，而是要运用适当的财政政策来调节宏观经济运行，抑制经济过热或刺激经济走出低谷。

2. 充分就业

充分就业，指现行总人口中，有工作能力、愿意工作又正在寻找工作的人，能在较合理的条件下，找到按现行工资率付酬的职业。一般以失业率指标来衡量劳动者的就业程度。所谓失业率，就是社会上具有工作能力且愿意工作而没有工作的失业人数与愿意就业的劳动者的比率，失业率的大小代表了社会的充分就业程度，失业率高，表明生产资源的浪费大，不利于社会的稳定，并对社会经济增长极为不利。因此，世界各国都运用财政政策尽可能地降低失业率。

3. 经济增长

经济增长就是保持适当的经济增长速度，即谋求最佳经济增长率。这是各国政府所共同追求的重要目标。只有实现经济增长目标，才能增加就业，提高国民的收入与生活水平，也只有实现经济增长，社会才会安定，国家才能长治久安。经济增长应当是持续的、稳定的。在实现经济增长过程中，财政可以通过引导劳动、资本、技术等各项生产要素的合理配置，起到有力的促进和推动作用。我国用国内生产总值增长率反映经济增长情况，并以此作为调整财政政策的依据。

4. 公平收入分配

公平收入分配并不等于收入的均等化。由于社会成员的劳动贡献不同，他们所获得的收入报酬也不应当是均等的。要想达到既能充分调动社会成员的劳动积极性，又能避免分配上过分的贫富悬殊，就要求国家采取相应的财政政策，对各经济主体的利益进行调节。财政政策的公平收入分配的目标，就是要调节社会财富的分配，使之达到社会认为公平或公正的分配状态。税收负担的合理分配，建立完善的社会保障体系，是实现公平收入分配目标的关键。

5. 社会生活质量逐步提高

财政政策的最终目标是满足全社会成员的需要。需要的满足程度不仅取决于个人消费需求的实现，而且取决于社会公共需要的实现。这种社会公共需要的满足，综合表现为社会生活质量的提高，涉及公共安全、环境质量、基础科学研究、普及教育、公共卫生等方面。在党的十九大报告中提到，我国社会主要矛盾已经转化为人民日益增长的美好生活需要和不平衡不充分的发展之间的矛盾。按照马斯洛的需求理论，人的需要有不同的层次，在基本物质文化需要得到满足后，人会有更高层次的需要。我国人民的生活从贫困到温饱、从基本小康迈向全面小康，追求更高水平的发展、更加美好的生活成为人民群众的新期待，这不仅对物质文化生活提出了更高要求，而且在民主、法治、公平、正义、安全、环境等方面也提出了要求。把社会生活质量的提高作为政策目标是符合我国人民长远利益的。

（三）财政政策工具

财政政策工具是财政政策主体所选择的用以达到政策目标的各种财政手段。构成财政政策工具必须具备两个条件：一是为实现财政政策目标所需要的；二是国家能够直接控制的。根据这两个条件，财政政策工具主要有税收、国债、财政支出、政府投资、财政补贴等。

三、财政政策的类型

（一）根据财政政策调节经济周期的作用来划分，可分为自动稳定的财政政策和相机抉择的财政政策

1. 自动稳定的财政政策

自动稳定的财政政策是指那些能够根据经济波动情况自动发生稳定作用的财政政策。其特征是不需采取人为的政策调整措施，而靠自身的自动稳定功能来实施财政调节，因而又被称作财政政策的“自动稳定器”手段。产生自动调节效应的财政政策工具主要是累进所得税制和政府转移支付。

（1）累进所得税制的自动调节作用表现在：当经济繁荣时，企业开工充分，经济效益提高，劳动就业充分，企业和劳动者个人收入都会大幅度增长，相应地所得税税率递增，政府的所得税收入比总收入有更高的增长，从而可以有效地抑制社会总需求的膨胀；而在经济衰退时期，企业开工不足，失业增加，企业和劳动者个人的收入下降，所得税税率也随之下降，政府的所得税收入比总收入有更大的下降，从而有助于缓和衰退，促进经济复苏。累进所得税制的这种自动稳定机制可以很好地减缓经济波动。

（2）政府转移支付是政府财政将一部分资金无偿转移给领受者使用，如失业救济金、居民最低生活保障标准规范等等。这些支付给个人的钱与个人是否提供了社会劳务无关，它们不过是政府支出的有机组成部分。在经济衰退时期，工厂普遍开工不足，失业人数增加，政府必须对失业者大量支付失业救济金，以保证他们的基本生活。这样使社会总需求增加，促进经济复苏；在经济繁荣时期，失业率降低，政府支付的失业救济金减少，这样使总需求不至于过旺。

2. 相机抉择的财政政策

相机抉择的财政政策是指那些本身没有自动稳定作用，需要借助外力才能对经济产生调节作用的财政政策。其特征是不能自动地对社会总供求关系实施调节，其作用的发挥借助于人们对客观经济形势的分析判断和适时选择。即视经济情况的不同而选择不同的财政政策。如政府投资、税收、国债、财政补贴等。

（二）根据财政政策在调节国民经济总量方面的不同功能划分，可分为扩张性财政政策、紧缩性财政政策和中性财政政策

1. 扩张性财政政策

扩张性财政政策又称膨胀性财政政策或“松”的财政政策。它是指通过减少财政收入，扩大财政支出来增加和刺激社会总需求的财政政策。在经济衰退时期，总供给大于总需求，总需求不足，这时政府一方面增加支出，包括增加公共工程的支出，增加政府对物品或劳务的购买等，这样可使社会总需求中的政府开支部分提高，从而直接增加总需求。同时也可刺激私人消费和投资，增加社会总需求。另一方面，减少税收，包括降低税率、实行减免税和退税等，其结果也可以扩大总需求。这是因为，减少个人、公司所得税，可使个人、公司拥有更多可支配的收入，从而增加消费和投资。

2. 紧缩性财政政策

紧缩性财政政策是指通过增加财政收入，减少财政支出来减少和抑制总需求的财政政策。在经济繁荣时期，总需求大于总供给，总需求过旺，这时政府一方面减少支出，包括减少公共工程的支出，减少政府对物品和劳务的购买等，这样可使社会总需求中的政府开支部分降低，从而直接减少总需求，同时也可抑制私人消费和投资，间接减少总需求。另一方面增加政府税收，包括提高税率，开征新税，其结果可以减少总需求。这是因为，增加个人所得税、公司所得税，可以减少个人、公司的可支配收入，从而减少消费和投资。

3. 中性财政政策

中性财政政策又称均衡性财政政策。它是指采取财政收支平衡的办法，既不扩大总需求，也不缩小总需求的财政政策。一般而言，实行平衡预算有助于财政政策保持中性。其政策功能在于保持社会总供求的同步增长。中性财政政策是建立在经济适度增长、资源充分利用、国家职能充分实现基础上的平衡。其标志主要表现为：收入的增长以经济发展和经济效益提高为前提，价格水平稳定，就业充分，而且财政收支的安排，能保证政府实现职能的资金需要。

四、财政政策工具及其运用

（一）税收

税收作为主要的财政政策工具，它具有分配形式上的强制性、无偿性和固定性特征，这些特征使税收调节具有权威性。税收对实现财政政策目标的作用主要表现在以下几方面：

（1）税收对经济稳定增长的作用。经济稳定增长是以社会总供求大体均衡为基本前提的，在社会需求膨胀、供给相对不足、经济发展速度过快时，增加税收可以提高财政收入占国民生产总值的比重，相应降低纳税人收入的增长幅度，从而起到收缩社会需求、抑制经济过快增长的调控效应；反之，在经济衰退时期，社会有效需求不足、供给相对过剩的情况下，降低税负以降低财政收入占国内生产总值的比重，可以相对增加纳税人的收入比重，从

而起到刺激社会需求、促进经济发展的调控效应。

（2）税收对资源合理配置的作用。税收是一种对物质利益有广泛调节作用的财政政策工具，通过税率变化、增减税种、税收优惠等政策，对资源的充分利用和资源配置比例协调有着重要的影响。

（3）税收对公平收入分配的作用。税收是政府公平收入分配的重要手段，政府征收的各种所得税是对企业和居民收入直接的最终调节。通过开征适当的税种、制定适当的税率，如个人所得税、遗产税等，既可以起到保护合法收入，拉开收入档次，促进和提高效率的作用，又可以起到调节收入分配不公、防止贫富悬殊，在促进效率提高的前提下体现社会公平的作用。

（二）国债

国债是国家利用信用方式筹集财政资金的一种形式，也是政府实施宏观调控的重要政策工具，对实现财政政策目标的作用主要表现在：

（1）国债可以调节社会资金的使用结构。国家发行公债，主要由个人和各经济单位认购，具有将消费基金转化为积累基金的作用。有利于加快经济建设速度，增加产品供给。

（2）国债可以调节国民经济结构，协调宏观经济效益与微观经济效益之间的矛盾。在市场经济条件下，企业投资和银行投资一般倾向于利润较高的项目，即更多地注重投资项目的微观效益和偿还能力，这往往同宏观经济目标发生矛盾，而国家通过国债形式筹集的资金可以投到那些微观效益不高，但社会效益和宏观效益较高的项目上，如用于农业、能源、交通、原材料、基础设施等薄弱部门和基础产业的发展，促进国民经济结构的合理化。我国1998年中央政府增发1000亿元专项国债，1999年又增发600亿元专项国债，分别由中央政府和地方政府投放于以基础设施与基础产业为主的投资，据统计，1998年的国债项目投资拉动经济增长1.5个百分点，1999年拉动2个百分点，就是通过政府发行国债调节产业结构，刺激经济增长的典型例子。

（3）国债可以调节货币供给和货币流通。在现代信用经济条件下，国债的市场操作是沟通财政政策与货币政策的主要载体，可以增加中央银行灵活调节货币供应的能力，通过国债的市场操作，可以协调两大政策体系。

（三）财政支出

财政支出是增加社会总需求的重要渠道，其增减变化不但可以直接调节社会需求总量，而且可以改善社会产品的供给结构，因而成为宏观调控中重要的财政政策手段。

（1）购买性支出对经济稳定增长的作用。购买性支出的增减变动会引起社会总需求的扩张或收缩，进而对经济稳定增长产生影响。当社会需求过旺，经济发展过热时，减少财政的购买性支出，可以抑制社会需求，促使经济适度增长；而在经济萧条、社会需求相对不足时，增加财政购买性支出，进行大规模政府采购，可以直接增加需求，进而刺激社会总需求，促使经济回升。

（2）转移性支出对公平收入分配的作用。转移性支出是把财政资金转移到社会保障和财政补贴等方面，其对收入公平分配的作用主要表现在两方面：一是通过转移性支付来实施社会保障，提高低收入者的个人消费水平；二是通过政府投资增加低收入者的公共福利，相应提高其生活质量。

（四）政府投资

（1）政府投资是实现资源有效配置的重要手段。政府投资是指财政用于资本项目的建设支出，它最终将形成各种类型的固定资产，是实现资源有效配置的重要手段。在市场经济条件下，政府承担着市场不宜或不能的资源配置任务。政府投资的项目主要是那些具有自然垄断特征、外部效应大，具有示范和诱导作用的基础性产业、公共设施以及新兴的高科技主导产业。私人不愿投资这些产业，但这些产业关系着国计民生，必须由政府进行投资。政府投资在资源配置上与市场形成互补，从而发挥着促进资源在私人产品与公共产品之间、基础产业与一般产业之间合理配置的作用。政府投资的能力与投资方向对经济结构的调整起关键性作用。我国改革开放以来，非政府部门的投资在增长，但非政府部门投资基础性产业受财力有限、预期收益不稳定等因素的制约。因此，在一个时期内，保持政府投资的适当比例，对于产业结构的调整具有重要意义。

（2）政府投资是影响经济稳定增长的决定性因素。由于政府投资数量大、作用力强，它的投入能大大地提高全社会的积累水平，促进经济稳定增长。当经济衰退时，总需求不足，增加政府投资，政府投资的示范、诱导作用可以刺激投资需求和消费需求。2019 年政府工作报告中明确提出“合理扩大有效投资”。“有效”是要找准目标，精准发力。发挥投资的关键作用是要紧扣国家发展战略，把钱用在“刀刃”上。从投资结构上来看，把重点放在“三农”建设、重大基础设施建设、创新驱动和结构调整、保障性安居工程、社会事业和社会治理、节能环保与生态建设等方面。“合理”是要充分考虑地方财政的承受能力和政府投资能力，区分轻重缓急，科学有序推进，严禁建设政绩工程、形象工程，达到通过政府投资推动经济稳定增长的目的。

（五）财政补贴

财政补贴是政府转移性支付的重要形式，增减财政补贴不但影响社会需求而且调节社会供给，因此成为财政政策的重要工具。

（1）财政补贴对经济稳定增长的作用。当经济衰退、社会有效需求不足时，政府增加消费性补贴可以刺激消费需求，增加生产性补贴可以扩大投资需求，从而产生反经济衰退的作用；当经济过热、社会需求膨胀时，减少补贴则有抑制需求、稳定经济增长的调控效果。

（2）财政补贴对资源合理配置的作用。财政补贴是政府间接配置资源的一种方式，当一些因客观原因不具备市场竞争条件，又为国民经济协调发展所必需的产业难以通过市场获取平均利润时，通过财政补贴给予这些企业适当的补助，可以促使资源在这些部门中保持适当的配置比例，从而产生优化资源配置的调控效果。

（3）财政补贴对公平收入分配的作用。财政补贴是政府调节个人收入分配的重要手段，通过对低收入者和无收入者进行适当的救济性补助，可以提高其实际收入水平，从而达到收入公平分配的调控效果。

想一想：最近几年你感受到财政政策的作用吗？

知识链接 10－1

2020：积极财政政策该怎么干？

思考：财政政策对宏观经济的调控作用。

第二节　货币政策

一、货币政策的含义

货币政策是指一国政府为实现特定的宏观经济目标所制定的各种调节货币供给量和信用条件的方针、措施的总和。它包括三方面的内容，即货币政策目标、货币政策工具和货币政策效应。中央银行是制定和执行货币政策的国家权威机构。

二、货币政策目标

（一）货币政策目标的主要内容

货币政策作为国家经济政策的组成部分，如同财政政策一样，其最终目标与国家的宏观经济目标是一致的。世界各国中央银行货币政策所要实现的目标有四个：稳定物价、充分就业、经济增长和国际收支平衡。这四个货币政策目标之间是有矛盾的，所以任何一个国家的中央银行，对上述四个目标是不能同时兼顾的，即不可能在同时期同时达到四个目标。一般说来，不同的国家选择货币政策目标的侧重点是不同的。

（二）我国的货币政策目标

我国的货币政策目标在《中华人民共和国中国人民银行法》（后简称《中国人民银行法》）中作了明确规定："货币政策目标是保持货币币值的稳定，并以此促进经济增长。"这一法律规定表明，国家要求中央银行的货币政策必须将稳定货币币值作为首要目标，通过调节货币供给总量为国民经济创造良好的货币金融环境，以此促进经济持续、快速、健康发展。

货币政策的稳定有助于一个国家的金融体系的稳定，进而使金融作为资金媒介的功能得以有效发挥。

三、货币政策的类型

根据货币政策对社会货币供应量所具有的不同调节功能，将货币政策分为扩张性货币政策、紧缩性货币政策和中性货币政策三种类型。

（一）扩张性货币政策

扩张性货币政策又称膨胀性货币政策，或"松"的货币政策。它是指通过降低法定存款准备金比率、降低再贴现率、中央银行在公开市场业务中收购有价证券及中央银行降低存放款利率等手段，增加社会货币供应量进而刺激社会总需求增加的政策。在经济衰退时期，总需求不足，通过实施扩张性货币政策，可以增加社会货币供应量，进而刺激社会总需求的增加。

（二）紧缩性货币政策

紧缩性货币政策是指通过提高法定存款准备金率、提高再贴现率、中央银行在公开市场业务中卖出有价证券及中央银行提高存放款利率等手段，抑制或减少社会货币供应量进而减少社会总需求的政策。在经济繁荣时期，总需求过旺，出现通货膨胀，通过实施紧缩性货币政策，可以减少社会货币供应量进而抑制、减少社会总需求。

（三）中性货币政策

中性货币政策是指货币供应量大体等于货币需要量的政策，它对社会货币供应量及社会总需求既不产生扩张性效应，也不产生紧缩性的后果。

知识链接 10－2
人民币对美元升值的影响

说一说：你对人民币的认识。

知识链接 10－3
货币贬值

思考：货币贬值后对经济会有哪些影响？

四、货币政策工具及其运用

货币政策工具是中央银行为实现货币政策目标而使用的各种信用手段。它通常划分为四大类：一般性货币政策工具、选择性货币政策工具、直接信用控制工具和间接信用控制工具。

（一）一般性货币政策工具

一般性货币政策工具是对货币供给总量或信用总量进行调节和控制的工具，包括法定存款准备金率，再贴现政策和公开市场业务三大政策工具，通称“三大法宝”。

（1）存款准备金率。存款准备金是指以法律形式规定商业银行等金融机构将其吸收存款的一部分按规定比例缴存中央银行的存款；存款准备金率是指存款准备金占金额机构存款总额的比例。将商业银行等金融机构的存款准备金集中于中央银行，是为了保障银行体系的安全和存户的利益，也为了控制商业银行创造存款的能力，从而调节货币供应量。它是中央银行最基础、最重要的调控手段。

当经济繁荣，需求过旺，发生通货膨胀时，中央银行可以提高法定存款准备金率，使商业银行可以动用的现金资产（超额存款准备金）减少，迫使商业银行紧缩信贷规模，从而减少市场货币供应量。当经济衰退、社会需求不足，发生通货紧缩时，中央银行可以降低法定存款准备金率，增加商业银行的超额准备，使商业银行可以动用的现金资产增加，促使商业银行扩大信贷规模、增加市场货币供应量。

知识链接 10－4
我国近几年存款准备金率的调整情况

（2）再贴现政策。再贴现是指商业银行或其他金融机构以贴现所获得的未到期票据向中央银行融资时所作的票据转让。再贴现政策是中央银行通过制定或调整再贴现率，来干预和影响市场货币供求，从而调节市场货币供应量的金融政策。

当经济繁荣、社会需求过旺、出现通货膨胀时，中央银行提高再贴现率，商业银行借入资金成本上升，这就迫使商业银行减少向中央银行借款或再贴现，紧缩信贷规模，从而减少市场货币供应量，抑制社会总需求。当经济衰退，社会需求不足，出现通货紧缩时，中央银行降低再贴现率，商业银行向中央银行借入资金成本降低，就可能增加向中央银行的借款或贴现，扩大其信贷规模，从而增加市场货币供应量，增加社会总需求。

（3）公开市场业务。公开市场业务是指中央银行在金融市场上买进或卖出有价证券，借以调节货币供应量，控制信用规模的政策。公开市场操作的优点是主动权完全在中央银行，可以进行经常性、连续性的操作，可以较为准确地达到政策目标，而且具有较强的可逆转性。

中央银行公开市场业务的债券交易主要包括：回购交易、债券交易和发行中央银行票据。回购交易又分为正回购和逆回购两种，正回购是指中央银行卖出有价证券，并约定在未来特定日期买回有价证券的交易行为，它是中央银行从市场收回流动性的操作，而正回购到期是向市场投放流动性的操作。逆回购正好相反，是中央银行购买有价证券，并约定在未来特定日期将有价证券卖出的交易行为。现券交易又分为现券买断和现券卖断两种。现货买断是指中央银行直接从二级市场买入债券，一次性地投放基础货币；反之，现货卖断是指中央银行直接卖出所持有的债券，一次性地回笼基础货币。中央银行票据，就是中央银行发行的短期债券，通过发行可以回笼基础货币，票据到期可以投放基础货币。由此看出中央银行公开市场业务对资本市场的调节都是双向的。

中央银行通过金融市场的证券买卖活动（主要是政府债券），可以达到扩张或收缩信用、调节货币供应量的目的。当金融市场上资金缺乏时，中央银行就通过公开市场业务买进有价证券，将货币投放出去，引起信用的扩张，货币供应量的增加。相反，当金融市场上货币过多时，中央银行就通过公开市场业务卖出有价证券，无论这些证券是由商业银行购买，还是其他部门购买，总会有相应数量的货币回笼，从而引起信用规模的收缩和货币供应量的减少。

（二）选择性货币政策工具

传统的三大政策工具，都属于对货币总量的调节，以影响整个宏观经济。在这些一般性货币政策工具之外，还有选择地对某些特殊领域或特殊用途的信用加以调节和影响的措施，称之为选择性的货币政策工具。

（1）消费信用控制，是指中央银行对不动产以外的各种耐用消费品的销售融资予以控制。其主要内容包括：①规定用分期付款购买耐用消费品时第一次付款的最低金额；②规定用消费信贷购买商品的最长期限；③规定可用消费信贷购买的耐用消费品种类，对不同消费品规定不同的信贷条件等。在消费信用膨胀和通货膨胀时期，中央银行通过提高第一次付款最低金额和缩短分期付款的期限，来控制消费信用，起到抑制消费需求和物价上涨的作用。

（2）不动产信用控制，是指中央银行对金融机构在房地产方面放款的限制措施，以抑制房地产投机。如对金融机构的房地产贷款规定最高限额、最长期限以及首次付款和分期还款的最低金额等。

（3）证券市场信用控制，是指中央银行对有关证券交易的各种贷款进行限制，目的在于限制用借款购买有价证券的比重以抑制过度的投机。其中如规定一定比例的证券保证金率，并随时根据证券市场的状况加以调整。

（三）直接信用控制

直接信用控制是指中央银行从质和量两个方面，以行政命令或其他方式，直接对金融机构尤其是商业银行的信用活动所进行的控制。主要手段包括利率最高限、信用配额、流动比率和直接干预等。

（1）利率最高限，是指中央银行规定商业银行的定期及储蓄存款所能支付的最高利率，其目的是为了防止银行用抬高利率的办法竞相吸收存款和为谋取高利而进行的风险存贷。

（2）信用配额，是指中央银行根据金融市场状况及客观经济需要，分别对各个商业银行的信用规模加以分配，限制其最高数量。在多数发展中国家，由于资金供给相对不足，这种办法被相当广泛地采用。

（3）流动性比率，是指中央银行为了限制商业银行的信用扩张，所规定的流动性资产占存款的比重。一般说来，流动性比率与收益率成反比。为保持中央银行规定的流动性比率，商业银行必须缩减长期放款、扩大短期放款和增加易于变现的资产等措施。

（4）直接干预，是指中央银行以“银行的银行”的身份，直接对商业银行的信贷业务，放款范围等加以干预。如直接限制放款额度、明确各家银行的放款和投资的范围等。

（四）间接信用控制

间接信用控制是指中央银行用各种间接措施对商业银行的信用创造施加影响。其主要措施有道义劝告和窗口指导等。

（1）道义劝告，是中央银行利用自己在金融体系中的特殊地位和威望，通过对商业银行进行劝告，以影响其放款的数量和投向，达到控制和调节信用的目的。中央银行道义劝告不具强制性，只是将货币政策的意向与金融状况向商业银行通报，并提出某种意见，说服他们予以执行。

（2）窗口指导，是中央银行根据产业行情、物价趋势和金融市场动向，规定商业银行每季度贷款的额度，并要求其执行。如果商业银行不按规定增减对产业部门的贷款，中央银行可削减向该银行贷款的额度，甚至采取停止提供信用等制裁措施。虽然窗口指导没有法律约束力，但对商业银行作用却很大。

（五）我国的货币政策工具

《中国人民银行法》规定，货币政策工具包括：银行业金融机构依法交存存款准备金，确定中央银行基准利率，为在中央银行开立账户的银行业金融机构办理再贴现，向商业银行提供贷款，在公开市场上买卖国债、其他政府债券和金融债券及外汇及国务院确定的其他货币政策工具。近几年，中央银行推出一些创新型货币政策工具，如短期流动性调节工具、常备借贷便利、抵押补充贷款、中期借贷便利、临时流动性便利、临时准备金动用安排以及定向中期借贷便利等。

（1）短期流动性调节工具，是公开市场常规操作的必要补充，在银行体系流动性出现临时性波动时相机使用。它以7天期内短期回购为主，遇节假日可适当延长操作期限，采用市场化利率招标方式开展操作。2014年12月下半月，中国人民银行8次采用短期流动性调节工具投放流动性，累计投放资金达8550亿元人民币。

（2）常备借贷便利，是借贷便利类工具，用以满足金融机构期限较长的大额流动性需求。它以隔夜和7天为主，最长期限3个月，利率水平根据货币调控需要、发放方式等综合确定。2014年10月，中国人民银行用常备借贷便利释放近4000亿元流动性。

（3）抵押补充贷款，是用于支持经济重点领域和薄弱环节，是定向的流动性管理手段，对象主要为政策性银行。2014年7月，中国人民银行向国家开发银行注入为期3年1万亿元的抵押补充贷款，利率4.5%，用于支持棚户区改造、保障房安居工程、三农和小微企业发展。

（4）中期借贷便利，是中国人民银行提供的中期基础货币的货币政策工具，对象是符合宏观审慎管理要求的商业银行、政策性银行。它采取质押方式发放，并需提供国债、央行票据、政策性金融债、高等级信用债等优质债券作为合格质押品。2015年，中国人民银行累计开展中期借贷便利操作21948亿元。

（5）临时流动性便利，是向现金投放中占比高的几家大型商业银行提供临时性流动性支持，以满足春节前后现金投放的集中需求，促进银行体系流动性和货币市场平稳运行。2017年1月由中国人民银行创设，操作期限28天。

（6）临时准备金动用安排，是允许在现金投放中占比较高的全国性商业银行在春节期间出现临时流动性缺口时，可临时使用不超过两个百分点的法定存款准备金，使用期限为30天。2017年底由中国人民银行建立。

（7）定向中期借贷便利，是为大型金融机构提供较稳定的长期资金来源，定向支持金融机构向小微企业和民营企业发放贷款。2018年底由中国人民银行创设。它增强对小微和民企的信贷供给能力，降低融资成本，保持流动性合理充裕。

说一说：近几年货币政策对我们生活的影响。

知识链接10-5
央行：保持稳健货币政策灵活适度
推进法定数字货币研发

思考：什么是稳健货币政策？为什么说稳健货币政策的最大受益者是老百姓？

第三节　财政政策与货币政策的协调配合

一、财政政策与货币政策协调配合的必要性

财政政策与货币政策都是国家调控经济运行的重要工具，都能对社会总需求与总供给进行调节，但它们在消费需求和投资需求形成中的作用又是不同的，而且这种作用是不可相互替代的，因此就要求财政政策与货币政策协调配合运用。如果财政政策与货币政策各行其

是，就必然会产生碰撞与摩擦，彼此抵消力量，从而减弱宏观调控的效应和力度，也难以实现预期的调控目标。

（一）财政政策与货币政策的共同点决定其协调配合的可能性

（1）政策实施主体与调控的最终目标的一致性。财政政策与货币政策的实施主体都是政府，都反映政府的经济政策，体现政府的意志。虽然财政政策与货币政策都有各自的政策目标，各有自身的手段来实现它。但从宏观角度来看，这些目标最终都是为了社会总供给与社会总需求的平衡，使国民经济协调发展。

（2）财政政策与货币政策都是调节需求总量的重要工具。财政分配是采取货币价值形式进行的，财政支出直接形成社会总需求的一部分。货币政策的核心就是控制流通中的货币量，控制货币流通量实际上也就是控制社会的总需求，因为社会总需求是以货币为载体的有效需求。财政政策、货币政策通过对各自政策工具的运用，都会影响需求总量。

（3）财政政策与货币政策都是调节需求结构的重要工具。从财政政策看，无论是税收、国债、财政支出，还是政府投资、财政补贴，都具有明显的调整需求结构的功能。从货币政策看，信贷资金投放方向的不同，差别利率等也具有调节需求结构的功能。

（4）财政政策与货币政策是间接调节总供给的重要工具。财政政策与货币政策对需求总量与结构的调节，并不限于需求本身，也会在一定程度上对供给总量与供给结构进行调节。不论是扩张性或紧缩性的财政政策、货币政策，都会影响供给总量的增加或减少。

（二）财政政策与货币政策的侧重点不同决定其协调配合的必要性

（1）侧重调节的领域不同。财政政策侧重在分配领域通过财政收支的增减来实现对经济运行的调节；货币政策则侧重在流通领域通过对货币供应量的调节来实现对经济运行的调节。

（2）财政政策调节的侧重点是结构。财政可以通过自身的收支活动，把一部分货币资金引导到新兴产业和薄弱产业上去，从而达到优化经济结构的目的；而货币政策调节的侧重点是总量。货币政策直接决定着货币供给总量，货币供给总量又决定着社会对商品的总需求。货币政策工具如存款准备金、公开市场业务、利率等都是对总量的调节。

（3）财政政策侧重于经济增长，主要依靠财政政策对经济结构的调节作用，通过使经济结构不断优化，来推动经济的增长；货币政策侧重于物价稳定，运用货币政策扩大货币供给量，虽然可以刺激有效需求的增加、经济增长，但在实践中往往造成物价上涨和通货膨胀的恶果。因此，货币政策应侧重于物价稳定的调节。

（4）财政政策侧重于经济利益的公平分配，财政政策调控的主要是无偿性资金，通过对货币资金的无偿集中和使用，调节着经济利益在社会各阶层的公平分配；货币政策侧重于提高经济运行效率，货币政策调控的是具有偿还性的借贷资金，这就决定了货币政策调控更多注意提高资金的使用效益，资金使用效益的提高必然使整个经济的运行更富有效率。

（5）财政政策侧重于弥补市场缺陷，对私人不愿投资（如各类公益事业）和私人不适合投资（如一些自然垄断行业）的领域有效发挥资源配置功能；货币政策侧重于调节储蓄与投资，通过利率变化来调节消费与储蓄的比重，从而引导储蓄倾向和消费倾向的相互转化。一般是采用低利率刺激消费和投资，高利率鼓励储蓄。

二、财政政策与货币政策协调配合的基本模式及效应

财政政策与货币政策的协调配合也就是扩张性、紧缩性和中性财政政策与货币政策的不同组合。现在我们从松紧搭配出发来分析财政政策与货币政策的不同组合效应。

（一）松的财政政策和松的货币政策相配合，即“双松”政策配合

松的财政政策是通过减税和扩大政府支出规模来增加社会的总需求；松的货币政策是通过降低法定存款准备金率、降低再贴现率、降低利率、扩大再贷款等措施来扩大信贷支出规模，增加货币供给量、刺激投资、增加社会总需求。“双松”政策的实施结果表现为社会需求快速增长，并以此推动经济发展，但同时可能带来通货膨胀的风险。

“双松”政策一般是在社会总需求严重不足、生产能力和生产资源未得到充分利用、劳动力就业不足的情况下采取的对策。

（二）紧的财政政策与紧的货币政策相配合，即“双紧”政策配合

紧的财政政策是通过增加税收和削减政府支出规模、限制消费和投资，从而抑制社会总需求；紧的货币政策是通过提高法定存款准备金率、提高再贴现率、提高利率来压缩信贷支出的规模，增加储蓄，减少货币供给量，抑制社会总需求。“双紧”政策的实施结果表现为有效地制止需求膨胀和通货膨胀，但可能会带来经济停滞的后果。

“双紧”政策一般是在经济过热、需求过旺和通货膨胀压力下采取的对策。

（三）松的财政政策与紧的货币政策相配合

松的财政政策在于刺激需求，对克服经济萧条较为有效；紧的货币政策通过控制信用规模来控制货币供给量的增长，从而防止通货膨胀。这种政策组合效应就是在控制通货膨胀的同时，保持经济适度的增长。但如果长期运用这种政策组合，会使财政赤字不断扩大。

（四）紧的财政政策与松的货币政策相配合

紧的财政政策可以在一定程度上防止总需求膨胀和经济过热；松的货币政策可以使经济保持一定的增长率。这种政策组合的效应就是在保持经济适度增长的同时，尽可能避免通货膨胀。但货币政策过松，也难以控制通货膨胀。

三、财政政策与货币政策配合的基本模式的选择

（一）选择“双紧”政策

当经济处于过热状态，通货膨胀严重时，应选择“双紧”政策，抑制社会总需求，控制通货膨胀。在大多数情况下，为了达到预期的调控目标而又不至于引起经济的大幅度衰退，在“双紧”政策组合中，应以紧货币政策为主，而将紧财政政策放在相对次要的位置。因为，在紧的货币政策中，提高法定存款准备金率、提高再贴现率、提高利率等措施，可直接减少货币供给量，控制通货膨胀。因此，货币政策的紧缩力度大于财政政策的紧缩力度，货币政策对总需求具有强有力的收缩功能，并且货币政策工具较多，实施起来比财政政策灵活，富有弹性，容易实现预期的政策目标。正因为如此，一般认为，在“双紧”政策中，应特别重视货币政策的运用。

中华人民共和国成立后有几次实施“双紧”政策，如1957年的小调整，1961—1963年的大调整，1981—1982年的调整，1985—1986年的“紧缩银根”，1988—1991年的“双紧”方针，1994—1996年的“双紧”政策，这些政策措施的实施都取得了明显效果。如1988

年，通货膨胀率高达18%，由于实行“双紧”政策，到了1990—1991年，全国零售物价指数分别比上年仅上涨了2.1%和2.9%。但“双紧”政策会带来生产萎缩、企业倒闭、失业增加、经济增长率下降等负效应。如1994年实行“双紧”政策以来，社会总需求减少，控制住了通货膨胀，1996年国民经济成功实现了“软着陆”。但与此同时又带来了国内需求不足、物价总水平下降、企业破产和工厂开工不足、失业人数增加。

（二）选择“双松”政策

当经济处在严重衰退或萧条状态中，企业普遍开工不足，失业人数急剧增加，大量生产资源处在闲置状态。在这种经济形势下，政府往往选择“双松”政策，以扩大社会总需求。在扩大总需求方面，财政政策比货币政策的作用更大、更直接、更明显。因为，在宽松的财政政策中，降低税率可直接鼓励投资，增加消费；扩大政府支出，可直接扩大投资需求与消费需求，由于投资乘数和政府支出乘数的作用可迅速成倍扩张有效需求。但就货币政策而言，要在萧条的环境下通过降低利率来刺激投资，从而实现扩张总需求的目标，是比较困难的。因此，在“双松”政策中，应以“松财政”为主，更多地发挥财政政策在实现经济扩张时的重要作用。

我国1996年开始出现国内需求不足、市场疲软、失业增加的局面，政府主要是运用货币政策刺激需求，如连续八次降低利率，将法定存款准备金率从13%下调到6%，大幅度下调再贴现率，运用公开市场业务等，但效果不明显。面对国内市场有效需求不足的形势，我国政府在1998年首次选择了扩张性财政政策配合货币政策来刺激需求，如提高出口产品退税率、提高职工工资、建立城市最低生活保障线、增发国债、扩大政府用于基础设施的投资等。1998年增发1000亿元国债，1999年增发600亿元专项国债，2000年又发行了1500亿元长期建设国债，这些国债都专项用于基础设施投资，拉动社会性投资的增长。2001年财政政策开始注重刺激消费需求，主要是采取增加机关事业单位人员工资和提高社会保障待遇的办法，扩大政府支出规模，刺激投资需求和消费需求，是1998年以来财政政策中力度最强的一项措施，对促进经济稳定增长发挥了重要作用，使我国GDP一直保持7%以上的增长速度。2003年中国总体宏观经济表现良好，已经走出通货紧缩的阴影。2004年我国开始实行稳健的财政政策（即中性财政政策），确保中国经济持续稳步健康发展。

（三）选择“松紧”政策

当经济出现滞胀现象，一方面是价格的持续上涨和通货膨胀，又一方面又是企业大量开工不足，存在大量闲置资源，经济处在很不景气的状态中。在这双重环境中，政府的宏观目标也是双重的：既要控制通货膨胀，防止价格继续上涨，又要想法启动闲置资源，使经济逐步进入景气状态。这种双重的政策目标，无论从理论上看，还是从实际操作看，都存在矛盾的一面：要抑制通货膨胀，就必须控制总需求；而要启动闲置资源，又必须增加总需求。这种双重政策目标的不可兼顾性，通常需要政府在它们之间作出主次之分，要么以抑制通货膨胀为主目标，要么以启动闲置资源、促使经济增长为主目标。在经济滞胀条件下，如果政府选择的是以抑制通货膨胀为主要的政策目标，那么，选择“松财政、紧货币”的政策组合，更有利于实现在抑制通货膨胀的前提下促进经济适度增长的政策目标。如果政府选择的是以启动闲置资源、促进经济增长为主的政策目标，那么，则应选择“紧财政、松货币”的政策组合，它有利于实现在保持经济适度地增长的前提下尽可能控制通货膨胀的政策目标。

从财政政策与货币政策的配合基本模式及具体运用来看，财政政策和货币政策配合的功能在于保持总供给、总需求的总量平衡和结构平衡，熨平经济周期的波动，使国民经济持续、稳定、协调发展。

四、财政政策与货币政策对微观经济的影响

财政政策与货币政策对宏观经济的调控作用，是通过它们对微观经济的影响，从而影响宏观经济而发挥作用的。

（一）财政政策对微观经济的影响

1. 扩张性财政政策对微观经济的影响

扩张性财政政策是通过减少税收、增加政府支出规模影响企业和个人的投资需求与消费需求，从而达到刺激需求的目的。

（1）减少税收刺激需求。第一，减少企业所得税，意味着企业可支配的财力增加，企业的投资需求增加，相应地增加了就业机会，这样人们的收入水平提高了，消费需求也就增加了。第二，减少个人所得税，调低税率或调高起征点，意味着人们可支配的财力增加，消费需求增加。

（2）增加政府支出刺激需求。第一，增加政府支出主要用于公共工程的投资，这样可以带动全社会的投资，增加投资需求。与此同时，投资扩大了，就业机会多了，人们的收入增加了，消费需求也增加了。例如1998年实行扩张性财政政策，中央政府增发1000亿元专项国债，用于基础设施投资，据测算：1000亿元国债资金的使用，大致可使银行配套增加贷款1000亿元，总数约2000亿元的建设投入所形成的最终需求，可以拉动GDP增长2个多百分点。2013年，GDP每增长1个百分点，可以吸纳190～200万人就业。因此，政府的投资需求扩大可以带动消费需求的增加。我国从1998—2009年，每年的经济增长都保持在7%以上，其中增加政府投资是重要原因。第二，增加政府转移性支出，主要用于失业救济，提高城市居民最低生活保障标准，提高职工工资等，直接提高个人收入水平增加消费需求。

2. 紧缩性财政政策对微观经济影响

紧缩性财政政策是通过增加税收，减少政府支出规模影响企业和个人的投资需求和消费需求，从而达到抑制需求的目的。

（1）增加税收抑制需求。第一，增加企业所得税，意味着企业可支配的财力减少，企业的投资需求减少，相应地就业机会也就减少了，这样人们的消费需求也就减少了。第二，增加个人所得税，调高税率或调低起征点，意味着个人可支配的财力减少，消费需求减少。

（2）减少政府支出抑制需求。第一，减少政府投资，主要是减少政府用于公共工程的投资，由于政府投资的示范效应及乘数效应，企业、个人等方面的投资也随之减少了。与此同时，由于投资的减少，导致就业机会的减少，消费需求也随之减少。第二，减少政府的转移支出。由于经济过热，工厂开工充分，劳动力就业充分，政府的失业救济金等支出相应减少，从而消费需求减少，达到抑制需求的目的。

（二）货币政策对微观经济的影响

1. 扩张性货币政策对微观经济的影响

扩张性货币政策是通过降低法定存款准备金率、降低再贴现率、降低利率等手段，影响企业、单位和个人的投资需求和消费需求，从而达到刺激需求的目的。

中央银行降低法定存款准备金率，降低再贴现率，意味着商业银行可动用的资金增加，信用规模扩大，增加市场货币供应量。降低存款利率，会刺激人们的消费，消费增加，储蓄就会减少，而且还会影响储蓄结构；同时降低贷款利率，还能刺激企业、个人的投资，因为，在其他条件不变的情况下，低利率减少了企业生产成本中的利息支出，从而增加企业盈利，使得企业有利可图，于是刺激企业、个人扩大投资、扩大生产。

2. 紧缩性货币政策对微观经济的影响

紧缩性货币政策是通过提高法定存款准备金率，提高再贴现率、提高利率等手段，影响企业、个人的投资需求和消费需求，从而达到抑制需求的目的。

中央银行提高法定存款准备金率，提高再贴现率，意味着商业银行可动用的资金减少，信用规模紧缩，减少市场货币供应量。提高存款利率，会抑制需求，因为较高的利率可以使人们将更多的社会闲置资金以存款的方式集中到银行，这一方面推迟了购买活动，减少了社会总需求，另一方面，银行得以聚集更多的资金，用来支持那些市场需要的商品，增加有效供给；同时，提高贷款利率不利于投资规模的扩大，因为高利率增加了企业生产成本中的利息支出，从而减少了企业盈利，使得企业无利可图，于是抑制企业扩大投资，扩大生产。

五、我国财政政策与货币政策配合调控宏观经济运行的实践

自 1992 年我国正式提出建立社会主义市场经济体制的改革目标以来，根据经济形势的发展变化和宏观调控的特定任务，先后实施了适度从紧的财政与货币政策、具有扩张特征的积极财政政策和货币政策，以及趋于中性的稳健财政政策与货币政策，有力地促进了国民经济持续平稳健康发展。

（一）1993—1997 年实施适度从紧的财政政策与货币政策

1. 宏观经济背景

我国从 1993 年开始经济出现过热现象，如房地产热、开发区热、集资热、股票热等，造成 1993—1994 年全国商品零售价格指数分别上升了 13.2% 和 21.7%，产生了较为严重的通货膨胀。中央适时提出了“适度从紧”的财政政策与货币政策，对过热的经济实施恰如其分的宏观调控，实现“高增长、低通胀”的新的经济发展态势。

2. 适度从紧财政货币政策的内涵

第一，严格控制财政支出，特别是工资性支出和社会集团消费，通过调整支出结构、合理安排支出，把财政支出的增长势头控制住；第二，严格控制信用总量，合理调整信贷资金投向，严格控制固定资产贷款，严禁用流动资金搞固定资产投资；第三，在控制固定资产投资规模的同时，加大投资结构调整力度等等。

3. 适度从紧财政货币政策的实施效果

适度从紧财政货币政策的搭配运用，成功地使经济过热降温，社会总需求减少，遏制了高通货膨胀，1996 年国民经济成功实现了“软着陆”。1996 年全国商品零售价格指数回落至 6.1%，但仍保持了 9.6% 的经济增长速度，经济环境得到明显改善，经济增长质量显著提高，取得了既遏制通货膨胀又保持国民经济持续增长的良好态势，实现了在低通胀下国民经济高速增长的“双赢”格局。

（二）1998—2004 年实行积极的财政政策与较为宽松的货币政策

积极的财政政策与较为宽松的货币政策在类型上属于扩张性、宽松的政策。

1. 宏观经济背景

（1）外部经济环境，亚洲金融危机的严重冲击。1997年2月，泰国首先暴发了金融危机，并产生了连带影响，迅速波及到马来西亚、新加坡、印度尼西亚、菲律宾、中国香港等国家和地区，使欧洲、拉美和美国都受到不同程度的影响。对我国的影响主要是：一是出口需求锐减。出口增幅逐月递减。1998年上半年的外贸出口额为869.8亿美元，同比增长了7.6%，与1997年同期的26.2%和1997年全年的20.9%形成鲜明的对比。产品出口的减少，引发其他产业的投资需求和消费需求的减少。二是外商投资下滑。金融危机的暴发，大量国际资本回流到欧美等其他地区。从1997年起，对我国的外商直接投资开始明显下降。

（2）内部经济环境。1996年在国民经济成功实现"软着陆"之后，我国开始出现国内需求不足，市场疲软，失业增加的局面。具体表现为：一是消费需求增长缓慢。由于国内外市场疲软等一系列原因，城乡居民的个人收入增长速度大幅度减缓。1997年只比1996年增长5.7%，增幅比1996年回落8.1个百分点，1998年的增幅也只维持了1997年的水平。二是居民个人未来的预期支出有增无减。由于迅速推进的医疗、住房、教育、社会保障等各项改革，使人们的未来预期支出增加，再加上失业率高、就业前景不好等因素，使人们不得不将收入的更大部分储蓄起来，造成居民边际储蓄倾向上升，边际消费倾向相应下降。据统计，全国城乡居民储蓄存款（年底余额）1996年比1995年上升了29.87%，1997年又比1996年上升了20.14%，储蓄的大量增加减少了社会的消费需求。三是投资需求增长乏力。由于市场供求关系的转变，绝大多数商品价格持续下降，企业投资预期收益下降，缺乏投资信心。作为我国经济增长主要动力之一的固定资产投资，1997年增长幅度下滑至8.8%，比1996年下降了6个百分点，这必然导致经济增长速度放缓。

2. 适度宽松财政货币政策的内涵

（1）适度宽松货币政策的内涵：降低利率，从1996—2002年连续八次降低利率，一年期储蓄存款利率由9.18%降为1.98%，一年期贷款利率由10.08%降为5.31%；连续降低存款准备金率，由原来的13%下调到8%；大幅下调再贴现率等。

（2）适度宽松财政政策的主要内容：我国政府在1998年首次选择了扩张性财政政策配合货币政策来刺激需求，以增发国债为政策突破口，通过增加财政支出，提高职工工资，建立城市最低生活保障线，调整税收政策，实现增加投资、促进消费、扩大出口等，刺激投资需求与消费需求。1998年增发1000亿元，1999年增发600亿元专项国债，2000年发行了1500亿元长期建设国债，6年多增发长期建设国债9100亿元，这些国债都专项用于基础设施投资，拉动社会性投资的增长。

3. 适度宽松财政货币政策的实施效果

1998年以来我国实施的积极财政政策与适度宽松的货币政策配合，到2004年，已见到明显效果：其一，成功启动"三大需求"（即投资需求、消费需求和出口需求），实现国民经济稳定增长。1998—2002年，全社会固定资产增长速度5年来平均达到了11.68%，全社会消费品零售总额分别达到了29152.5亿元、31134.7亿元、34152.6亿元、37595.2亿元和40910.5亿元。到2002年，我国的国内生产总值首次突破10万亿元大关，实现102397.9亿元，比2001年增长了8%，跃居世界第六位。其二，促进了经济结构的调整：建成一大批重大基础设施项目、促进了产业结构优化升级。巩固了农业发展的基础地位。推动了区域生产力布局的合理调整。其三，增加了城乡居民的收入，使人民群众的生活质量得到改善。其四，推动了科教兴国战略。其五，支持了社会保障体系的建设。

（三）2005—2008 年上半年实施稳健的财政货币政策

1. 宏观经济背景

实施了六年多积极的财政政策，带动了自主型投资的增长，但从 2003 年下半年开始，我国出现了固定资产投资增长过快、部分行业已经明显过热，结构不合理、信贷投放过快、粮食生产连年滑坡、部分商品价格上涨过快等矛盾。从 2003 年开始，工业和固定资产投资分别一直在 15% 和 20% 以上这样的偏高增长轨道上运行。在这种经济背景下，2004 年年底的中央经济工作会议，正式提出从 2005 年开始实施稳健的财政政策和稳健的货币政策，即双稳健政策。

2. 双稳健政策的内涵

（1）财政政策方面：一是长期建设国债发行的规模明显缩小，2005 年长期建设国债由上年的 1100 亿元调减到 800 亿元；全年财政赤字由上年的 3198 亿元减少到 3000 亿元。国债规模和赤字的“双减”，意味着积极财政政策转为稳健财政政策；二是降低出口退税率；三是改革农村税费体制，逐步取消农业税，加大对农民的直接补贴；四是清理整顿违反规定的固定资产投资项目，暂停审批土地使用计划半年等一系列加强和改善宏观调控的政策措施。

（2）货币政策方面：中央银行及时提高了商业银行存款准备金率，截至 2007 年年底一共加息 8 次，上调准备金率 14 次，将存款准备金率从 7% 调整为 14.5%；存贷款利率、再贴现率也相应调高；加强房地产信贷资金管理；扩大金融机构贷款利率浮动区间，提高钢铁、水泥、电解铝等投资项目自有资金比例等。

3. 双稳健政策的实施效果

双稳健政策的成功实施，达到了在有效地避免投资全面过热的同时，又有力地带动了消费需求，使其保持了旺盛的增长势头的目标。具体表现是：其一，控制住了加速度，使得工业、投资和经济总量都没有出现明显的加速度；其二，以往较为薄弱的部门和环节，如农业和消费，都有所加强；其三，经济增长的质量和效益明显改进，国民福利明显提升，城乡收入增长加快；其四，经济增长仍保持在 9% 附近，运行效率和要素使用得以充分发挥；中国经济整体上继续保持平稳较好的运行态势。

（四）2008 年下半年至 2010 年底实施积极的财政政策和适度宽松的货币政策

1. 宏观经济背景

2008 年下半年以来，美国次贷危机演化为全球性金融危机，并且逐步向实体经济蔓延。我国的对外依存度已达 50%，国际经济波动对我国的影响颇大，国内出现经济下滑的趋势，出口锐减，一些中小企业出现了贷款难和融资难问题，并直接导致生产经营困难，经济增长减速的趋势已经显现，物价水平在 2008 年下半年均大幅回落。在这一背景下，为应对美国次贷危机引发的全球金融风暴，保持我国经济平稳较快发展，党中央、国务院及时调整宏观经济政策，发出保增长的强有力信号。财政政策从“稳健”转为“积极”，货币政策将从“从紧”转为“适度宽松”；两年多时间内，安排 4 万亿元资金强力启动内需，促进经济稳定增长。以投资带消费，以消费促增长。

2. 积极财政政策和适度宽松货币政策的内涵

（1）积极财政政策具体包括：①扩大政府投资规模，加强重点建设，拉动社会投资。

财政投资主要倾向于基础设施建设、灾区建设、保障性安居工程等民生工程和农业基础设施建设等方面；自2008年四季度实施积极财政政策以来，我国明显加大政府公共投资力度，2008年年末之前，增加安排中央政府公共投资1040亿元，并宣布了2009—2010年两年4万亿元投资安排。2009年中央政府的公共投资安排为9080亿元，增加了4857亿元，用于加快保障性住房建设、农村“水电路气房”等民生工程、重大基础设施建设、卫生教育等社会事业建设、节能减排和生态环境建设、自主创新和结构调整、汶川大地震灾后恢复重建等方面。②推进税费改革，实行结构性减税。减税力度大、覆盖范围广。根据计划我国政府减税5500亿元，出口退税6000亿元。据初步统计，2008年各项税费减免政策共减轻企业和居民负担约2800亿元。③提高低收入群体收入，大幅度增加农资综合补贴和良种补贴，连续较大幅度提高粮食最低收购价，大力促进消费需求。④进一步优化财政支出结构，保障和改善民生。⑤大力支持科技创新和节能减排，推动经济结构调整和发展方式转变。⑥支持稳定出口，四次调高了纺织、服装、轻工等劳动密集型产品、附加值和技术含量较高产品的出口退税率。取消部分钢材和化工品的出口关税，取消和降低部分粮食的出口关税，降低部分化肥及其原料的出口关税并调整征税方式。积极财政政策要围绕政府职能的需要，并重视促进市场发挥配置资源的基础性作用，这是积极财政政策的关键点。

（2）适度宽松的货币政策实际上就是适度放松银根，降低融资成本，为企业提供较为宽松的融资环境，以此来促进企业的生产经营活动。

3. 积极财政政策和适度宽松货币政策的实施效果

自2008年全球金融危机暴发以来，我国在保增长、调结构、促改革、惠民生等方面的财政货币政策已经取得明显成效。物价下行态势很快得以遏制，通缩预期显著缓解；2009年，我国共实现国内生产总值335353亿元，按可比价格计算，比上年增长8.7%，增速比上年回落0.9个百分点，圆满实现了“保八”的目标。从季度数据看，第一季度增长6.2%，第二季度增长7.9%，第三季度增长9.1%，第四季度增长10.7%，呈现明显的加速增长状态，其中第四季度实现国内生产总值117535.8亿元，已是2008年以来季度增速中最快的时期，与危机前的增速基本持平。2010年国内生产总值第一季度增长11.9%，二季度增长10.3%，上半年比2009年同期增长11.1%，中国经济保持了较快增长。

（五）2011年开始实施积极的财政政策和稳健的货币政策

财政政策和货币政策是宏观调控体系的两大支柱。自2011年以来，我国一直实行积极的财政政策和稳健的货币政策，这是党中央、国务院确定的重大宏观政策取向。在基本政策不变的前提下，国家根据每年的具体情况有不同的侧重点。

2016年12月14日中央经济工作指出，2017年继续实施积极的财政政策，但要更加积极有效预算安排要适应推进供给侧结构性改革、降低企业税费负担、保障民生兜底的需要；继续实施稳健的货币政策，但要保持稳健中性，适应货币供应方式新变化，调节好货币闸门，努力畅通货币政策传导渠道和机制，维护流动性基本稳定。

2017年12月19日中央经济工作会议指出，贯彻“稳中求进”的治国理政原则，2018年继续实施积极的财政政策，但要调整优化财政支出结构，确保对重点领域和项目的支持力度，压缩一般性支出，切实加强地方政府债务管理；继续实施稳健的货币政策，但要保持中性，管住货币供给总闸门，保持货币信贷和社会融资规模合理增长，保持人民币汇率在合理均衡水平上的基本稳定，促进多层次资本市场健康发展，更好为实体经济服务，守住不发生系统性金融风险的底线。

2019 年 12 月中央经济工作会议提出，2020 年实行积极的财政政策，但要大力提质增效；实行稳健的货币政策，但要灵活适度。“大力提质增效”，意味着要提高财政政策的兜底功能，突出财政政策的结构效应，加强针对性、提高有效性的，保障好重点领域。“灵活适度”，实际上是要保证经济增长和流动性充裕程度之间的匹配，依据情况变化。

议一议：我国最近几年财政政策和货币政策的具体运用。

知识链接 10－6
全国财政工作会议部署 2020 年工作

复习思考题

1. 什么是财政政策？它有哪些构成要素？
2. 财政政策有哪几种类型？
3. 什么是货币政策？
4. 简述货币政策的类型。

社会实践要求

专题座谈

1. 主题：我国财政政策和货币政策对宏观经济的调控效果。

2. 要求：（1）运用本章所学的基本知识，对我国社会经济生活中的典型事例进行分析；（2）联系当前的形势，谈谈自己的认识和想法。

3. 目的：进一步理解我国政府的宏观调控能力。

4. 建议：（1）分成若干小组，准备调查提纲；（2）分组访问自己的父母、亲朋好友；翻阅报刊杂志、上网等收集资料；（3）将收集到的资料写成发言材料；（4）以小组为单位进行专题座谈，在座谈的基础上选出发言人，最后由教师组织全班召开专题座谈会。

参考文献

1. 韩康．公共经济学［M］．北京：经济科学出版社，2010.
2. 朱炜，王莉．财政与金融［M］．江苏：中国矿业大学出版社，2006.
3. 王国星，张明珠．财政与金融［M］．北京：中国财政经济出版社，2017.
4. 周巧红．新编财政学概论［M］．北京：清华大学出版社，2014.
5. 申长平．财政学概论［M］．辽宁：东北财经大学出版社，2006.